本书由陕西师范大学出版基金资助出版

陕西师范大学国家重点学科建设项目

张懋镕　主编

中国古代青铜器整理与研究

两周装饰艺术卷

曹芳　著

科学出版社

北京

内 容 简 介

本书以两周青铜器装饰艺术为研究对象，通过对两周青铜容器的造型设计、器表装饰、地域风格及审美观念与装饰风格的嬗变等方面的系统考察，力求在宏观把握两周青铜器装饰艺术总体面貌的基础上，进一步深化对两周青铜艺术丰富内涵的认识和探索。

本书可供考古学、历史学、艺术学及相关专业的专家学者参考使用。

图书在版编目（CIP）数据

中国古代青铜器整理与研究. 两周装饰艺术卷 / 张懋镕主编；曹芳著. —北京：科学出版社，2023.3
陕西师范大学国家重点学科建设项目
ISBN 978-7-03-075167-6

Ⅰ.①中… Ⅱ.①张…②曹… Ⅲ.①青铜器（考古）–研究–中国 Ⅳ.①K876.414

中国国家版本馆CIP数据核字（2023）第045885号

责任编辑：李 茜 / 责任校对：王晓茜
责任印制：肖 兴 / 封面设计：北京美光设计有限公司

科 学 出 版 社 出版
北京东黄城根北街 16 号
邮政编码：100717
http://www.sciencep.com

北京厚诚则铭印刷科技有限公司印刷
科学出版社发行 各地新华书店经销

*

2023年3月第 一 版　开本：787×1092　1/16
2024年3月第二次印刷　印张：16
字数：368 000
定价：228.00元
（如有印装质量问题，我社负责调换）

多卷本《中国古代青铜器整理与研究》编写缘起

经过十几年的准备工作，多卷本的《中国古代青铜器整理与研究》即将出版。回顾往事，真是百感交集。

30年前，我的处女作《释"东"及与"东"有关之字》发表，从那时候起，青铜器的学习与研究注定成为我一生的追求。

29年前，我开始师从李学勤先生研习古文字。中国古文字有很多分支，如甲骨文、金文、战国文字、简牍帛书文字。先生告诉我："你在陕西，陕西有很多青铜器，你就做金文研究吧。"在先生的指导下，我受到严格的学术训练，这令我终生受益。我的硕士学位论文是《周原出土西周有铭青铜器综合研究》。所谓综合研究，就是从青铜器、古文字、历史文献三方面来研究。从此综合研究成为我研究青铜器遵循的准则与方法。

1989年，西北大学文博学院成立新的专业——博物馆专业，大概考虑到我本科学的是考古，于是把我从文献专业调到博物馆专业。除了继续讲古文字，又开了一门新课"青铜器鉴定"。自此之后，我开始系统研习青铜器，包括没有铭文的青铜器。

在长期的教学与研究工作中，我渐渐对中国古代青铜器有了新的认识。

概而言之，中国古代青铜器的研究，自两宋以来，已有一千多年的历史，取得了丰硕的成果。尤其是近百年来的研究，在青铜器的分期、分区系、分国别、分器类诸方面卓有成效，为世人所瞩目。

回顾历史，也毋庸讳言，我认为就青铜器基础性工作而言，其资料的整理还远远不够。且提一个最基本也是最简单的问题：迄今为止究竟有多少件中国古代青铜容器？（尚且没有涉及兵器、工具、车马器、钱币、铜镜等）几万还是十几万，恐怕连一个非常粗略的估计都没有，专家也说不清楚。家底不清，研究对象模糊，研究很难继续深入。由于中国古代青铜器资料十分庞杂，其收集、整理并非易事，所以这一部分的工作非常重要。说到研究，比如青铜器的定名，鼎、鬲、簋等各类器物的分类研究，它们之间的相互关系，各类纹饰的分类研究，纹饰和器物之间的相互关系，各个阶段铭文的特点，器物、纹饰、铭文三者之间的互动关系以及对断代的作用等等，其研究或不够系统，或不够深入，有些方面甚至是空白。

20多年来，我一直在进行这方面的研究工作，写了《西周方座簋研究》《两周青铜盨研究》《西周青铜器断代两系说刍议》《试论中国古代青铜器器类之间的关系》《青铜器自名现象的另类价值》等文章，希望从器类、断代、地域、定名等多个角度和层面对青铜器进行探索。

同时我也十分关注国内外青铜器研究专家的成果，他们的论著是我案头的必备书籍，我经常地反复阅读，受益无穷。

在研究中，我深感个人力量的有限。从1999年招收青铜器方向研究生起，就逐渐形成了一个构想：如果研究生本人没有更好的研究题目，我就请他（她）来作青铜器中的某一部分，整理、研究某一类青铜器，或某一类纹饰，或某一时段的铭文，等等。经过十多年的积累，已经完成了20多篇硕士和博士学位论文。其中分器类的整理与研究完成多半，某一地区、某一时段的铜器的整理与研究正在进行，纹饰与铭文的分类、分时段研究也做了一部分。这些为多卷本《中国古代青铜器整理与研究》的编撰奠定了基础。同时，我注意到其他先生也在指导研究生做类似的学位论文，对我们也很有启发与帮助。

前几年，在编写《青铜器论文索引》的过程中，与北京线装书局的刘聪建先生多有接触。他听了我的上述介绍后，很感兴趣，遂与我商定，在原有研究生论文的基础上，由我主编，各专题作者分别著述，形成一套多卷本《中国古代青铜器整理与研究》。但由于种种原因，在线装书局只出了三卷。如今，在科学出版社的大力支持下，计划得以重新实现，拟在今后的若干年里，陆续完成和出版20卷以上的著作。

写作多卷本《中国古代青铜器整理与研究》的目的拟在全面、系统整理青铜器资料，在充分吸取古今中外研究成果的基础上，对青铜器的形制、纹饰、铭文、组合关系等方面作全方位考察和研究，并试图总结出关于中国古代青铜器产生、发展、消亡的基本途径、规律、特点及其原因。这是一个遥远的目标，但我们有信心一步一步地走近它。

由于这套多卷本《中国古代青铜器整理与研究》的作者都是毕业不久的研究生，眼界有限、文字青涩也在所难免。我的指导也很有限，很多问题我也不懂或知之甚少。当时作学位论文时，我希望他（她）们放大胆子去写，因此他（她）们的观点与我也不尽一致。但无论如何，在阅读他（她）们的学位论文时，在与他（她）们的反复讨论、交流中，我也有很多的收获，这是最令人快乐的事情。我将阅读后的感想写出来，作为序言放在书前，就是希望继续与大家讨论，将《中国古代青铜器整理与研究》延续下去。而随着一本本书稿的出版，这一批年轻的作者也正在走向成熟，这或许是比书稿的出版更有意义的事情。

最后要感谢参加我的研究生学位论文答辩以及审阅论文的诸位先生，并希望今后继续得到你们的批评与帮助。感谢陕西师范大学暨历史文化学院给予的大力支持，感谢科学出版社李茜与曹伟两位编辑的辛勤工作，让我们十几年来的梦想终于得以实现。

乙未年立冬后二日张懋镕写于
陕西师范大学中国青铜文化研究中心

目　　录

第一章　两周青铜艺术研究简史 ……………………………………………（1）
　　第一节　先秦至清代的研究 ………………………………………（1）
　　第二节　近代以来的研究 …………………………………………（2）

第二章　两周青铜容器造型设计研究 ………………………………………（22）
　　第一节　设计的目的：因何而作 …………………………………（22）
　　第二节　设计的法则：如何而作 …………………………………（31）
　　第三节　从"因何而作"到"如何而作"：功能需求与造型设计的平衡
　　　　　　………………………………………………………………（53）

第三章　两周青铜容器器表装饰 ……………………………………………（54）
　　第一节　装饰题材 …………………………………………………（54）
　　第二节　装饰构图 …………………………………………………（94）
　　第三节　器表装饰手法 ……………………………………………（106）
　　第四节　铸造工艺发展对青铜器造型与器表装饰风格的影响 …（122）

第四章　两周青铜艺术的地域风格 …………………………………………（127）
　　第一节　总论 ………………………………………………………（127）
　　第二节　西周 ………………………………………………………（129）
　　第三节　东周 ………………………………………………………（149）

第五章　两周青铜艺术审美观念与装饰风格的嬗变 ………………………（203）
　　第一节　两个变革的时代 …………………………………………（203）
　　第二节　两周时期青铜艺术风格演变的总体趋势 ………………（217）

参考书目 ……………………………………………………………………（238）

第一章 两周青铜艺术研究简史

艺术风格的变化是时代变化的产物，也是理解这个时代的重要线索。从研究层面来说，对青铜器装饰艺术的研究是青铜器研究的一个重要领域，具有多方面的意义。不过，虽然早在宋代以前，已有关于青铜器的零星记载，比较系统的青铜器著录与研究包括对纹饰的定名和分类也自宋代开始，但从艺术角度对青铜器加以分析研究的，则迟至20世纪初才开始出现。就目前的研究现状来看，大量的著作仍是以青铜器的历史、考古价值为关注重点，对青铜器艺术的研究比较零星、分散，有所论及的也是以纹饰为主，而对青铜器艺术风格的研究相对较少。因此，为了理清青铜器艺术研究的发展线索，我们把目前所见有关青铜器装饰艺术的研究从以下几个方面作以简要介绍。

第一节 先秦至清代的研究

这一时期所见的有关于青铜艺术研究的资料，主要集中在对青铜器纹饰的描述与定名上。

有关青铜器纹饰的文献记载出现很早，先秦时期的文献如《左传》《吕氏春秋》等已有关于青铜器纹饰的零星记载。《左传·宣公三年》："昔夏之方有德也，远方图物，贡金九牧，铸鼎象物，百物而为之备。"《吕氏春秋》中有多处关于青铜器纹饰的记载，如"周鼎著饕餮，有首无身，食人未咽，害及其身，以言报更也"（《先识览·先识》）、"周鼎著象，为其理之通也。理通，君道也"（《审分览·慎势》）、"周鼎有窃曲，状甚长，上下皆曲，以见极之败也"（《离俗览·适威》）、"周鼎著鼠，令马履之，为其不阳也。不阳者，亡国之俗也"（《恃君览·达郁》）。其对饕餮纹、窃曲纹的记载沿用至今。

对青铜器造型及纹饰比较系统的图像记载，目前所见最早的是宋代的《考古图》和《宣和博古图》。吕大临《考古图》[①]著录体例的要素之一即为描摹器物造型，注重以不同笔法表现造型与花纹的层次，且多以附图说明器物的内部结构和功能。在描摹器型的同时，兼及器上纹饰，并结合纹饰的形象对其命名，所述及的有饕餮、云气、

---

① （宋）吕大临：《考古图》，中华书局，1987年。

牛首、螭、龟、象、虎首、龙等，首次将纹饰名称与纹饰形象建立起了对应关系，成为后世青铜器著录的通例。王黼《宣和博古图》①著录铜器的数量及规范程度均超过了《考古图》。编者在《考古图》的基础上，将铜器分类、定名，更为细致地描摹其形制及纹饰，并新命名夔龙纹、鳞纹、蟠虺纹、蛇虺纹、蟠夔纹、旋纹、垂花纹等纹饰，又将螭纹分为蟠螭、蛟螭、立螭，雷纹之中分出细雷纹等。他对纹饰的含义记述颇多，如"以蟠虺为之饰，亦以示其不可妄动之意"，"蝉又取其趋高洁而不沉于卑秽"，"山以取其仁之静，花以取其礼之纹"，"象饕餮以戒其贪，象蜼形以寓其智，作云雷以象泽物之功，著夔龙以象不测之变。至于牛鼎、羊鼎、豕鼎，又各取其象而饰焉"，分别阐明了蟠虺纹、蝉纹、山纹、花纹、饕餮纹、蜼纹、云雷纹、夔龙纹、牛纹、羊纹、豕纹等纹饰所隐藏的含义，并说明了古人以不同动物作为纹饰的原因和目的。这两部著作对青铜器纹饰的文字描述与图像记载兼备，在青铜器纹饰的命名、分类和内涵研究上，为后世青铜器研究开了先河②。

清代考据之学盛行，青铜器研究更多旨在"证经补史"，导致研究者的兴趣集中于铭文，而对器型、纹饰关注甚少。著作中涉及青铜器造型、纹饰的仍以图录为主，如《西清古鉴》、《宁寿鉴古》、《西清续鉴》（甲编、乙编）等。在纹饰的命名方面，《西清古鉴》中记载的新的纹饰名称有盘云、云龙、垂云、云螭等。不过，"至清代，纹饰名称相当繁赘"，"清人定名标准不严，随意性较强"③。

第二节　近代以来的研究

近代以来，西方考古学思想引入，促进了青铜器研究的发展，出现了一些重要的综合性研究著作，但总的来说，这些著作仍然更多的是从考古学、历史学角度来研究青铜纹饰，而较少从艺术学角度来讨论。严格来说，纹饰研究本身也兼具多种学科的内涵，学者们从不同学科如考古学、历史学、民俗学、人类学等不同的角度切入，都可以开辟出一片广阔的研究领域。鉴于本书的研究目的，我们在介绍近代以来的研究状况时，侧重了艺术和审美角度的研究成果。

---

① （宋）王黼：《宣和博古图》，江苏广陵古籍刻印社，1991年。
② 张俊成：《商周青铜器纹饰研究史述要》，《内江师范学院学报》2007年第3期，第36~39页。
③ 朱凤瀚：《古代中国青铜器》，南开大学出版社，1995年，第29、381页。

一、综合研究

1. 考古学和青铜器研究领域

关于考古学和青铜器的综合研究，主要有容庚《商周彝器通考》[①]和《殷周青铜器通论》[②]（与张维持合著），林巳奈夫《殷周青铜器综览》[③]，马承源《中国青铜器》[④]和《中国青铜器研究》[⑤]，朱凤瀚《古代中国青铜器》[⑥]和《中国青铜器综论》[⑦]。

容庚《商周彝器通考》和《殷周青铜器通论》，对青铜器的形制、名称、时代、真伪以及铭文、花纹等作了综合的考察和缜密的论证，与其前后所撰的一系列相关著作共同构成了一套比较完整的研究体系，为现代青铜器学的建立奠定了坚实的基础，开启了中国青铜器及其铭文研究的新时代[⑧]。

林巳奈夫《殷周青铜器综览》，是日本学者研究中国青铜器的著作中，最全面系统、最深入的一部。此书共有三卷，日文版出版于20世纪80年代中期，目前中译本已出版第一卷和第二卷。第一卷对截至20世纪80年代初的青铜器资料与研究做了全面的总结，讨论了青铜器的名称，青铜器在祭祀、飨宴等礼仪中的使用方法，也详细论述了商代至春秋早期的器形演变，并简要述及几种青铜器纹饰。第二卷讨论了商代至春秋早期的青铜器纹饰，将其分为饕餮、牺首、龙、介于龙鸟之间的鬼神、凤凰、凤凰以外的鸟形神、其他动物形鬼神、人形鬼神、魍魉、亚动物纹、几何纹等大的类型，然后每个大类下面再细分为小类，其研究既重视从类型学方面分析，又强调从图像学的角度对纹饰内涵的解读，同时也注意到纹饰的配置情况，将甲骨文、金文、古文献和考古实物资料相对照进行综合研究。第三卷讨论了春秋战国时期的青铜器。全书并附有超过万幅的图片，亦是一部相当齐全的殷周青铜器的集成性图谱。

朱凤瀚《古代中国青铜器》和《中国青铜器综论》，也是鸿篇巨制的集大成之

---

① 容庚：《商周彝器通考》，北平哈佛燕京学社，1941年。
② 容庚、张维持：《殷周青铜器通论》，文物出版社，1984年。
③ 林巳奈夫著，广濑薰雄、近藤晴香译：《殷周青铜器综览（第一卷）》，上海古籍出版社，2017年；林巳奈夫著，广濑薰雄、近藤晴香译：《殷周青铜器综览（第二卷）——殷周时代青铜器纹饰之研究》，上海古籍出版社，2019年。
④ 马承源：《中国青铜器》，上海古籍出版社，1988年。
⑤ 马承源：《中国青铜器研究》，上海古籍出版社，2002年。
⑥ 朱凤瀚：《古代中国青铜器》，南开大学出版社，1995年。
⑦ 朱凤瀚：《中国青铜器综论》，上海古籍出版社，2009年。
⑧ 曾宪通：《容庚与中国青铜器学》，《中山大学学报（社会科学版）》2008年第3期，第6页。

作。著者在大量占有资料和综合已有研究成果的前提下，全面架构了有关青铜器研究的各个方面，其中相当篇幅的内容可以作为青铜艺术研究的相关资料，包括器类，纹饰的类别、内涵、艺术特征，铭文，铸造工艺，装饰工艺，以及青铜器不同历史阶段和不同地域的发展状况等。

马承源《中国青铜器研究》，与前述著作相比较，则更具艺术研究的特质。其中"概论""形制和纹样"两个部分，从中国青铜艺术的发展阶段、纹饰分类、部分纹饰的内涵等多个方面探讨了青铜艺术的相关问题，行文中颇多从艺术认知角度进行的解读，令人有耳目一新之感。

2. 艺术史研究领域

田自秉《中国工艺美术史》[①]是我国较早的艺术史学方面的专著。该书的第二至四章，详细介绍了夏商周青铜器的造型、纹饰、铸造技术、组合方式、艺术特点等。同时，作者也强调了对青铜器艺术的解读问题，认为既可以依据当时的社会文化背景进行历史的解读，也可由今人的直观感受对其进行风格分析。与此类似的还有卞宗舜等的《中国工艺美术史》[②]、王家树《中国工艺美术史》[③]、叶刘天增《中国装饰艺术史》[④]等。这些著作尽管都专辟章节介绍，但都是将青铜器装饰艺术置于工艺美术史的叙述角度之中，基本忽略青铜器的历史、考古背景和价值，而更多地从艺术创作和艺术审美的角度去解读器物。

岳钰《论商周青铜器造型设计艺术》[⑤]，从造型设计艺术的角度分析和研究青铜器造型设计的特点，他把青铜器分为纯艺术性青铜器艺术和实用功能性青铜器艺术两个大类，分别讨论了青铜器艺术的精神内涵、审美特点、造型设计法则、装饰手法的变化、装饰与实用功能和技术进步之间的关系，并总结了春秋战国时期青铜器造型设计的新特点和新成就。

谢崇安《商周艺术》[⑥]，结合古代文献对青铜器多种纹饰的含义做了分析，尤其注重探讨商周时期的社会习俗、文化构造及美学观念对商周艺术包括青铜艺术的影响。

王朝闻总主编、李松主编《中国美术史·夏商周卷》[⑦]，总结了多家认识成果，在对商周青铜器艺术分期的基础上，分析了各个时期审美的时代心理，对青铜器艺术的造型、纹饰题材内容与装饰手法以及青铜雕塑艺术品做了较为深入的论述。该书是目

[①] 田自秉：《中国工艺美术史》，东方出版中心，1985年。
[②] 卞宗舜、周旭、史玉琢：《中国工艺美术史》，中国轻工业出版社，1993年。
[③] 王家树：《中国工艺美术史》，文化艺术出版社，1994年。
[④] 叶刘天增：《中国装饰艺术史》，南天书局有限公司，2002年。
[⑤] 岳钰：《论商周青铜器造型设计艺术》，《西北美术》1989年第1期，第117~133页。
[⑥] 谢崇安：《商周艺术》，巴蜀书社，1997年。
[⑦] 王朝闻总主编、李松主编：《中国美术史·夏商周卷》，齐鲁书社、明天出版社，2000年。

前为止在青铜艺术史研究领域较为全面而系统的论著。

李松、贺西林《中国古代青铜器艺术》①，也是较为全面地论述我国青铜艺术发展的著作。导言部分"青铜器艺术的分期"是从《中国美术史·夏商周卷》的框架中发展而来，依次分为酝酿、发展和尾声三个大的阶段，第二阶段又分为发展初期、商风格盛期、西周风格成熟期、东周风格盛期四个阶段。全书分为上、中、下三篇，即商代、两周、秦汉及北方草原和云南青铜器艺术，从时代背景、器形演变、纹饰风格、审美精神等方面对商周青铜器艺术作以论述，并且明确提出了工艺技术对装饰内容的重要影响。

倪玉湛《夏商周青铜器艺术的发展源流》②，详细论述了青铜器艺术的渊源、起源和发展的完整过程，尤其值得注意的是对青铜器形制与纹饰、铸造技术发展演变的讨论。

杨远《透物见人：夏商周青铜器的装饰艺术研究》③，从夏商周青铜容器的分期、分类的考古学研究入手，在前人研究成果基础上，分析了各类容器的造型设计特点及其演变过程，系统梳理了各类装饰纹样的起源和形式演变，并对部分装饰纹样的内涵做了研究，进而分析了青铜器的装饰工艺方法和装饰艺术的表现形式，最后尝试性地探讨了商、周时期青铜器装饰艺术的阶段性规律及其所体现出的主要审美思想。

杨冬《先秦青铜艺术的语言》④，从形态学入手，对先秦青铜艺术的起源、发展概况与基本特征，青铜艺术的造器、纹饰、装饰工艺、形态语言与构成关系进行了研究。研究者的思路和方法有别于学界的传统，采用了艺术设计领域专业的角度来进行研究。

二、艺术风格分期研究

郭沫若《两周金文辞大系图编序说——彝器形象学试探》⑤，把中国青铜器时代分为四期，即滥觞期（商前期）、勃古期（商后期至周穆王）、开放期（周恭王至春秋中叶）、新式期（春秋中叶至战国末年）。勃古期之器物"形制率厚重，其有纹缋者，刻镂率深沉……美言之可谓古意盎然，恶言之则未脱野蛮畛域"；开放期之器物"形制率较前期简便。有纹缋者，刻镂渐浮浅。多粗花……大抵本期之器已脱去神话

---

① 李松、贺西林：《中国古代青铜器艺术》，陕西人民美术出版社，2002年。
② 倪玉湛：《夏商周青铜器艺术的发展源流》，苏州大学博士学位论文，2011年。
③ 杨远：《透物见人：夏商周青铜器的装饰艺术研究》，科学出版社，2015年。
④ 杨冬：《先秦青铜艺术的语言》，经济管理出版社，2018年。
⑤ 郭沫若：《两周金文辞大系图编序说——彝器形象学试探》，《两周金文辞大系图录考释》，科学出版社，1957年。

传统之束缚而有自由奔放之精神。然自嗜古者言之，则不免粗率"；新式期之器物"形制可分堕落式与精进式两种。堕落式沿前期之路线而益趋简陋。多无纹缋。其简陋之极者，几与后来之汉器无别……精进式则轻灵而多奇构。纹缋刻镂更浅细，前期之粗花一变而为极工整之细花……有镶嵌错金之新奇，有羽人飞兽之跃进，附丽于器体之动物，多用写实形而呈生动之气韵"。其对商周青铜器艺术风格的概述，虽只言片语却相当准确。

岑家梧《艺术考古学之进展》①，认为殷周铜器纹饰"形态均整，无甚变化"，"至春秋战国，风格突变，动物图案多作飞跃卷伏之状，渐进自然之描写，间或刻以车马狩猎图像……"，并对其风格演变原因提出认识。他的《图腾艺术史》②受西方图腾学说的影响，曾认为商周青铜器上的夔龙、夔凤、饕餮等均是图腾动物的形象。他对商周青铜器纹饰的解读虽有泛图腾的倾向，但却是从文化人类学的角度对青铜纹饰作的新的阐释。

李泽厚《美的历程》③，从美学角度对青铜器艺术功用提出了独到的见解，提出商代青铜器"狞厉的美"的说法。"超人的历史力量与原始宗教神秘观念的结合，也使青铜艺术散发着一种严重的命运气氛，加重了它的神秘狞厉的风格。"他对春秋战国时期青铜器的艺术风格做了分析，"作为祭祀的青铜礼器也日益失去其神圣光彩的威吓力量"，"理性的、分析的、纤细的、人间的意兴趣味和时代风貌日益蔓延"。

李福顺《中国美术史》④，参考郭沫若先生的分期，从审美特征、装饰风格的变化方面，对先秦时期的青铜器艺术进行了分期。他将青铜艺术分为滥觞、鼎盛、开放、新式、衰变五期，认为"殷人以瑰丽（狞厉）为美，西周以朴素为美，春秋以新奇为美，战国以华巧为美"。他指出青铜器装饰的功用是"实用、审美、伦理观念的集合体""时代精神的集中体现"，认为青铜器装饰艺术进一步影响了古代绘画、雕塑的装饰性。

王朝闻总主编、李松主编《中国美术史·夏商周卷》⑤，指出"三代（主要是商、西周、东周）艺术表现出不同的审美趋向，商代艺术突出表现为神圣、庄严之美；西周侧重于理性化的朴素、规整之美；东周则追求世俗的、满足官能享受的豪华之美。就三个历史时期艺术的主流而言，其艺术表现的基本发展脉络可大体上概括为：'繁—简—繁'"，商代追求"大壮之美"，西周则为"大圭不琢"的境界，至春秋战国之际则"雕缋满眼，惊采绝艳"。在青铜器艺术的分期方面，指出三个重要

---

① 转引自刘凤君：《美术考古学导论》，山东大学出版社，2002年，第44页。
② 岑家梧：《图腾艺术史》，学林出版社，1986年。
③ 李泽厚：《美的历程》，天津社会科学院出版社，2002年。
④ 李福顺：《中国美术史》，辽宁美术出版社，2000年。
⑤ 王朝闻总主编、李松主编：《中国美术史·夏商周卷》，齐鲁书社、明天出版社，2000年。

的分界点,"一是由以郑州二里冈文化为代表的商代早期,向以安阳殷墟为代表的商代后期转换,是青铜器艺术由初级形态向高级形态发展的一个分界点;二是西周穆王时期,出现明显的变化,穆王及其以后形成典型的西周青铜器艺术风格;三是春秋时代中期,从西周时代的艺术过渡到东周时代的艺术呈现多元的面貌,而不复是线性的发展过程"。以此为据,从美术史角度把青铜器艺术的发展阶段分为三个大阶段即酝酿期、主要发展阶段、尾声,主要发展阶段又分为六期,即初期(二里头文化至商代初期)、商风格盛期(商代中后期至西周昭王)、商周风格转换期(西周穆王)、西周风格成熟期(西周恭王至宣王)、东西周风格转换期(春秋前期)、东周风格盛期(春秋中叶至战国末期)。在青铜器纹饰方面,则先作较为详尽的分类,然后分析其装饰手法与艺术风格的发展。此外,还从绘画发展的角度对镶嵌画像纹和针刻画像纹作了进一步论述。

马承源《中国青铜器的发展阶段》[①],把青铜器艺术发展的历史分为五个时期即育成期(商代早期)、鼎盛期(商代晚期至西周昭王)、转变期(西周穆王至春秋早期)、更新期(春秋中期至秦代)、衰退期(汉代),并对每个时期的发展状况包括艺术特征有所论述。育成期青铜器装饰比较单调和朴素,但"以兽面为主体的象征性的神秘诡奇的艺术风格,一开头已具有明显的特征"。鼎盛期"雕刻和实用相结合的创造性的风格,一直延续到青铜艺术的衰退期。兽面纹对于物象头部的特殊表现方法,实质上是未来追求这些动物形象最注目的部分,同时也出于构图上的需求"。"纹饰的物象形态狰狞可畏,既庄严神秘,又富有生气,形成了一个独特的时代风格。"转变期"从穆王时期开始,出现了一系列的变革愈来愈强烈的因素,构成了与西周早期的青铜器的显著分界……这种变形和纹饰题材日益抽象的结果,形成了转变期艺术的特有风格,它不以工细凝重见长,但刻画粗壮有力和流转舒畅为其优点,在许多宏伟的作品中,特别明显地具有朴实浑厚的美感。""更新期青铜器的艺术装饰种类之纷繁多彩,纹饰之精细富丽,超越了以前任何一个时期。"他的《中国古代的青铜艺术》[②]《中国青铜艺术总论》[③]也述及青铜器装饰艺术各发展阶段的主要特征。

---

① 马承源:《中国青铜器的发展阶段》,《中国青铜器研究》,上海古籍出版社,2002年,第3~12页。原载《上海博物馆藏青铜器》,上海人民美术出版社,1964年。
② 马承源:《中国古代的青铜艺术》,《中国青铜器研究》,上海古籍出版社,2002年,第13~36页。原载《上海博物馆:中国·美的名实(第一卷)》,上海人民美术出版社,1991年。
③ 马承源:《中国青铜艺术总论》,《中国青铜器研究》,上海古籍出版社,2002年,第37~64页。原载《中国青铜器全集(1)》,文物出版社,1996年。

三、器类与造型研究

1. 器物造型设计研究

关于器物形态方面，较早涉及这一方面的研究主要是梅原末治《古铜器形态之考古学的研究》[①]和李济《记小屯出土之青铜器（上篇）》[②]。

梅原末治《古铜器形态之考古学的研究》，企图打破传统的分类法，尝试通过对器物形态方面的考察，按照器形本身的特征来分类，通过形制特征将青铜器分为13个类别：①皿钵类，包括盘、簋、豆、簠等；②宽口壶形类，有尊、觯、觚等；③窄口径的壶形类，有罍、彝、壶、钟等；④提梁附壶形类，以卣为主；⑤体积膨大的壶形类，以罍为主；⑥矩形容器类，有彝、扁壶等；⑦鬲、鼎；⑧有脚器类，包括角、爵、斝、盉等；⑨注口器类，有兕觥、匜等；⑩筒形及球形容器；⑪复合形器，有甗、博山炉等；⑫鸟兽异形器，如鸟兽形尊、卣、匜等；⑬乐器类。这种分类方法有别于传统的以功能为标准的分类法，可谓是全新的尝试。

李济认为梅原末治的分类没有统一标准、较为混乱、不合逻辑，他在《记小屯出土之青铜器（上篇）》中，以器物底部形制为标准，将小屯出土的青铜器分为目、式、型三级，目有圜底目、平底目、圈足目、三足目、四足目和盖形目，并依次论述了"出土情形""分类说明""三足器在小屯殷商期演变之阶段""圈足器的原始""圜底器平底器四足器及盖""各器之相互关系"等问题。

20世纪70年代末80年代初，巫鸿《谈几件中山国器物的造型与装饰》[③]，从美术的角度，通过对中山国的几件青铜器造型与装饰艺术的分析，指出战国艺术的多彩性。高丰、吴山《论商周青铜器皿造型》[④]，从工艺美术史的角度，分析和探讨了商周青铜器的功能内容、造型形式、成型特点、时代风格等四个方面，并将商周青铜器的造型形式划分为几何形体与自然形体两大类，再进一步分类和研究。

近年来值得注意的还有李嘉《抚壶论道：造物史视野中的先秦青铜"壶"形器》[⑤]，以壶形器为例，对青铜器装饰工艺的发展、形制与功能、纹饰与铭文的演变进行了分析。

---

① 转引自陈佩芬：《中国青铜器辞典》，上海辞书出版社，2013年，第21页；原载梅原末治：《古铜器形态之考古学的研究》，东方文化研究所编刊，1940年。
② 李济：《记小屯出土之青铜器（上篇）》，《李济文集（卷三）》，上海人民出版社，2006年。
③ 巫鸿：《谈几件中山国器物的造型与装饰》，《文物》1979年第5期，第46~50页。
④ 高丰、吴山：《论商周青铜器皿造型》，《南京艺术学院学报（美术与设计版）》1986年第4期，第51~63页。
⑤ 李嘉：《抚壶论道：造物史视野中的先秦青铜"壶"形器》，中国社会科学出版社，2016年。

近年来出版的译著还有德国学者雷德侯《万物：中国艺术中的模件化和规模化生产》①。作者从多个方面深入中国文化与审美观念的层次，分析了中国艺术与工艺，他认为中国的艺术家不寻求忠实地再现自然物象，而是探索代替模仿的方式，直接创造出成千上万甚至无限的艺术品。他以"模件"的概念全新阐释了中国古代的各项艺术生产。所谓"模件"是指构成器物或纹饰的一个基本单元，这一单元相对自由，可按照一定的规则和习惯相互组合，而其本身依然可以由更小的模件单元构成。"模件"的存在与规模化生产的要求相适应。在第二章"复杂的青铜铸造术"中，作者详尽分析了青铜器装饰、铸造以及组合等方面的"模件"化体系，并探讨了青铜生产中的劳动分工问题。

2. 器类研究

虽然从器物造型设计的角度对商周青铜器进行研究的还比较罕见，但考古学领域有大量运用类型学方法对青铜器进行型式分析的研究，这些研究成果大多资料收集相当完备，型式分析也非常细致，完全可以用来作为青铜器造型设计风格变化的研究资料。除前述综合研究著作如容庚、林巳奈夫、朱凤瀚等学者的著作中对商周青铜器器类的型式研究外，近年比较系统的有路国权《东周青铜容器谱系研究》②，以及业师张懋镕先生主编、科学出版社陆续出版的"中国古代青铜器整理与研究"系列著作，目前已出版的器类研究方面的著作包括张翀《中国古代青铜器整理与研究·青铜豆卷》③、张婷和刘斌《中国古代青铜器整理与研究·青铜盘卷》④、吴伟《中国古代青铜器整理与研究·青铜斝卷》⑤、裴书研《中国古代青铜器整理与研究·青铜壶卷》⑥、马军霞《中国古代青铜器整理与研究·青铜卣卷》⑦、任雪莉《中国古代青铜器整理与研究·青铜簋卷》⑧、谷朝旭《中国古代青铜器整理与研究·青铜敦卷》⑨、王宏《中国古代青铜器整理与研究·青铜罍卷》⑩、黄薇《中国古代青铜器整理与研

---

① 〔德〕雷德侯著，张总等译：《万物：中国艺术中的模件化和规模化生产》，生活·读书·新知三联书店，2005年。
② 路国权：《东周青铜容器谱系研究》，上海古籍出版社，2018年。
③ 张翀：《中国古代青铜器整理与研究·青铜豆卷》，科学出版社，2015年。
④ 张婷、刘斌：《中国古代青铜器整理与研究·青铜盘卷》，科学出版社，2015年。
⑤ 吴伟：《中国古代青铜器整理与研究·青铜斝卷》，科学出版社，2015年。
⑥ 裴书研：《中国古代青铜器整理与研究·青铜壶卷》，科学出版社，2015年。
⑦ 马军霞：《中国古代青铜器整理与研究·青铜卣卷》，科学出版社，2015年。
⑧ 任雪莉：《中国古代青铜器整理与研究·青铜簋卷》，科学出版社，2016年。
⑨ 谷朝旭：《中国古代青铜器整理与研究·青铜敦卷》，科学出版社，2016年。
⑩ 王宏：《中国古代青铜器整理与研究·青铜罍卷》，科学出版社，2016年。

究·特殊鼎类卷》①、胡嘉麟《中国古代青铜器整理与研究·青铜簠卷》②、孙妙华《中国古代青铜器整理与研究·青铜瓿卷》③、齐耐心和孙战伟《中国古代青铜器整理与研究·青铜卮卷》④、刘远晴《中国古代青铜器整理与研究·中国早期铜器卷》⑤，以及涉及地域及纹饰研究的任雪莉《中国古代青铜器整理与研究·戴家湾卷》⑥、刘树满《中国古代青铜器整理与研究·晋南地区卷》⑦、李树浪《中国古代青铜器整理与研究·应国青铜器卷》⑧、欧阳怡婷《中国古代青铜器整理与研究·曾国青铜器卷》⑨、王帅《中国古代青铜器整理与研究·西周金文字体卷》⑩、卢昉《中国古代青铜器整理与研究·人兽母题纹饰卷》⑪。

四、装饰题材（纹饰）研究

1. 综合研究

前述的几部通论式著作，如容庚《商周彝器通考》《殷周青铜器通论》、林巳奈夫《殷周青铜器综览（第二卷）——殷周时代青铜器纹饰之研究》、朱凤瀚《古代中国青铜器》《中国青铜器综论》、马承源《中国青铜器研究》均辟出专门章节，对纹饰研究的意义及发展概况、纹饰的定名与分类及型式划分、纹饰的内涵、纹饰的艺术特征与风格做了比较全面的探讨。

较早的研究还有吴镇烽《商周青铜器装饰艺术》⑫，介绍了商周青铜器装饰纹样的题材、结构形式、装饰手法、艺术特征。此外，还有众多涉及具体纹饰类型的研究，如梁彦民《商人服象与商周青铜器中的象装饰》⑬《浅析商周青铜器上的直棱纹》⑭

---

① 黄薇：《中国古代青铜器整理与研究·特殊鼎类卷》，科学出版社，2016年。
② 胡嘉麟：《中国古代青铜器整理与研究·青铜簠卷》，科学出版社，2018年。
③ 孙妙华：《中国古代青铜器整理与研究·青铜瓿卷》，科学出版社，2019年。
④ 齐耐心、孙战伟：《中国古代青铜器整理与研究·青铜卮卷》，科学出版社，2018年。
⑤ 刘远晴：《中国古代青铜器整理与研究·中国早期铜器卷》，科学出版社，2020年。
⑥ 任雪莉：《中国古代青铜器整理与研究·戴家湾卷》，科学出版社，2015年。
⑦ 刘树满：《中国古代青铜器整理与研究·晋南地区卷》，科学出版社，2016年。
⑧ 李树浪：《中国古代青铜器整理与研究·应国青铜器卷》，科学出版社，2019年。
⑨ 欧阳怡婷、刘树满：《中国古代青铜器整理与研究·曾国青铜器卷》，科学出版社，2020年。
⑩ 王帅：《中国古代青铜器整理与研究·西周金文字体卷》，科学出版社，2018年。
⑪ 卢昉：《中国古代青铜器整理与研究·人兽母题纹饰卷》，科学出版社，2016年。
⑫ 吴镇烽：《商周青铜器装饰艺术》，《考古与文物》1983年第5期，第71~82页。
⑬ 梁彦民：《商人服象与商周青铜器中的象装饰》，《文博》2001年第4期，第50~72页。
⑭ 梁彦民：《浅析商周青铜器上的直棱纹》，《文博》2002年第2期，第17~21页。

《殷周青铜器双身龙纹及相关问题》①，张德良《西周青铜器窃曲纹研究》②，宋玲平《东周青铜器叙事画像纹地域风格浅析》③，朱军献《东周青铜器造型与人物画像纹饰》④，武红丽《东周画像铜器研究》⑤等。

2. 关于纹饰定名与分类的研究

容庚《颂斋吉金录》⑥中著录商周28件青铜器的尺寸、纹饰、铭文和出处，大多附有纹饰拓本，是较早重视纹饰研究的青铜器著录。而青铜器纹饰在定名上的标准化与系统化，则始于容庚1941年所撰写的《商周彝器通考》，此书首次对青铜器纹饰做了系统整理和重新分类（划分为77种170状），并说明每种纹饰的名称来源及时代特征，真正确立了纹饰在青铜器研究中的独特地位。1958年出版的《殷周青铜器通论》则对原来的纹饰分类进行了科学的修订，将原来的纹饰重新分为三大类即几何形、动物形和叙事画类纹饰，并对中国青铜器装饰艺术的特征作了概述。

李济《殷墟铜器研究》⑦，分别讨论了殷墟出土的觚形器、爵形器、斝形器、鼎形器的形制与花纹，总结了殷墟出土青铜容器的形制与纹饰特征，将殷墟青铜器纹饰分为浮雕动物头面、几何形纹饰和弦纹三类，其中浮雕动物头面又分为真实动物和神话动物。他首次提出以"式""型"来划分纹饰类型，与现在考古界通用的型、式概念相一致。虽然李济的研究对象主要是商代青铜器，但他关于青铜器纹饰的研究成果对两周青铜器的研究仍然具有重要的参考价值。

朱凤瀚《古代中国青铜器》和《中国青铜器综论》，在纹饰的定名方面，基本采用了容庚的说法，并在具体论述时"随时指出某些旧有名称存在的问题，同时介绍新的研究成果与某些学者采用的新名称"。在纹饰的分类上，他继承、糅合了容庚、李济的传统，先将纹饰分为三大类即动物类、几何纹类和人物画像类，然后进一步细分，并采用类型学方法，对重要纹饰进行型式分析，并论及其来源及艺术风格。

3. 关于纹饰分期断代的研究

郭沫若是较早认识到纹饰对青铜器断代分期有重要意义的学者。在其创立的"标准器断代法"中，"器物之花纹样式"就对青铜器断代起到了重要的参验作用。其在《毛公鼎之年代》中指出："大凡一时代之器物必有一时代之花纹与形式……故花纹

---

① 梁彦民：《殷周青铜器双身龙纹及相关问题》，《考古与文物》2006年第6期，第78~87页。
② 张德良：《西周青铜器窃曲纹研究》，清华大学博士学位论文，2010年。
③ 宋玲平：《东周青铜器叙事画像纹地域风格浅析》，《中原文物》2002年第2期，第46~50页。
④ 朱军献：《东周青铜器造型与人物画像纹饰》，《中原文物》2017年第4期，第61~67页。
⑤ 武红丽：《东周画像铜器研究》，中央美术学院硕士学位论文，2008年。
⑥ 容庚：《颂斋吉金录》，考古学社影印本，民国二十二年（1933年）。
⑦ 李济：《殷墟铜器研究》，《李济文集（卷四）》，上海人民出版社，2006年，第4~482页。

形式在决定器物之时代上占有极重要之位置，其可依据，有时过于铭文……"①《两周金文辞大系图编序说——彝器形象学试探》②中，把纹饰作为重要研究对象，并首次对古代青铜器做出了较系统的分期研究，把中国青铜器时代分为四期，即滥觞期（商前期）、勃古期（商后期至周穆王）、开放期（周恭王至春秋中叶）、新式期（春秋中叶至战国末年），并对勃古期、开放期、新式期的纹饰特征及其演变作了概说，结合文献考证了部分纹饰的源流。

陈梦家于1940年发表《中国铜器概述》，将商周铜器进行更细的分期，并尝试进行文化系统的探讨，其中也专辟一章对青铜器纹饰做了研究。1956年发表的《西周铜器断代》③，在以铭文和器形作为主要断代依据的基础上，兼论纹饰，对典型器物尤其注意其纹饰特征及发展规律，如从断代的角度对鸟纹和顾龙纹作了比较细致的研究。

瑞典的高本汉，其著作多发表在瑞典《远东古物馆馆刊》，如《中国青铜器新的研究》（1937年第9期）、《再论殷纹饰中的A与B式》（1946年第18期）。他主要采用类型学的方法，通过对器形、纹饰的分类排比，分析其变化发展的特征，但他只是孤立地论述器物类型的变化，未能阐明其原因和互相影响，更没有结合历史来说明其发展过程和规律④。

中华人民共和国成立后，随着田野考古发掘工作的发展，地层学、类型学等考古学方法也被应用于青铜器研究。在青铜器纹饰研究方面，运用类型学方法研究的典型之作，应属以下三篇文章。陈公柔、张长寿的《殷周青铜容器上鸟纹的断代研究》⑤，在陈梦家的分类基础上，就鸟纹的形象进行细致的分析和比较后，将凤鸟纹中的小鸟纹、大鸟纹、长尾鸟纹分为三类25式，以鸟纹型式演变情况来辅助青铜器断代的研究。他们的《殷周青铜容器上兽面纹的断代研究》⑥，根据133件铜器将兽面纹分为四型40式，从而建立起商周时期兽面纹发展、演变的序列，并探讨了诸型式之间的关系。王世民、陈公柔、张长寿合作发表的《西周青铜器上的窃曲纹》⑦，对窃曲纹的概念、研究史、型式划分、演变源流及共存纹饰等做了探讨，并分述其特征及时代。

---

① 郭沫若：《金文从考》，人民出版社，1952年改编本，第306页。
② 郭沫若：《两周金文辞大系图编序说——彝器形象学试探》，《两周金文辞大系图录考释》，科学出版社，1957年。
③ 陈梦家：《西周铜器断代》，中华书局，2004年。原载《考古学报》1955～1956年。
④ 转引自张维持：《评中国青铜器外文著述》，《中山大学学报》1965年第3期，第92、102页。
⑤ 陈公柔、张长寿：《殷周青铜容器上鸟纹的断代研究》，《西周青铜器分期断代研究》，文物出版社，1999年，第194～215页。原载《考古学报》1984年第3期，第265～286页。
⑥ 陈公柔、张长寿：《殷周青铜容器上兽面纹的断代研究》，《西周青铜器分期断代研究》，文物出版社，1999年，第216～250页。原载《考古学报》1990年第2期，第137～168页。
⑦ 王世民、陈公柔、张长寿：《西周青铜器上的窃曲纹》，《西周青铜器分期断代研究》，文物出版社，1999年，第182～193页。

此外，述及青铜器纹饰型式划分及断代的还有以下文章：

李学勤《西周中期青铜器的重要标尺——周原庄白、强家两处青铜器窖藏的综合研究》[1]，主要讨论凤鸟纹在西周中期青铜器断代上的标尺作用。

谭旦冏《春秋铜器的新编年与龙纹的演变》[2]，主要探讨了商代至战国龙纹的演变。彭裕商《西周青铜器年代综合研究》[3]，在朱凤瀚研究基础上，又对龙纹做了更详细的型式划分，附加对鳞纹做了型式的划分，并考察了其型式对应的年代。高西省的《扶风出土的西周巨型青铜爬龙及研究》[4]，将商周龙类装饰纹样分为双体共首龙、卷体龙、图案变体龙和爬龙四大类，并总结了各个类型的特征。

汤淑君《河南商周青铜器蝉纹及其相关问题》对青铜器装饰纹样中的蝉纹做了型式分析研究[5]。

段勇的《商周青铜器上的幻想动物纹研究》[6]，对兽面纹、神鸟纹、夔龙纹做了类型学研究，在此基础上探讨了各种纹样的分期和分区，并对其属性做了分析[7]。

4. 关于纹饰图案构成及特点的研究

20世纪50年代，德国学者罗樾在李济先生《记小屯出土之青铜器》提供的材料支撑的基础上，所著的《安阳时期的青铜器风格》，从装饰母题、器物整体效果、器型与铸造工艺等方面将安阳殷墟出土青铜器划分成五个连续的风格发展序列，这五种风格模式即纤细的阳纹、条块状的粗线纹、满饰的细密纹、区分开的主纹与云雷纹、三层花，其发展线索是从细线纹饰发展为塑形性纹饰。这一方法遭到了传统论者的反对，但20世纪50年代出土的考古材料很快便证明了罗樾的风格序列方法的有效性。罗樾倚仗考古材料进行研究的方式，引领了西方学界使用来自中国的考古发掘报告的学术热潮[8]。

国内学者除前述综合研究中已经有所涉及的之外，龙宗鑫《古代铜器上的纹饰结构》[9]，对青铜器纹饰结构作了分析，认为商周青铜器的纹饰有分别流行于不同阶段的

---

[1] 李学勤：《西周中期青铜器的重要标尺——周原庄白、强家两处青铜器窖藏的综合研究》，《中国历史博物馆馆刊》1979年第1期。

[2] 谭旦冏：《春秋铜器的新编年与龙纹的演变》，《故宫季刊》1973年第4期。

[3] 彭裕商：《西周青铜器年代综合研究》，巴蜀书社，2003年。

[4] 高西省：《扶风出土的西周巨型青铜爬龙及研究》，《文博》1993年第6期，第84~89页。

[5] 汤淑君：《河南商周青铜器蝉纹及其相关问题》，《中原文物》2004年第6期，第34~41页。

[6] 段勇：《商周青铜器上的幻想动物纹研究》，北京大学博士学位论文，2001年。

[7] 此外还有丁山先生的《中国古代宗教与神话考》，结合文献对涡纹和龙纹的配置提出了看法。

[8] 张帆影：《罗樾的风格观念及其中国艺术研究理路》，《美术观察》2018年第2期，第134、135页。

[9] 龙宗鑫：《古代铜器上的纹饰结构》，《文物》1958年第11期，第23~27页。

四种组合方式，即单独模样、二方连续、四方连续和绘画式不规则纹饰。

马承源《漫谈中国青铜器上的画像》[①]，首次对青铜器画像纹的纹饰主题、构图风格、画像手法作了分析，指出它对于中国绘画艺术的重要意义，"如果把它与汉代的画像艺术作一些比较，就可发现战国青铜器上的画像乃是汉画像的真正先驱"。

张孝光的《殷墟青铜器的装饰艺术》[②]，对殷墟青铜器纹饰的题材和类型、纹样的组织和装饰布局、饕餮纹和夔纹的构成方式及其与其他纹样的关系、纹饰的表现方法和多种装饰形式的结合等方面分别做了研究，并总结了殷墟青铜器装饰艺术的主要特点。

陈志达《妇好墓青铜器的装饰艺术》[③]中，对妇好墓出土青铜器的纹样布局、装饰艺术的表现形式和纹样作了详细剖析，将妇好墓青铜器的纹样布局分为满装、半装或带状装、简装等三种形式。

岳洪彬《殷墟青铜器纹饰的方向性研究》[④]、《殷墟青铜器纹饰研究》[⑤]，讨论了殷墟青铜器纹饰的方向性和纹样组合，他提出的观点和研究思路，对两周青铜装饰艺术的研究也有颇多可资借鉴之处。

5. 关于纹饰内涵的研究

刘敦愿《美术考古与古代文明》[⑥]，第三部分为"青铜器装饰纹样的起源与母题研究"，共12篇论文，根据文献记载并结合中外民族学、民俗学材料，对青铜器纹饰的含义、功用及其所反映的社会意识进行了研究，提出了一些新的看法，如其认为"枭类题材艺术作品的特别丰富与优秀，与中国古代的宗教崇拜对于夜禽的重视有着密切的关系"等。

马承源《商周时代火的图像及有关问题的探讨》[⑦]，认为"圆涡纹是火与太阳的图像"，结合金文和甲骨文进一步指出其反映了古代对火神崇拜和太阳崇拜的风俗。《商周青铜器纹样属性溯源》[⑧]对饕餮纹的命名提出异议，认为其是"无法概括纹饰具

---

① 马承源：《漫谈战国青铜器上的画像》，《中国青铜器研究》，上海古籍出版社，2002年。原载《文物》1961年第10期，第26~30页。

② 张孝光：《殷墟青铜器的装饰艺术》，《殷墟青铜器》，文物出版社，1985年，第103~125页。

③ 中国青铜器全集编辑委员会：《中国青铜器全集2》，文物出版社，1997年，第27~40页。

④ 岳洪彬：《殷墟青铜器纹饰的方向性研究》，《考古》2002年第4期，第69~80页。

⑤ 岳洪彬：《殷墟青铜器纹饰研究》，《三代考古（二）》，科学出版社，2006年。

⑥ 刘敦愿：《美术考古与古代文明》，台北允晨文化实业股份有限公司，1994年。

⑦ 马承源：《商周时代火的图像及有关问题的探讨》，《中国青铜器研究》，上海古籍出版社，2002年，第413~428页。

⑧ 马承源：《商周青铜器纹样属性溯源》，《上海博物馆集刊（第九期）》，上海书画出版社，2002年。

体内容的一个不确定性的符号性名词"。同时提出纹饰的配置问题，为青铜器装饰艺术提出新的研究领域。

杭春晓《商周青铜器之饕餮纹研究》[1]，从美术考古的研究角度，将类型学与图像学及文献相结合，对饕餮纹的内涵、型式分析、源流等诸多问题进行了探讨。

黄厚明《商周青铜器纹样的图式与功能——以饕餮纹为中心》[2]，从学术史的立场回顾了商周青铜器纹样研究史，一方面借助甲骨文—金文—先秦典籍的文献支撑，推绎和重建商周青铜礼器在不同历史时期所承担的社会角色和功能的变迁；另一方面又从图像研究的维度梳理了饕餮纹的图式渊源与风格变迁，特别是在饕餮纹的内涵及功能方面，在集中阐述并分析了多种假说如"巫蹻说"、"萨满面具说"、"天帝说"与"地母说"、"商族祖神像"等的基础上，提出了"饕餮纹：商族祖神像"的假说，并进一步探讨了不同历史时期政权及地域文化变迁对饕餮纹、龙纹、鸟纹、日纹的指向意义变化的影响。

卢昉《中国古代青铜器整理与研究：人兽母题纹饰卷》[3]，通过梳理人兽母题纹饰的渊源和流变，探究其文化属性与社会功能，并进一步探讨人文思想、社会风尚及审美意旨等因素与母题图像表现规律之间的关系。

除此之外，尚有大量的研究论文涉及青铜器纹饰的内涵，此处不再详细列出。

至于海外学者，对于这一领域，兴趣极大，成果颇丰，其优点是常常可以别开生面，运用新的研究方式，从新的认识角度，突破国内学者的惯性思维，其缺点是存在文化隔阂，因语言、观念等方面的障碍，对中国历史文化的传统背景容易产生认识上的误解。这些海外学者当中，比较有跨文化优势的是华裔学者，如张光直先生，就是一个典范。

美籍华裔学者张光直先生对青铜器动物纹样作了深入分析研究，提出了著名的"萨满通灵说"。他的《商周神话与美术中所见人与动物关系之演变》《濮阳三蹻与中国古代美术上的人兽母题》《中国古代的艺术与政治》《商周青铜器上的动物纹样》等文[4]，都讨论了商周青铜器上动物纹饰的内涵。他认为"青铜彝器是协助巫觋沟通天地之用的"，"其上所象的动物纹样也有助于这个目的"。他认为张开的兽口在很多文化中都象征着通往另一个世界的通道，由此推断商周青铜器纹饰中头置于兽口下的人应是巫师或萨满。他的论述从青铜器纹饰的深刻宗教与社会背景入手，有助于青铜器纹饰研究角度的开拓。

日本学者林巳奈夫，除《殷周青铜器综览（第二卷）》所涉及的纹饰内涵研究之

---

[1] 杭春晓：《商周青铜器之饕餮纹研究》，文化艺术出版社，2009年。
[2] 黄厚明：《商周青铜器纹样的图式与功能——以饕餮纹为中心》，方志出版社，2014年。
[3] 卢昉：《中国古代青铜器整理与研究·人兽母题纹饰卷》，科学出版社，2016年。
[4] 以上四篇论文均收入张光直：《中国青铜时代》，生活·读书·新知三联书店，1999年。

外，还有《神与兽的纹样学：中国古代诸神》[①]，将甲骨文、金文、古文献和考古实物资料相结合，对饕餮纹做了较为详尽的分析，他认为商代、西周前期的饕餮纹表现的是"帝"的图像，其渊源来自河姆渡文化太阳神与鸟组合的图像，经过龙山文化的鬼神像演变而成。

美国学者艾兰《龟之谜——商代神话、祭祀、艺术和宇宙观研究》[②]，对商代青铜礼器装饰纹样的含义进行了探讨。她认为商人的艺术、宇宙观、占卜祭祀等都拥有一个共同的宗教底层结构，商代的青铜艺术即装饰纹样"是用神灵世界的语言，通过它活人跟死人的界线就可以穿越了……这些纹饰的含义不在于这个世界，它表明生死之界的穿越"。围绕着这个普遍含义，她对饕餮纹、龙纹、枭、蝉等纹样做了分析，指出商代青铜艺术的主题就是对死亡和演变的论释，"商代青铜器纹饰母型最基本的内涵就是死亡、转化、黄泉下界的暗示"。艾兰对商代纹饰的解读与对商代神话、祭祀、宇宙观的阐释是一致的，目的是揭示商人的思想观念。

美籍华裔学者杨晓能的《商周青铜器纹饰和图形文字的含义及功能》[③]《另一种古史：青铜器纹饰、图形文字与图像铭文的解读》[④]，通过探索青铜纹饰、图形文字与图像铭文的关系，进一步讨论了三者的演化与古代社会、文化、政治、宗教、礼仪发展的关系，认为青铜纹饰的演变和图形文字的消失，是权力更迭、社会和宗教礼仪革命的反映。其所研究的中心虽然围绕"图像铭文"展开，但书中依然就青铜器的纹饰进行了渊源的追溯、功能的探讨、内涵的解读等研究。

五、器表装饰手法与工艺研究

青铜器的器表装饰手法，包括雕塑、线刻、镶嵌、髹漆、鎏镀等，而以雕塑手法为最重。同时，装饰手法的实现必然与工艺技法密切相关，铸造技术的发展则又为各种复杂的器型设计、装饰工艺的实现提供了必要的支撑。因此，在这一研究领域，我们可以看到诸多研究成果中，往往是兼谈装饰手法、装饰工艺与铸造工艺的。

[①] 〔日〕林巳奈夫著，常耀华、王平、刘晓燕等译：《神与兽的纹样学：中国古代诸神》，生活·读书·新知三联书店，2016年。

[②] 〔英〕艾兰著，汪涛译：《龟之谜——商代神话、祭祀、艺术和宇宙观研究》，四川人民出版社，1992年。

[③] 〔美〕杨晓能：《商周青铜器纹饰和图形文字的含义及功能》，《文物》2005年第6期，第72~81页。

[④] 〔美〕杨晓能著，唐际根、孙亚冰译：《另一种古史：青铜器纹饰、图形文字与图像铭文的解读》，生活·读书·新知三联书店，2008年。

关于最主要的雕塑手法，王子云《中国雕塑艺术史》①专辟章节，介绍了三代青铜器雕塑的发展，特别谈到了象形青铜器和一般雕塑制作的内容。张耀《商周青铜器与青铜器雕塑艺术》②也值得一读，作者是一位雕塑家，他从雕塑艺术的角度对商周青铜器雕塑的形式、内容、造型风格及艺术规律进行深入研究，凸现了其在中国古代雕塑艺术史上的特殊重要地位。

关于青铜器线刻研究，主要有张广立《东周青铜器刻纹》③、叶小燕《东周刻纹铜器》④，对东周青铜刻纹的题材、艺术特点、工艺技法做了介绍。

关于青铜器器表镶嵌的研究，主要有史树青《我国古代的金错工艺》⑤、贾云福等《曾侯乙红铜纹铸镶法的研究》⑥、贾峨《关于东周错金镶嵌铜器的几个问题的探讨》⑦。

关于青铜器器表彩绘的研究，主要有刘观民《中国青铜时代早期彩绘纹饰试析》⑧。

关于青铜器器表鎏镀的研究，张子高《从镀锡铜器谈到鋈字本义》⑨亦有所涉及。

关于装饰工艺方面的综合研究，叶小燕《我国古代青铜器上的装饰工艺》⑩，对商周青铜器的表面装饰工艺如镶嵌绿松石、孔雀石、琉璃、玉、玛瑙、红珊瑚以及错红铜、错金银、鎏金银等做了比较系统的介绍。王滨《齐国青铜器装饰工艺研究》⑪，介绍了鎏金、包金、刻纹、镶嵌、平脱等多种工艺技法，体现了齐国青铜器装饰工艺丰富多彩的面貌及地域特点。董亚巍、周卫荣《商周铜器纹饰技术的三个发展历程》⑫，将商周时期青铜器装饰工艺技术的发展历程分为三个阶段，即纹饰压塑技术阶段、纹饰堆塑技术阶段和单元纹饰范拼对技术阶段。

关于铸造技术的研究，与装饰手法和装饰工艺相关性较强的研究，主要著作有华

---

① 王子云：《中国雕塑艺术史》，人民美术出版社，1988年。
② 张耀：《商周青铜器与青铜器雕塑艺术》，中国书籍出版社，2013年。
③ 张广立：《东周青铜器刻纹》，《考古与文物》1983年第1期，第83~88页。
④ 叶小燕：《东周刻纹铜器》，《考古》1983年第2期，第158~164页。
⑤ 史树青：《我国古代的金错工艺》，《文物》1973年第6期，第66~72页。
⑥ 贾云福、胡才彬、华觉明：《曾侯乙红铜纹铸镶法的研究》，《江汉考古》1981年第S1期，第57~66页。
⑦ 贾峨：《关于东周错金镶嵌铜器的几个问题的探讨》，《江汉考古》1986年第4期，第34~48页。
⑧ 刘观民：《中国青铜时代早期彩绘纹饰试析》，《考古》1996年第8期，第61~70、80页。
⑨ 张子高：《从镀锡铜器谈到鋈字本义》，《考古学报》1958年第3期，第73、74页。
⑩ 叶小燕：《我国古代青铜器上的装饰工艺》，《考古与文物》1983年第4期，第81~93页。
⑪ 王滨：《齐国青铜器装饰工艺研究》，《管子学刊》2016年第2期，第49~53、100页。
⑫ 董亚巍、周卫荣、马俊才等：《商周铜器纹饰技术的三个发展历程》，《中国历史文物》2007年第1期，第83~88页。

觉明《中国冶铸史论集》①、苏荣誉《中国上古金属技术》②、刘诗中《中国青铜时代采冶铸工艺》③。此外，还有相当数量的文章涉及相关内容，如华觉明和郭德维《曾侯乙墓青铜器群的铸焊技术和失蜡法》④、谭德睿《中国古代失蜡铸造刍议》⑤、汤文兴《淅川下寺一号墓青铜器的铸造技术》⑥、陶正刚《晋国青铜器铸造工艺中的两个问题》⑦、杨欢《从侯马铸铜遗址看东周青铜器分型制模工艺》⑧等。

六、地域风格研究

郭宝钧的《商周铜器群综合研究》⑨，将商周青铜器以"群"为单位进行研究，确立了郑州二里冈、安阳小屯、西安普渡村、陕县上村岭、寿县蔡侯墓、寿县朱家集和信阳长台关六个界标铜器群，统一进行器类组合、器形与铸造、纹饰与铭文、人事和使用等的研究，这是较早的区域代表性器群的研究，其中也涉及纹饰方面的研究。

朱凤瀚《古代中国青铜器》以及《中国青铜器综论》中，都有专章述及两周青铜器区域发展的情况，其中也涉及各个区域青铜纹饰的发展情况及主要特征。

李伯谦《中国青铜文化结构体系研究》⑩，论述了中国古代青铜文化的起源、分期、分区、谱系演变及相互关系。

《中国青铜器全集》⑪，涉及两周的有第五至十一卷，在每卷的序言部分，对本卷涉及区域青铜器的综合研究都有专门叙述，其中相当篇幅涉及本区域青铜器的纹饰及其他装饰要素。从《中国青铜器全集》的架构来看，基本可以形成对两周时期青铜器纹饰特征分布的整体认识。

耿庆刚《东周青铜器动物纹样研究》⑫，以东周青铜器动物纹样为研究对象，在东

---

① 华觉明：《中国冶铸史论集》，文物出版社，1986年。
② 苏荣誉、华觉明、李克敏等：《中国上古金属技术》，山东科学技术出版社，1995年。
③ 刘诗中：《中国青铜时代采冶铸工艺》，江西科学技术出版社，1997年。
④ 华觉明、郭德维：《曾侯乙墓青铜器群的铸焊技术和失蜡法》，《文物》1979年第7期，第45~48页。
⑤ 谭德睿：《中国古代失蜡铸造刍议》，《文物》1985年第12期，第66~69页。
⑥ 汤文兴：《淅川下寺一号墓青铜器的铸造技术》，《考古》1981年第2期，第174~176页。
⑦ 陶正刚：《晋国青铜器铸造工艺中的两个问题》，《文物》1998年第11期。
⑧ 杨欢：《从侯马鼎模看东周青铜器分型制模工艺》，《中原文物》2017年第2期，第107~115页。
⑨ 郭宝钧：《商周铜器群综合研究》，文物出版社，1981年。
⑩ 李伯谦：《中国青铜文化结构体系研究》，科学出版社，1998年。
⑪ 中国青铜器全集编辑委员会：《中国青铜器全集》，文物出版社，1993~1998年。
⑫ 耿庆刚：《东周青铜器动物纹样研究》，西北大学博士学位论文，2019年。

周考古学文化分区系的基础上，对晋系、楚系、齐鲁系、秦系、燕系、徐舒系、吴越系、巴蜀系动物纹样进行研究，依据动物种类，并对龙、凤、虎等大宗动物纹样进行类型学研究，概括各区系动物纹样特点。在此基础上，对龙、凤、虎、牛、兽蛇与人蛇主题、神怪主题进行综合研究，概述其发展阶段性，最后对列国之间动物纹样的交流与互动进行探讨。

此外，尚有较多研究区域青铜文化的著作和论文也涉及青铜艺术研究的部分。

关于中原地区青铜器，苏辉《中原地区商西周青铜器夔纹研究》[1]，主要着眼于考古发掘中出土的有科学记录的成组器群，并结合有关传世铜器，运用类型学的方法，探讨夔纹在不同时期青铜器上的施用、演变、组合等问题。

关于晋系青铜器，相关研究有赵瑞民、韩炳华《晋系青铜器研究：类型学与文化因素分析》[2]，对晋系青铜器的造型、纹饰做了类型学的分析和研究。李夏廷和李劭轩《晋国青铜艺术图鉴》[3]，以对纹饰细节还原度极高的大量考古绘图，勾画了晋国青铜艺术的发展过程，并把晋国青铜纹饰划分为神化动物类、写实动物类、几何形类和图像人物类，概括了各时期不同类别的特征，最后对晋国青铜艺术的特征进行总结。

关于齐鲁青铜器，相关研究有杜廼松《东周时代齐、鲁青铜器探索》[4]、毕经纬《问道于器：海岱地区商周青铜器研究》[5]、侯雯雯《山东出土两周青铜容器的纹饰研究》[6]，对山东地区青铜器纹饰的发展和特点进行了分析和研究。

关于秦国青铜器，王学理《秦物质文化史》[7]中有相关论述，陈平《试论关中秦墓青铜容器的分期问题》[8]也涉及了秦青铜器的造型及纹饰，王冰《东周时期秦国青铜器纹饰研究》[9]也对东周时期秦国青铜器的造型、纹饰进行了类型学分析和研究。

关于燕国青铜器，相关研究有杜廼松《论东周燕国青铜器》[10]、赵化成《东周燕代青铜容器的初步分析》[11]、李先登《燕国青铜器的初步研究》[12]、李夏廷《浑源彝器研

---

[1] 苏辉：《中原地区商西周青铜器夔纹研究》，清华大学博士学位论文，2010年。
[2] 赵瑞民、韩炳华：《晋系青铜器研究：类型学与文化因素分析》，山西人民出版社，2005年。
[3] 李夏廷、李劭轩：《晋国青铜艺术图鉴》，文物出版社，2009年。
[4] 杜廼松：《东周时代齐、鲁青铜器探索》，《南方文物》1995年第2期，第81~87页。
[5] 毕经纬：《问道于器：海岱地区商周青铜器研究》，上海古籍出版社，2019年。
[6] 侯雯雯：《山东出土两周青铜容器的纹饰研究》，陕西师范大学硕士学位论文，2012年。
[7] 王学理、尚志儒、呼林贵等：《秦物质文化史》，三秦出版社，1994年。
[8] 陈平：《试论关中秦墓青铜容器的分期问题》，《考古与文物》1984年第3、4期。
[9] 王冰：《东周时期秦国青铜器纹饰研究》，陕西师范大学硕士学位论文，2012年。
[10] 杜廼松：《论东周燕国青铜器》，《文物春秋》1994年第2期，第45~49页。
[11] 赵化成：《东周燕代青铜容器的初步分析》，《考古与文物》1993年第2期。
[12] 李先登：《燕国青铜器的初步研究》，《北京建城3040年暨燕文明国际学术研讨会会议专辑》，北京燕山出版社，1997年。

究》①。

南方青铜器，主要是楚系青铜器和吴越青铜器。施劲松《长江流域青铜器研究》②，按青铜器出土比较集中的地区，把南方青铜器分为江西新干、四川三星堆、湖南宁乡和安徽屯溪四个铜器群地区，利用考古类型学的方法，对各地区的青铜器从组合、器形、纹饰进行分析和研究，并在此基础上确立了南方商周青铜器的年代序列。

关于楚系青铜器艺术的研究，有两部著作特别值得重视。其一是张正明的《楚文化史》③，著者把文献记载与考古发掘材料密切结合相互印证，重新解说了楚文化的内涵和外延，并对楚文化的艺术风格和审美精神有诸多论述，文中将楚文化的发展划分为滥觞、茁长、鼎盛、滞缓及转化几个时期，其中辟有专章叙述楚系青铜器的艺术风格和审美变迁。另一部是皮道坚的《楚艺术史》④，著者从艺术史的范畴全面叙述了楚艺术的各个领域，书中辟有专章述及楚系青铜器的造型设计、变革特质以及不同历史阶段的风格演变，并以典型铜器群为范例，通过对春秋时期下寺风格（淅川下寺楚墓）、战国前期风格（曾侯乙墓）、战国后期风格（寿县李三孤堆楚墓）的进一步对比研究，为读者厘清了楚系青铜艺术发展的脉络。

此外，关于楚系铜器装饰艺术的研究，相关著作还有刘彬徽《楚系青铜器研究》⑤，有专章涉及楚系青铜器纹饰的分类及特征。杨式昭《春秋楚系青铜器转型风格之研究》⑥，以新郑郑公大墓作为起始案例，以郑公大墓出土器物作为研究对象，对春秋中期转型风格的时代性、器制背景、风格特征、相关的铸造技术等方面作了较为详尽的研究。张昌平《曾国青铜器研究》⑦，分别讨论了周文化体系下和楚文化体系下的曾国青铜器纹饰的类型与特点。熊建华《湖南商周青铜器研究》⑧，讨论了湖南地区青铜器的纹饰类型及文化意蕴。

关于吴越青铜器，相关研究有杜廼松《谈江苏地区商周青铜器的风格和特征》⑨、毛颖和张敏《长江下游的徐舒与吴越》⑩、肖梦龙《吴国青铜器研究》⑪，都涉及吴国青铜器纹饰的渊源、类型及特征，并提出当地的几何印纹陶纹饰对青铜器纹饰的影

---

① 李夏廷：《浑源彝器研究》，《文物》1992年第10期，第61~75页。
② 施劲松：《长江流域青铜器研究》，文物出版社，2003年。
③ 张正明：《楚文化史》，湖北教育出版社，2018年。
④ 皮道坚：《楚艺术史》，湖北教育出版社，1995年。
⑤ 刘彬徽：《楚系青铜器研究》，湖北教育出版社，1995年。
⑥ 杨式昭：《春秋楚系青铜器转型风格之研究》，台北历史博物馆，2005年。
⑦ 张昌平：《曾国青铜器研究》，文物出版社，2009年。
⑧ 熊建华：《湖南商周青铜器研究》，岳麓书社，2013年。
⑨ 杜廼松：《谈江苏地区商周青铜器的风格和特征》，《考古》1987年第2期，第169~174页。
⑩ 毛颖、张敏：《长江下游的徐舒与吴越》，湖北教育出版社，2005年。
⑪ 肖梦龙：《吴国青铜器研究》，《吴国青铜器综合研究》，科学出版社，2004年。

响。陆勤毅、宫希成《皖南商周青铜器研究》对皖南青铜器纹饰的型式分析、时代特征、装饰艺术、功能属性等均进行了探讨[①]。郑小炉《吴越和百越地区周代青铜器研究》[②]，通过对典型越式铜器的类型学研究，揭示了其发展演变规律，同时也从文化因素分析的角度讨论了典型的越式纹饰。

以上著作从不同角度对商周青铜器装饰艺术做了研究，所涉及的课题包括艺术风格分期、器类与造型、装饰题材、器表装饰手法与工艺、地域风格等。这些成果对于我们进一步研究青铜器的装饰艺术将起到极其重要的借鉴作用。

不过，就目前的研究现状来看，文物、考古领域对这一时期青铜器的研究多侧重于其历史价值。在铭文、器型、纹饰等方面的研究重点，主要在于铜器的断代价值及铭文对三代史实的印证，而对其艺术风格的研究甚少。在美术史领域，对这一时期青铜器艺术价值的研究，亦有著述，但除了各种艺术史的通论著作有所涉及外，专论性著作很少，而且在专论著作中，也以个例分析加风格概述的方式为多。

从学科发展来说，目前比较欠缺的是对商周青铜容器考古学领域及美术学领域的交叉研究，因此在以下方面存在着进一步研究的空间，即立足于考古学与史学材料，以青铜容器的考古断代成果为基础，同时运用艺术分析方法，系统梳理商周青铜容器装饰艺术风格演变的时间线索和变迁规律，深化对先秦美术特别是工艺美术发展状况的研究；通过对商周青铜容器装饰艺术演变规律的研究，探讨它与先秦社会文化、习俗包括审美风尚的关系，以及其对后来中国艺术及社会风俗的影响。总之，这一研究方向大有可为，但也并非坦途。

---

① 陆勤毅、宫希成：《皖南商周青铜器研究》，文物出版社，2016年。
② 郑小炉：《吴越和百越地区周代青铜器研究》，吉林大学博士学位论文，2004年。

第二章　两周青铜容器造型设计研究

第一节　设计的目的：因何而作

两周青铜容器的器类极多，形态各异，我们要从造型设计的角度对这些器类的形态进行分析，就不能仅仅考虑两周铜器的面貌，而是应当在更广泛的时空中去考察这一问题。因此，接下来我们要讨论的问题，涉及的青铜器，都是以夏、商、周三代为历史背景的。

三代青铜器，按现代社会的划分标准来看，基本应属于工艺美术产品的序列，是在物质生产领域中创造出来的，与纯粹的艺术作品相比，其所承载的功能需求不仅有精神性的需求，还包括物质性的需求，而精神性的需求中，也不仅仅包含纯审美的内容。从我们所知的资料来看，商周青铜器所承载的功能相当复杂，就其基本内容来看，至少包括宗教功能、政治功能、审美功能和实用功能。前三者都属于精神性的需求，而实用功能则更多地反映出物质需求的一面。三代青铜器的造型设计，必然也要为如何实现这些功能而服务。

一、宗教功能

尽管青铜器最初起源的时代无文字可考，使我们只能在猜测中去揣想古人制作这些器物的诉求，但至少到商代时期，大量的器物以及文字的发现，使我们对这个时代的了解相对之前的历史时期更为深入。

商代的宗教，从甲骨卜辞中可知，尽管尚处于较为原始的发展阶段，但整个社会的政治、经济、文化基本都笼罩在浓厚的宗教色彩之中。商人的信仰中，祖先崇拜、自然崇拜、天神崇拜都有极为重要的地位，商人极其频繁和复杂的祭祀即反映了这一点。

宗教信仰属于社会意识范畴，是社会存在的反映，是社会发展到一定阶段的产物。原始先民对大自然的客观物质世界及人类本身缺乏认识，相信"万物有灵"，出于依赖和畏惧心理，塑造出多种多样的神灵，由此产生了原始自发的宗教信仰。原始宗教的信仰对象极为广泛，基本可分为自然崇拜和鬼魂崇拜两大类。前者有出于对日、月、星、云、风、雨、旱、雷、虹、雪等天象或气象崇拜，有对山川土石等地神崇拜，有对飞禽走兽鱼虫动物和植物的崇拜，各神基本持有各自独立的神性。后者则源于人类对自身构造或梦境、生死的思维探索，其反映的人鬼关系，又构成了社会关系的缩影[①]。

至夏商时，自然崇拜的遗制仍相当浓厚。在甲骨卜辞中，常见卜问各种天象之记载。从我们现今可搜集到的青铜器资料来看，涉及各种天象、山川土地、动物、植物等的图像化的形象，也已成为商周青铜器装饰的主要造型元素。

商代的宗教信仰中，祖先崇拜占有十分重要的地位，是原始社会鬼魂崇拜的升华。人鬼特定的社会属性和与崇拜者之间持有的血缘关系，是祖先崇拜确立的基础。人鬼因其善性和崇拜者相信其对本族或本家族集团成员具有降福和庇佑子孙后代的神秘力量，因而长期受到供奉及各类名状的祭祀，其神格也由鬼魂转化为固定的神示，这是祖先崇拜的重要特质。祖先崇拜的对象，并非泛指所有死者的鬼魂，其中贯彻着功利取舍的原则，一般是强有力的有特殊贡献的祖先，才可成为崇拜对象。祖先崇拜的作用，主要是借纪念祖先的功绩以加强共同的血缘观念，巩固以血缘为基础的社会生活集团的内部团结，明确人与人之间的辈分关系，但在阶级社会，祖先崇拜的祭祀权又被统治阶级垄断，成为维护等级制权威的力量。出于政治利益的需要，统治者常以传说中的英雄人物作为人们共同的远祖，用来突破族类差别上的融合障碍，人为制造人们在血缘上的某种联系，最大限度地发挥这种祖先崇拜的政治作用和社会的凝聚作用，保持其政治联合体内各族氏、家族间的联系体系[②]。

在甲骨卜辞中，有关祭祀的内容占相当大的比重，而其中祭祀祖先的卜辞数量最多。《礼记·表记》曰："殷人尊神，率民以事神，先鬼而后礼。"郑玄注："先鬼后礼，谓内宗庙，外朝廷也。"朝廷指的是君臣朝会，宗庙活动主要是对祖先的祭祀。所谓"国之大事，在祀与戎"（《左传·成公十三年》）。"祀"的主要内容也是祭祀祖先神[③]。夏商之时，与王权的建立和强化相对应，社会生活中逐渐产生了一个比原有诸神更强有力的大神，即超自然色彩的上帝崇拜，亦可称为天神崇拜。上帝崇拜的出现，是原始自发宗教向早期人为宗教过渡的分水岭，也是社会形态变革和人间关系在宗教领域的反映[④]。上帝观念的产生，起自夏代，而深化于商代。商代的上帝崇拜，本质上是原先所崇拜的自然神和社会神的综合、抽象和升华，同时也反映着商族战胜他族，兼并统治他族的社会现实[⑤]。对于"上帝"的权能范围，是以万能之神总揽一切神权，抑或仍局限在一定范围之内，学界仍存在争议，但其至高地位已基本明晰[⑥]。

---

① 宋镇豪：《夏商社会生活史》，中国社会科学出版社，1994年，第452页。
② 宋镇豪：《夏商社会生活史》，中国社会科学出版社，1994年，第505、506页。
③ 齐文心、王贵民：《商西周文化志》，上海人民出版社，1998年，第102页。
④ 宋镇豪：《夏商社会生活史》，中国社会科学出版社，1994年，第453页。
⑤ 朱天顺：《中国古代宗教初探》，上海人民出版社，1982年，第255～259页。
⑥ 朱凤瀚：《商周时期的天神崇拜》，《中国社会科学》1993年第4期，第191～198页；陈春会：《商代神权概论》，《周秦社会与文化研究——纪念中国先秦史学会成立20周年学术研讨会论文集》，陕西师范大学出版社，2003年，第83～104页。

总之，夏商之时的宗教信仰，改变了原来从属于社会整体的原始性质而为奴隶主阶级所垄断、所解释，成为他们表达观念、实行统治的重要工具。祭祀活动和灵魂不死的观念结合起来，出现用活人祭祀、殉葬的制度，大批奴隶和战俘在这种祭祀活动中被残杀，这些形成了商代社会的典型特点，这些社会、政治和宗教特点都充分体现在商代的器物包括青铜礼器上，那神秘、怪诞、恐怖的浓厚气息正是这一时代特点的反映[1]。作为重要祭祀用品的青铜器，自然也承载了宗教意识的具象表现的任务，成为联结天神和人间统治者之间的纽带。《左传·宣公三年》记载楚庄王问鼎大小轻重于周，王孙满对曰："昔夏之方有德也，远方图物，贡金九牧，铸鼎象物，百物而为之备，使民知神奸。故民入川泽山林，不逢不若。螭魅罔两，莫能逢之。用能协于上下，以承天休。"所谓"协上下，承天休"，正说明了青铜器通过具有特定内涵的造型和装饰，承载了符合造物者需求的宗教功能。

商人的宗教观念，尽管还处在一种比较原始的状态之中，但整个社会的重神敬鬼倾向，已为我们所熟知。正是在这种对商文化整体认知的前提下，学界形成了对商代青铜文化总体精神面貌的认识。商代青铜器远远超越其他器类的地位，神秘诡谲的艺术风格，也强化了我们对这个时代浓厚的鬼神崇拜氛围的认知。李泽厚先生所说的"狞厉的美"[2]，指的就是这个时期。张光直先生对青铜器上的动物纹饰进行了解读，认为它是沟通天、神与人的媒介之物[3]，其落脚点也在商代青铜器强烈的宗教性上。这种宗教性的功能，在商代之后明显减弱，但并未完全消失，在某些特殊地域、特殊器类、特殊的使用场合中，甚至还表现得相当强烈。

二、政治功能

青铜容器，自产生之日起，即成为社会等级制度的重要物质标志，被赋予了"明贵贱，辨等列"的特殊的时代意义，所谓"藏礼于器"，正是青铜器这种政治功能的反映。"礼"代表了建立在等级制基础之上的社会政治体系。这种抽象的政治体系具象化的载体，就是青铜礼器。礼器主要使用于贵族统治阶级宴饮或祭祀等各种礼仪场合，从本质上说是"寓食于礼"的具体体现，可以用以表明使用者的社会地位和衡量贵族统治集团内部等级关系的准则。在这种礼制化的基础上，三代青铜器逐渐发展出严密的等级序列和组合方式，并以这种物质化的方式来标记不同等级的社会成员的政治地位。在青铜礼器出现之前，器中藏礼的现象即已伴随着社会形态的演进而日益强化。基于使用者的社会地位，器中藏礼不仅限于青铜器，于陶器、漆器或其他材料所

---

[1] 卜宗舜、周旭、史玉琢：《中国工艺美术史》，中国轻工业出版社，1993年，第100、101页。
[2] 李泽厚：《美学三书》，安徽文艺出版社，1999年，第39~46页。
[3] 〔美〕张光直：《美术、神话与祭祀》，辽宁教育出版社，1988年，第49、50页。

制之器亦然。考古发现墓葬中随葬器物的有无，以及种类和数量的差异，每每再现了当时社会的等级礼制[①]。

青铜礼器的出现始于夏代。从二里头墓葬资料可见，当时的礼器组合中，陶礼器占主要成分，个别墓并出有漆礼器。二里头三期时出现铜礼器，其器类和器型与陶、漆礼器一脉相承。二里头四期墓葬中，随葬铜器开始以组合形式出现，如爵与斝两器相配，以及鼎、斝、盉三器相配，这意味着在贵族阶层的礼仪生活领域，铜礼器有逐渐加速取代陶礼器之势[②]。

商代青铜器已经表现出一些较为固定的组合方式。尽管尚未形成如西周稳定而系统的组合，但其器类、数量等信息已经可以较为明确地反映所有者的等级与地位的变化。肇自夏末的"重酒"风习，在有商一代已深深渗入了"明贵贱，辨等列"的"礼"的时代内涵，在酒进入一般平民生活的另一面，酒器的质量和数量也成为"经国家，定社稷，序人民"的重要礼制规范[③]。建立在"重酒"社会风习基础上的商代酒器觚、爵的礼器名物配使，笼罩着深刻的政治色彩，是以一种金字塔结构式的等级制为其重要表征[④]。

西周时期，商周更替，文化的变迁也不可避免。所谓周公制礼作乐，也反映出西周前期政治文化变革的一面。与商人相比，周人虽仍敬畏天命，但对人的重视程度明显上升。青铜器的精神功能中，为现实社会政治服务的一面逐渐超过了原本作为祭神祀鬼、沟通天地的祭器的一面。所谓礼乐制度，实际上就是等级制度，反映了统治者的尊卑关系和等级特权。这种森严的等级制度，也深刻影响到周代的青铜器。从周代青铜器的铭文，可以看出这一时期制器的目的，首先是服从礼的需要，是适应当时政治的需要，是"藏礼于器"。这种礼"名位不同，礼亦异数"（《左传·庄公十八年》）。青铜器制作的数量、式样等方面，都反映着礼的秩序，标志着等级和地位。《春秋公羊传·桓公二年》何休注："礼祭，天子九鼎，诸侯七，大夫五，元士三也。"1935年河南汲县山彪镇M1所出铜鼎，形状、花纹相似，只是尺寸大小依次递减，郭宝钧先生因此而称其为"列鼎"[⑤]。河南三门峡虢国墓所出虢季列鼎（图2-1），亦属典型的列鼎形制。当然，从宽泛的角度来讲，列鼎并非总是大小相次，亦有体量相当者，但作为形状、花纹相似的成组器物出现，这一点是无疑的。总之，越来越多的考古发现一再证实，列鼎制度应属周文化的典型特征之一，它既体现了西周青铜文化的重食倾向，更进一步呈现了等级制度的物化形态。

---

① 宋镇豪：《夏商社会生活史》，中国社会科学出版社，1994年，第278页。
② 宋镇豪：《夏商社会生活史》，中国社会科学出版社，1994年，第280~284页。
③ 宋镇豪：《夏商社会生活史》，中国社会科学出版社，1994年，第288页。
④ 宋镇豪：《夏商社会生活史》，中国社会科学出版社，1994年，第302页。
⑤ 郭宝钧：《山彪镇与琉璃阁》，科学出版社，1959年，第45页。

图2-1　虢季列鼎[1]

即使在东周时期，礼崩乐坏，大小贵族对礼制的僭越行为日渐盛行，但这种行为反映的另一方面，则是在这些僭越者的潜意识中，仍然承认青铜器作为政治地位的象征，并极力使自身获得这种象征的合法性。因此，青铜器在东周时期仍然取得了较大的发展，新的器型、新的风格、新的技术，造就了中国青铜时代最后的辉煌。

三、审美功能

回望历史，数千年文明所遗留的造物，与当代人最易于沟通共鸣的，首先是艺术美的力量。

人类的审美要求，自原始时代就已有所表现。因此，作为人造物的器具，在承载各种宗教功能、政治功能的同时，也必然要满足造物者对于艺术审美的需要。夏商周三代从时间跨度来说，是一段非常漫长的历史时期，青铜器作为这一时期最为重要的集中大量社会财富来制造的物质产品，必然也会承载这个时代对于审美的需求。当然，因各个时代的宗教与政治氛围的差异，反映在对造物包括青铜器在审美方面的诉求时，也必然有着各个时代的审美倾向的差异。青铜器的诞生、发展、繁荣、变革、新生乃至于最后逐渐退出历史舞台的中心地位，其间创造出的各式各样异彩纷呈的艺术形象，也充分反映了彼时社会的普遍审美倾向。

张光直先生在其《中国古代艺术与政治》一文中，曾经说过："商周艺术品上的动物纹样的严肃、静穆与神秘的气氛，所引起的在下层群众心中的恐惧，很可能是维持与加强统治力量的一个强烈因素。"[2]李泽厚先生在《美的历程》中也谈到，青铜器的造型与纹饰的特征，"都在突出这种指向一种无限深渊的原始力量，突出在这种神秘威吓面前的畏怖、恐惧、残酷和凶狠……它们完全是变形了的、风格化了的、幻想

---

[1]　虢季列鼎（M2001），河南省文物考古研究所、三门峡市文物工作队：《三门峡虢国墓（第一卷）》（下册），文物出版社，1999年，彩版三。

[2]　〔美〕张光直：《中国古代艺术与政治：续论商周青铜器上的动物纹》，《中国青铜时代》，生活·读书·新知三联书店，1999年，第457页。

的、可怖的动物形象。它们呈现给你的感受是一种神秘的威力和狞厉的美。它们之所以具有威吓神秘的力量，不在于这些怪异动物形象本身有如何的威力，而在于以这些怪异形象为象征符号，指向了某种似乎是超世间的权威神力的观念"①。如商代晚期刘鼎（图2-2）器腹装饰的饕餮纹，弯角高举，双目圆睁，兽口怒张，獠牙交错，其威严、狞厉之态，极为传神。这种神秘诡谲的青铜造物，既承载了商人对于鬼神的崇拜与畏惧，也随之而造就了商代社会对艺术的审美偏好。强大而威严，神秘而恐怖，神既是至高无上的保护者，也是不可亲近更不可冒犯的存在。

周人代商之后，随着天命神学思想的变化，"敬德保民"成为主导思想。周人政治与宗教生活的重点从神权转向人治。周人把天神和祖宗神的形象赋予某种可以为人们所认识的确定的内容，塑造成政治和道德的立法者，为自身的统治而服务。这种强调尽人事的宗教思想，突破了此前的原始的宗教蒙昧，开启了自觉的理性认识活动②。从西周时期青铜器的艺术风格来看，我们也确实可以看到这种理性精神反映在造物审美取向的变化上。如西周中期几父壶（图2-3），其庄重、典雅、内敛的整体风格，反映出西周青铜器日渐强化的理性色彩。器身所饰多层带状分布的波曲纹，在纹饰主题的循环往复中，又随着器身的膨胀而逐渐扩充纹饰的细节和体量，这种构图方式对于重复和变化、节奏和韵律等艺术规律的把握，既充分反映出西周青铜器装饰纹样的抽象化与几何化的倾向，也反映出这个时代的创作者不断增强的理性思考的能力。

图2-2　商代晚期刘鼎③　　　　图2-3　西周中期几父壶④

至于春秋战国，一方面是礼崩乐坏的动荡时代，但在另一方面，也恰恰是突破传统宗教与礼制束缚而最为自由放纵的时代。追求感官的享受也带来对视觉美的极致

---

① 李泽厚：《美的历程》，《美学三书》，安徽文艺出版社，1999年，第43、44页。
② 任继愈：《中国哲学发展史（先秦）》，人民出版社，1983年，第96、97页。
③ 刘鼎，商代晚期，中国青铜器全集编辑委员会：《中国青铜器全集2》，文物出版社，1997年，图29。
④ 几父壶，西周中期，中国青铜器全集编辑委员会：《中国青铜器全集5》，文物出版社，1996年，图138。

追求。春秋战国青铜器的绚烂多彩、飞扬灵动，都是青铜艺术所承载的审美功能的反映。著名的春秋中期莲鹤方壶（图2-4），器身满饰繁复缠绕的蟠龙纹，而器盖、颈部、圈足下则以灵动逼真的莲花、飞鹤及爬龙为饰，郭沫若先生称其为时代精神之象征："此鹤初突破上古时代之鸿蒙，正踌躇满志，睥睨一切，践踏传统于其脚下，而欲作更高更远之飞翔。此正春秋初年由殷周半神话时代脱出时，一切社会情形及精神文化之一如实表现。"①

图2-4　春秋中期莲鹤方壶②

　　从创作者自身来说，尽管青铜器在制作和使用方面有着严密的规范，但在确保规范的前提下，仍有着一定的创作自由，因此，对各种可能性的尝试也反映在我们今日所见的遗存之物中。三代铜器的各种器类中，屡屡出现一些奇思妙想之物，学界往往用异形器一词来称呼。事实上，这些奇特的造型并非孤立存在，而应是创作者的艺术灵感与创造冲动的反映。社会诸多因素的变化，以及造型演变自身的规律，都推动着三代铜器不断地向前发展，大大小小的变革贯穿在发展历程之中。每一次变革的尝试，往往不仅是一个方向，但在实际使用的考验中，有的成功，从而进入主流序列，成为我们所熟知的新器类、新器型；有的失败，未能通过考验，于是昙花一现，留给后人的只是诸多迷思。

四、实用功能

　　"人类造物活动的主要内容是创制器具。器具的发明和应用，都是围绕着便利人的活动和基本需求而展开的。""对于造物而言，设计必须完成两项任务：一是功能

---

① 郭沫若：《新郑古器之一二考核》，《殷周青铜器铭文研究》，科学出版社，1961年，第115、116页。
② 莲鹤方壶，春秋中期，中国青铜器全集编辑委员会：《中国青铜器全集7》，文物出版社，1998年，图22。

性结构设计,二是器物的造型设计。对于造物造美并举而言,器物的造型设计在满足功能需要的同时,还须满足精神方面的美感要求,就此衍生出了专事美化的器物装饰设计与制作。也就是说,前一项设计对于器具的产生是本体性的,后一项器具的装饰设计则是附丽性的。"[1]

对于三代青铜器而言,精神方面的需求不仅是对审美功能的需求,更重要的是对于紧密联系在一起的宗教功能和政治功能的需求。作为祭祀和典礼时的礼器,在造型设计时除了要考虑它作为一件用器的日常用途外,还要考虑其置身于祭坛上的陈设效果,这也可以说是与其宗教性与政治性相适应的一种特殊的实用性要求。如西周的方座簋(图2-5),在圈足下加以方座,使整器显得高耸而庄重,有座后重心上移减弱了作为礼器所需要的心理和视觉上的稳定感,则在双耳下又加出一段垂直向下的耳垂,耳垂虽小但方向明确,从而解除了不稳定的感觉[2]。为了在达到需要的视觉高度的同时节省材料,又发展出在圈足下加三高足的形式(图2-6)。

图2-5 方座簋[3] 　　　　　　图2-6 圈三足簋[4]

当然,尽管三代青铜器更注重其精神功能的承载,但作为物质产品的存在方式,又不可避免地具有实际的使用功能,这即是青铜器作为"器"的本质,在首先强调实现其精神功能的同时,也必须保障其物质功能的实现。学界对青铜器的分类,所谓食器、酒器、水器等诸种类别,基本就是依据其物质使用功能而定。

在造型设计方面,三代铜器对于实用性的考虑,直接影响到器物造型的选择。三足器如鼎、鬲、甗等,适于从底部加热(图2-7);各种大口器类从立耳到附耳的变

---

[1] 王琥:《中国传统器具设计研究(首卷)》,凤凰出版传媒集团,江苏美术出版社,2004年,"导论"第1、7页。

[2] 卞宗舜、周旭、史玉琢:《中国工艺美术史》,中国轻工业出版社,1993年,第70页。

[3] 兽面纹簋,西周早期,中国青铜器全集编辑委员会:《中国青铜器全集5》,文物出版社,1996年,图52。

[4] 龙纹簋,西周早期,中国青铜器全集编辑委员会:《中国青铜器全集5》,文物出版社,1996年,图56。

化，更适于器盖的使用；如匜的造型，前流后鋬，适于作为注水之器；如各种储酒之器，往往鼓腹小口，既能增加容量，又能避免酒水的泼洒或蒸发。至于像簋、簠（图2-8）、敦（图2-9）等器盖扣合之器，盖上的几个小纽，却置即可为足，而盖则又变为一器，可以盛物，这种一器两用的设计，也充分反映了设计者在实用性方面的考虑。还有战国时期的冰鉴（图2-10），内缶外鉴，二器套合，内外层之间的空间可以储冰，功能上如同现代的冰箱，不由令人惊叹古人的智慧。如此种种对器物实用性的关注，满足的即是器物的实用功能。

图2-7 下层可加热的温器① 　　　　图2-8 却置可一分为二使用：簠②

图2-9 却置可一分为二使用：敦③ 　　图2-10 可以保持低温的冰鉴④

---

① 刖人守门方鼎，西周中期，中国青铜器全集编辑委员会：《中国青铜器全集5》，文物出版社，1996年，图13。

② 伯公父簠，西周晚期，中国青铜器全集编辑委员会：《中国青铜器全集5》，文物出版社，1996年，图83。

③ 镶嵌几何纹敦，战国中期，中国青铜器全集编辑委员会：《中国青铜器全集10》，文物出版社，1998年，图28。

④ 曾侯乙鉴缶，战国早期，中国青铜器全集编辑委员会：《中国青铜器全集10》，文物出版社，1998年，图131。

总之，三代铜器所承载的各种功能并非完全割裂，而是往往集于一身。青铜器的物质功能与精神功能孰强孰弱，更多地取决于现实环境中的社会因素。商代社会重神敬鬼的宗教氛围，西周社会敬天保民的礼制文化，决定了这一时期的青铜器更多关注的是满足宗教需求与政治需求的精神功能；因精神功能的需求而牺牲部分物质功能的实现，也是经常会出现的状况。到了春秋战国时期，礼崩乐坏，大厦将倾，时代变革的浪潮也冲击着青铜器在整个政治体系中的地位，反映在青铜器的功能表现上，宗教性、政治性的功能逐渐减退，对审美功能与实用功能重视程度明显上升。从这一点出发，我们也可以理解战国时代青铜器出现的两个看似相反的倾向：一方面是豪华富丽、绚烂多姿的极致装饰，另一方面是光素无纹、极简风格的朴素存在。繁饰，体现的是这个时代对青铜器在审美功能上的不断渴求；简素，体现的是褪尽繁华之后对实用功能的至高重视。实用器，就是青铜器失去"国之重器"的中心地位之后最终的归宿。

第二节 设计的法则：如何而作

青铜器的造型设计，不仅要明确"因何而作"的问题，还需要回答"如何而作"的问题。具体来说，包括青铜器造型设计的各个方面，即造型与装饰要素的来源、造型的基本形式、造型要素的组织方式等。

一、青铜器造型与装饰要素的来源

青铜器的造型样式从何而来？从独创性的角度来看，可以将其分为继承与创新两种类型。

（一）继承

继承，指的是对已经存在的器物造型的模仿和再现。就商周铜器来看，对青铜器造型影响最多的已经存在的器物造型，首先应当是陶器。此外，在青铜器出现之后的漫长历史时期中，不同的青铜器类之间也存在着这种继承关系。

1. 陶器系统与青铜器系统：来自陶器的传承

在青铜时代来临之前，在人类的社会生活中占据着重要地位的是陶器。陶器在漫长的历史中，逐渐发展出形式多样、各具特色的造型样式。这些造型样式被青铜器借鉴吸收，从而创制出各种不同的青铜器类，学界习称之为仿陶铜器，如鼎、鬲、甗、簋、盆、盂、豆、觚、爵、斝、罍、尊、卣、壶、盘、盉等①。

对于仿陶铜器的研究，学界早已有之。郭宝钧先生通过对二里岗青铜器形制和二里头陶器形制的比较，确认"二里岗铜器是渊于二里头陶器"②。邹衡先生曾对二里头文化出土盉（鸡彝）的造型渊源做了分析，认为夏文化中的封口盉是从龙山文化中的卷流鬶直接发展来的，而早商文化的青铜盉（图2-11）的形制完全仿自夏文化的封口盉（图2-12）③。总的来说，陶器的造型样式在三代青铜器的诞生与发展中，扮演着不可或缺的角色，而青铜器对陶器地位的取代，正是造物发展过程中在旧有形式基础上的创新结果。

仿陶铜器的式样很丰富，如鼎有方鼎、盆鼎、鬲鼎、盘鼎、罐鼎等，簋有无耳、半环耳、环耳、附耳簋等，尊有大口尊、觚形尊、觯形尊等，盉有三足盉、四足盉、平底盉、圈足盉等。这些器物流行的时间较长，分布地域也十分广泛。特别是如鼎、鬲、觚、爵、斝、盘、盉等，在通常情况下，是墓葬出土青铜器的基本组合物，其生命力稳定而持久。因为仿陶铜器源自陶器，所以在其出现之初，往往造型与装饰都较为简陋，铸造也较为粗糙，而后经历漫长的成长过程而逐渐成熟，也与最初模仿的陶

图2-11　青铜盉④　　　　　　　　图2-12　陶盉⑤

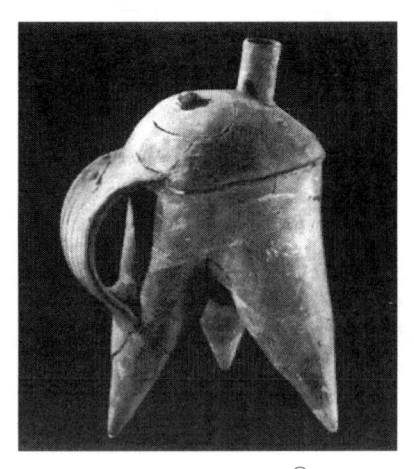

---

① 张懋镕：《简论仿陶铜器与非仿陶铜器》，《古文字与青铜器论集（第四辑）》，科学出版社，2014年，第171页。原载《商周时期青铜盘整理与研究》，线装书局，2012年。

② 郭宝钧：《商周铜器群综合研究》，文物出版社，1981年，第13~15页。

③ 邹衡：《试论夏文化》，《夏商周考古学论文集》，文物出版社，1980年，第152页。

④ 兽面纹盉，商代早期，中国青铜器全集编辑委员会：《中国青铜器全集1》，文物出版社，1996年，图102。

⑤ 陶盉，二里头文化四期，中国社会科学院考古研究所：《偃师二里头：1959年~1978年考古发掘报告》，中国大百科全书出版社，1999年，图版172。

器形制渐行渐远[①]。

2. 历史传统与当下生活：仿古之器

还有一种继承关系，尽管影响远不如前者，但也值得我们注意。东周的列国之器，基本都可分为三大类：一是完全采取中原王畿风格的器类，二是模仿中原器类但加入了本地化包括邻近地域文化的某些造型要素的器类，三是完全本地独创或吸收邻近地域文化因素的器类。这三类器物的比例关系，因各国的地理位置、文化渊源、实力强弱而不定，但基本的三类并存的结构是十分普遍的。而且，在继承或仿造中原器类的造型时，往往还存在着一定的滞后性，有的器类在中原地区已经衰退或消失了，但在其他地区往往还会延续较长的时间，学界把这种现象称之为青铜器的"仿古"现象。如春秋晚期蔡侯簋（图2-13），沿用了西周早期兽面纹簋（图2-14）的方座形制；春秋早期秦公簋（图2-15），其形制与西周晚期师寰簋（图2-16）也极为相似。从器物造型的角度来看，我们也可以把这种仿古现象视为对中原器类造型要素的模仿与继承。

图2-13　春秋晚期蔡侯簋[②]　　图2-14　西周早期兽面纹簋[③]

[①] 张懋镕：《简论仿陶铜器与非仿陶铜器》，《古文字与青铜器论集（第四辑）》，科学出版社，2014年，第171~175页。原载《商周时期青铜盨整理与研究》，线装书局，2012年。

[②] 蔡侯簋，春秋晚期，中国青铜器全集编辑委员会：《中国青铜器全集7》，文物出版社，1998年，图64。

[③] 兽面纹簋，西周早期，中国青铜器全集编辑委员会：《中国青铜器全集5》，文物出版社，1996年，图52。

图2-15　春秋早期秦公簋①　　　　图2-16　西周晚期师寰簋②

（二）创新

创新，指的是通过对现实中的各种形态要素的吸纳与重构而创造出新的造型样式。

1. 创新的元素来源：模拟现实中可触及之物

按青铜器主体部分的形态，可将其分为几何形与自然形两大类。自然形主要是模拟自然界的生物形态而构成的造型，基本都属于无现成之物（现成之物，指的是人类已经创造出的造型器类，前述的陶器、铜器等均属此类）的独创形式。

自然形的独创并非全无根基凭空想象，而是从自然环境及现实生活中汲取可作为造型要素的材料。这种汲取创新来源的方式，早在原始时代就已应用于器皿造型的设计中。"在上古的渔猎时代，我国的传统器具审美设计都有从自然形象中汲取视觉元素的特点。这既有自然崇拜和图腾崇拜的心理因素，也是囿于当时的自然环境的条件局限。故而这一时代器具的造型特征，都具有相似的反映，在几乎所有的史前器具中，如石器、玉器、木器、陶器、漆器、编结器等均如此。"③

这种源于自然的视觉元素如何应用于器物造型设计呢？"首先可能是利用自然物略加改造，就作为器物使用；以后模拟自然形象进行造型，多数是模拟某些植物形态成型，少数模拟动物、人物和器物成型；再以后，在原有器皿造型基础上，按照生产和生活需要，根据器皿自身特点，逐渐摆脱自然形象，或参照自然物体部分形象，加以改进和再创造，使之更适用、美观。当然，这一过程有前后参考、相互参用和互相影响等多种因素。"④应该说，至三代之时，青铜器的造型设计基本可以看到器皿造型

---

① 秦公簋，春秋早期，中国青铜器全集编辑委员会：《中国青铜器全集7》，文物出版社，1998年，图39。
② 师寰簋，西周宣王，中国青铜器全集编辑委员会：《中国青铜器全集5》，文物出版社，1996年，图69。
③ 王琥：《中国传统器具设计研究（首卷）》，凤凰出版传媒集团，江苏美术出版社，2004年，第38页。
④ 吴山：《中国历代器皿造型》，江苏凤凰美术出版社，2015年，第53页。

设计发展的各个阶段。在旧有传统不断被继承的同时，汲取现实生活养料的创新设计也不断出现，商周时期大量出现的"象生"铜器即属此类。这类器皿的造型，一方面体现了对原始象生陶器造物思想的继承，另一方面也有很多新的创造。

象生的对象，数量最大、形式最丰富的是动物形象，据此创造的器类如鸟兽形的尊、卣、觥、匜等。特别是流行于商代和西周早期的鸟兽尊最具个性，如鸮尊、鸟尊（图2-17）、鸭尊、虎尊、象尊、牛尊、羊尊、驹尊、牺尊（图2-18）和猪尊等，大多采用圆雕的方式，通过概括、提炼、夸张、添加等处理手法，塑造了或古朴雅拙，或生动传神，或气势凛冽，或逼真写实的各种形态，具有极强的艺术感染力。同时，在青铜器的附件如耳、纽、鋬、足等部位上，也大量应用了鸟兽形态的造型元素，如鸟形纽、蹄形足、攀龙形耳（图2-19）等，使青铜器在整体造型威严凝重的基础上，又增添了更多的或轻灵或富丽的韵味。

植物形象的造型元素，在三代铜器中并非主流，但仍有令人惊艳之处。造型奇特的瓠壶（图2-20），模拟了瓠瓜的形态，在种类繁多的壶类器物中仍有特立独行的气质。

而且，动物造型与植物造型的结合，也提供了更多的造型可能。著名的莲鹤方壶（图2-21），其华盖用镂空雕的手法模拟了莲瓣的形象，而华盖之中又有一只振翅欲飞的仙鹤，花与鸟相映生辉，轻灵通透，使原本沉重冷硬的青铜质地似乎也有了生机盎然的感觉，更具时代象征的典型意味。而春秋晚期虎头匜的造型从动植物元素结合的角度看则更胜一筹，其盛水的腹部模拟了水瓢的形态，而加上虎头形流、卷尾式鋬与兽爪形足之后，又恰似灵动可爱的小动物（图2-22）。

采用人的形象的造型元素，以人形为附件较为多见，如青铜器的人形足（图2-23）等。亦有以人面作为主纹用于器物装饰的，如商代晚期人面龙纹鼎（图2-24）。

图2-17　鸟尊[①]　　　　　　　　　图2-18　牺尊[②]

[①] 鸟尊，春秋晚期，中国青铜器全集编辑委员会：《中国青铜器全集8》，文物出版社，1995年，图52。

[②] 邓仲牺尊，西周中期，中国青铜器全集编辑委员会：《中国青铜器全集5》，文物出版社，1996年，图166。

图2-19　模拟动物造型的耳和足① 　　图2-20　模拟植物造型的瓠壶②

图2-21　动植物结合造型的莲鹤方壶③ 　　图2-22　动植物结合造型的虎头匜④

此外，如方彝（图2-25），有学者认为它可能是模仿建筑物的形式。如绳络纹（图2-26），显然是器物上绑缚的绳络的模拟。

至于青铜器上装饰的纹样，象生的造型更是多不胜举，不仅有鸟兽人形，就连天地之间的山、水、云、雷也被纳入其中，化为纹饰。

---

① 龙纹方壶，春秋中期，中国青铜器全集编辑委员会：《中国青铜器全集7》，文物出版社，1998年，图23。
② 蟠蛇纹瓠壶，春秋晚期，中国青铜器全集编辑委员会：《中国青铜器全集8》，文物出版社，1995年，图85。
③ 莲鹤方壶，春秋中期，中国青铜器全集编辑委员会：《中国青铜器全集7》，文物出版社，1998年，图22。
④ 虎头匜，春秋晚期，中国青铜器全集编辑委员会：《中国青铜器全集8》，文物出版社，1995年，图104。

图2-23　人形足的盨① 　　　　　　　图2-24　以人面为主纹的鼎②

图2-25　模拟建筑造型的方彝③ 　　　图2-26　模拟绳络造型的绳络纹④

2. 创新的方式：模仿、截取、变形、重组

象生的第一步是从模拟的对象身上提取造型的要素，在提取要素成功之后，就是关键的构形阶段。这种构形的方式，主要是模仿、截取、变形、重组。

模仿最简单，我们所看到的大量鸟兽形青铜器，基本都属于此类。

---

① 晋侯斯盨，西周晚期，中国青铜器全集编辑委员会：《中国青铜器全集6》，文物出版社，1997年，图46。

② 人面龙纹鼎，商代晚期，中国青铜器全集编辑委员会：《中国青铜器全集4》，文物出版社，1998年，图24。

③ 日己方彝，西周中期，曹玮：《周原出土青铜器2》，巴蜀书社，2005年，第235页。

④ 绳络纹罍，战国早期，中国青铜器全集编辑委员会：《中国青铜器全集8》，文物出版社，1995年，图138。

截取的方式，是从模拟对象的整体形态中截取一个部分来应用，往往用于附件构形，如蹄足、牺首、象鼻、牛角等附件造型（图2-27）。

变形和重组，更多地用于想象动物形的构形过程，如在觥、尊的造型中比较多见的神异动物造型（图2-28），这些造型在现实中并不存在，但我们仔细观察就会发现，构成这些神异动物形象的各个组成部分，在现实生活中都有其来源，只是经过了截取、变形之后，将其重新组织成为新的造型样式。当然，这种方式也非常考验设计者的想象力和对造物形态的把控能力。

图2-27　象鼻形足：模仿与截取①　　图2-28　神异动物：变形和重组②

（三）器类之间的派生与相生：从继承到创新

青铜器的造型来源，在其诞生之初，明显受到陶器的影响，但随着其自身独立的发展历程的展开，在青铜器序列内部的互相影响就变得越来越明显。张懋镕先生谈到过这个问题，认为古代青铜器器形之间存在着三种关系，即派生关系、相生关系与更替关系③。

派生关系，指一部分器类是在另一部分器类的基础上衍生演化而来，如由簋（图2-29）派生出盨（图2-30）、簠（图2-31）、敦（图2-32），由豆派生出铺等现象。派生关系的产生需要有一定的条件，主要就是产生派生关系的两者之间功能、用途相同或相近。当然，在派生关系产生之后，派生物流行时间的长度、流行地区的广度以及

---

① 象鼻形足方鼎，西周早期，中国青铜器全集编辑委员会：《中国青铜器全集6》，文物出版社，1997年，图81。

② 兽面纹觥，西周早期，中国青铜器全集编辑委员会：《中国青铜器全集5》，文物出版社，1996年，图105。

③ 以下关于派生关系及相生关系的观点，主要来自张懋镕先生的观点。张懋镕：《试论中国古代青铜器器类之间的关系》，《古文字与青铜器论集（第二辑）》，科学出版社，2006年，第133～138页。

在青铜器组合中的地位和重要性，均远超于被派生物在这些方面的表现。派生关系的产生意味着青铜器开始摆脱对陶器模仿的依赖，标志着青铜器演化内部机制的自我完善，从造型设计的角度来说，派生关系的产生也意味着设计者从青铜器序列内部寻找新的构形要素的探索。

图2-29 簋① 　　　　　　　图2-30 盨②

图2-31 簠③ 　　　　　　　图2-32 敦④

相生关系，指两类不同的青铜器在发展演进过程中产生一种在形制上介于二者之间的新形态，如鼎与鬲相生而成的分裆鼎，簋与豆相生而成的豆形簋、簋形豆，觯与尊相生而成的觯形尊，盘与匜相生而成的带流盘，鼎（图2-33）与匜（图2-34）相生而成的流鼎（图2-35）等。相生关系的产生条件，是产生相生关系的两者之间，在青铜器组合方面存在紧密关系，或者在形态、用途、功能方面相同或相近。

---

① 窃曲纹簋，西周晚期，曹玮：《周原出土青铜器1》，四川出版集团，巴蜀书社，2005年，第71页。

② 伯多父盨，西周晚期，曹玮：《周原出土青铜器3》，四川出版集团，巴蜀书社，2005年，第496页。

③ 伯公父簠，西周晚期，中国青铜器全集编辑委员会：《中国青铜器全集5》，文物出版社，1996年，图83。

④ 环耳蹄足敦，春秋晚期，中国青铜器全集编辑委员会：《中国青铜器全集7》，文物出版社，1998年，图122。

图2-33　鼎① 　　　　图2-34　匜② 　　　　图2-35　鼎与匜相生产生的流鼎③

相生关系与派生关系，首先反映了青铜器造型在自身序列内部的继承关系，两种关系在继承造型要素方面的不同，在于派生关系的两者之间是单向式的继承，时间上存在着早晚的序列，而相生关系的两者之间是双向式的继承，时间上是平行的关系。

相生关系与派生关系，也同时反映了青铜器造型相对于旧有要素与形式的创新。在继承关系成立的基础上，新出现的器型器类相对于被继承者而言，已经具备了创新的特征。从这个角度来看，相生关系与派生关系中，从继承旧要素到创制新形式，这是一个逐渐升级的发展过程，在这个过程中，从继承向创新的转化，是自然而然发生的。

二、青铜器造型的基本形式

通过继承现有造型之物，以及汲取人类可以观察到的各种形态的造型要素，三代青铜器创造出了极为丰富多彩的造型样式。从这些造型样式的主体形态对其进行分析，基本可以将其分为几何形与自然形两大类。几何形包括球形、筒形、方形以及几何形组合，自然形主要是模拟动植物的象生形。从整体的比重来看，几何形造型的器物，其种类与数量都远远超过了自然形造型的器物，显然是青铜器造型的最主要形式④。

---

① 窃曲纹鼎，春秋早期，中国青铜器全集编辑委员会：《中国青铜器全集8》，文物出版社，1995年，图4。

② 夔龙纹匜，春秋早期，中国青铜器全集编辑委员会：《中国青铜器全集8》，文物出版社，1995年，图100。

③ 变形兽纹流鼎，春秋早期，中国青铜器全集编辑委员会：《中国青铜器全集8》，文物出版社，1995年，图5。

④ 以下的分类及阐述，部分内容引自高丰、吴山：《论商周青铜器皿造型》，《南京艺术学院学报（美术与设计版）》1986年第4期，第55～60页。

（一）几何形

1. 球形造型

青铜器的球形造型，包括球形的各种完整或不完整的形态，反映在具体器类上，主要有鼎、簋、鉴、豆、敦、盘、盂等。

球形造型是一种传统造型，是原始陶器最普遍的造型形式。青铜器的球形造型，在原始陶器的基础上有了更大的发展，变化更丰富，器型更多样，附件装配更合理。这类造型的曲面转折轮廓线之长短、曲直、刚柔变化及附件的装配，都受到功能的制约和影响。

完整的球形造型中，最典型的就是春秋战国时期盛行的球形敦（图2-36）和球形腹盖豆。这两种器类的主体均为球形或椭球形。此外，许多隆盖与器身扣合而成的扁球体器物也可以归入此类，如盒形敦、扁球体的鼎（图2-37）、有盖簋等。半球形的造型中，较为常见的如大多数的无盖或平盖圆鼎（图2-38），敞口的簋、盂、鉴（图2-39）、盆、盘等。

从现有资料来看，在青铜器的各类造型中，基本形呈球形、半球形的占多数。

图2-36　球形敦[①]　　　　图2-37　扁球体的鼎[②]

[①] 变形蟠龙纹敦，战国早期，中国青铜器全集编辑委员会：《中国青铜器全集9》，文物出版社，1997年，图109。

[②] 梁十九年鼎，战国，中国青铜器全集编辑委员会：《中国青铜器全集8》，文物出版社，1995年，图173。

图2-38 半球造型的盆鼎①　　　　　图2-39 半球造型的鉴②

2. 筒形造型

青铜器的筒形造型，主要有尊、瓠、觯、卣、壶等。当然，筒形只是一个概念，而非绝对的标准直筒造型。就目前已经发现的商周青铜器来看，标准的筒形铜器仅有筒形卣（图2-40）。但以筒形为基本形并加以微调变化的造型就非常丰富了，包括绝大多数的尊、瓠、觯、卣、壶等。这些器类的造型基本都是变直为曲，强调大弧度的曲线变化，其造型轮廓基本为S形和C形两种变化形式。

S形造型更多，如绝大多数的壶（图2-41）、尊、觯、卣等，基本都有着侈口、束颈、鼓腹、敛底的造型特征，反复的收束与膨胀的线条，构成了富有节奏感的外部轮廓。

图2-40 直筒造型的卣③　　　　　图2-41 S形造型的壶④

---

① 子申父已鼎，西周早期，中国青铜器全集编辑委员会：《中国青铜器全集5》，文物出版社，1996年，图38。

② 波曲纹四耳鉴，春秋中期，中国青铜器全集编辑委员会：《中国青铜器全集9》，文物出版社，1997年，图130。

③ 凤纹筒形卣，西周早期，中国青铜器全集编辑委员会：《中国青铜器全集6》，文物出版社，1997年，图176。

④ 兽纹壶，春秋晚期，中国青铜器全集编辑委员会：《中国青铜器全集8》，文物出版社，1995年，图173。

C形造型，如觚（图2-42），形成了侈口、细腰、撇足的特征，反身相背的两个C形线条构成了极具张力的外部轮廓。更为典型的，还有春秋战国时期的楚式升鼎（图2-43），这种鼎的造型为平底束腰，耳部极度外撇，足部也外撇，外部轮廓同样由两个反身相背的C形所构成。

图2-42　C形造型的觚①　　图2-43　C形造型的楚式鼎②

3. 方形造型

原始陶器由于受成型技术的限制，未见有方形造型，而商周青铜器出现了大量的方形造型，尤以商代为甚。青铜器的方形造型，以矩形体为多，如簋、鼎、觚、鉴、盘、爵、尊、卣、鬲、壶等都有方形器，还有仅有方形造型的器类如方彝、簠、盨。

方形造型总体来看，挺拔、刚劲、稳重，给人以震撼感、压抑感、威慑感，但不同时代其风格与气质仍有所不同。商代的方形器，如方彝（图2-44），面与面的转折呈方角，扉棱凸出，棱角分明，整体风格硬朗、冷峻。西周的方形器则开始出现新的变化，一种变化是面与面转折处由原来方角而改用圆角过渡，出现了一批椭方形的器物，如西周中期的椭方腹鼎（图2-45），特别是仅有椭方形造型的盨（图2-46），其造型风格刚柔相济，敦厚秀丽；另一种变化是出现了方形变体并极度强调平直线条的造型，簠就是这种变化的实例（图2-47），它是在矩形结构的基础上，变矩形为梯形，同时器、盖的扣合又将梯形斜伸的线条收束于一体，同时，外侈的圈顶与圈足，又与内收的器身产生一种相反相成的节奏对比，这种平直而锐利的造型风格，在西周以后的青铜器类型中独树一帜，引人注目。

---

① 蕉叶凤纹觚，西周早期，中国青铜器全集编辑委员会：《中国青铜器全集5》，文物出版社，1996年，图95。

② 铸客鼎，战国晚期，中国青铜器全集编辑委员会：《中国青铜器全集10》，文物出版社，1998年，图10。

图2-44 方彝[1]

图2-45 椭方腹鼎[2]

图2-46 椭方腹的盨[3]

图2-47 方形变体的簠[4]

4. 几何形组合的造型

青铜器的几何形组合造型，是前述几种造型的变形与重组。这种组合，有的较为简单直接，如西周以后出现的方座簋（图2-48）、方座豆等，只是简单地在球形之下加上一个方形而构成的造型样式，还有如甗（图2-49），直接为两个球形器物的造型垒加；有的则较为复杂，如盉、斝、爵等，同一器物上组合了不同比例的球形、筒形等几何形并加以拉伸变形，形成一种不对称的平衡结构（图2-50）。几何形组合造型

---

[1] 宁方彝，商代晚期，中国青铜器全集编辑委员会：《中国青铜器全集3》，文物出版社，1997年，图69。

[2] 㲃方鼎乙，西周穆王，中国青铜器全集编辑委员会：《中国青铜器全集5》，文物出版社，1996年，图10。

[3] 伯多父盨，西周晚期，中国青铜器全集编辑委员会：《中国青铜器全集5》，文物出版社，1996年，图80。

[4] 伯公父簠，西周晚期，中国青铜器全集编辑委员会：《中国青铜器全集5》，文物出版社，1996年，图83。

的方圆、曲直对比更突出，造型具有层次丰富、变化复杂的特点，其造型设计难度更高，也更考验设计者的实践经验和想象力。

图2-48　半球形与方形组合① 　　图2-49　半球形与球形组合② 　　图2-50　多种形体组合③

（二）自然形

自然形主要是模拟自然界的动植物形态而构成的造型。前文述及青铜器造型与装饰要素的来源时，所谈到的象生铜器即属此种类型。象生铜器中，最典型的就是模拟各种动物形态，以此为整器造型的如鸟兽形的尊、卣、觥、匜等，还有大量应用于附件装饰的鸟兽形态的造型元素，完整形态的造型如各种圆雕或高浮雕的鸟、兽等，局部形态的如蹄足、象鼻、牛角等。此外还有植物形态的造型，以此为整器造型的如瓠壶，局部形态的如东周时期流行的器盖上的莲瓣装饰。采用人的形象的造型元素，如作为青铜器附件出现的人形足。

象生的自然形，促进了商周雕塑艺术的发展，又大大丰富了器物造型的表现形式。象生铜器造型的艺术特色，一方面是能处理好动物形象与器物造型的关系，使动物形象的特征突出、神态生动，器物造型也十分合理、自然，同时注意把平面装饰与立体造型有机结合起来；另一方面，模拟某种动物形象，并不是自然主义的照搬，而是根据功能的需要而大胆添加、夸张，使造型的形象特征和艺术感染力更加增强。

---

① 利簋，西周武王，中国青铜器全集编辑委员会：《中国青铜器全集5》，文物出版社，1996年，图49。

② 蟠龙纹甗，春秋晚期，中国青铜器全集编辑委员会：《中国青铜器全集8》，文物出版社，1995年，图30。

③ 凤鸟纹爵，西周早期，中国青铜器全集编辑委员会：《中国青铜器全集5》，文物出版社，1996年，图86。

三、造型要素的组织方式

（一）几何构形与模件体系：设计与生产的协调

从青铜器造型的基本形式出发，如何最终成为完整状态的可用之器？这就需要对已有的造型要素进行有效的组织。

对这一问题的讨论，值得注意的有德国学者雷德侯的"模件"理论。所谓"模件"是指构成器物或纹饰的一个基本单元，这一单元相对自由，可按照一定的规则和习惯相互组合，而其本身依然可以由更小的模件单元构成。雷德侯以"模件"的概念来阐释中国古代的各项艺术生产，包括商周时期的青铜器生产。他认为，在青铜器生产中，存在着两种模件体系，一是装饰体系，二是技术体系。装饰中的模件体系，其目的是要利用总数有限的装饰母题和装饰单元进行更多数量的组合；技术性的模件体系，其目的是为制造高质量的成套青铜器提供最佳方案。模件体系的存在与规模化生产的要求相适应，在提高生产效率方面很有成效。雷德侯的理论落脚点在于，他认为商周时期的中国已经有了较成规模的青铜器。在这一认识基础上，他所提出的模件体系，其目标是为实现对青铜器的大批量机械化复制而服务[1]。

从我们所熟知的三代青铜器的状况来看，至少在较早时期，青铜铸造业的状况与雷德侯所设想的那种模件化和规模化生产相比，显然还有一定距离。但这并不妨碍我们吸收他的部分思想，来帮助我们梳理这一时期青铜器造型设计的发展状况。

如前所述，三代青铜器的主体形态，基本可以将其分为几何形与自然形两大类。几何形包括球形、筒形、方形以及几何形组合；自然形主要是模拟自然界的生物形态而构成的造型。在确定主体形态的基础上，需要添加各种附件来构成一个完整造型。这个选择主体和添加附件的过程，实际也是造型要素组织的过程。对设计者而言，各种造型要素犹如"模件"，按照设计青铜器的目标来进行选择和组合。耳、足、鋬、盖、提梁以及更多更加细化的局部造型要素，在符合礼制及其他设计目标的前提下，可以自由搭配，从而创造出一种系列化的造型风格。我们在观察青铜器时，可以明显地看到，同一时代的流行要素，可以用于各种不同的器类上，如西周中期的垂腹造型，在当时几乎所有容器上都有表现；圈足下附小足的造型，在簋、盘等器类上也都有应用；西周中期夸张的象鼻式双耳（或鋬），在方彝、尊、觯等器类上也都有出现；至于附耳、蹄足这种基本造型元素的流行，就更能说明这一点了。上文提到的派生关系与相生关系，我们也可以运用"模件"的概念去重新理解，具有派生或相生关

---

[1] 〔德〕雷德侯著，张总等译：《万物：中国艺术中的模件化和规模化生产》，生活·读书·新知三联书店，2005年，第37~73页。

系的器物之间所共有的要素，其实也具备了"模件"的特性。

从造型设计的角度来看，"模件"的概念实际反映了对各种繁杂的具象形态的提炼，这种提炼而得的脱离"整体"的"局部"造型，又可以以一定的目标和方式应用于更广泛的具象形态之中。从技术与生产的角度来看，这种模件化的生产组织方式，对于提高生产效率有着极为明显的作用。

雷德侯所指的技术性的模件体系，其主要的研究范例即春秋中晚期时的侯马晋国铸铜作坊遗址。如图2-51所示，此时的分铸法，已经普遍采用器身与部件分别单独做模的方法，这种母范可多次使用，成品的附件形制特征几乎完全相同，从而使批量生产成为可能。出现的新技术还有单元纹饰范拼兑技术，这种方法是用小块的纹饰模翻制数个小块的纹饰范，然后再拼兑成整体纹饰[①]，其组织方式也符合"模件"化的特征。总的来说，铸件单独制模，充分利用母型，以模件化的方式组织生产，不仅使生产效率得到显著提高，也使铸件的个性逐渐消失，产品趋于规格化，正是雷德侯所说的"大批量机械化复制"。从审美的角度来看，这种规格化的产品，已非个体独创的艺术作品，而更具有批量生产的工艺美术品的特征。

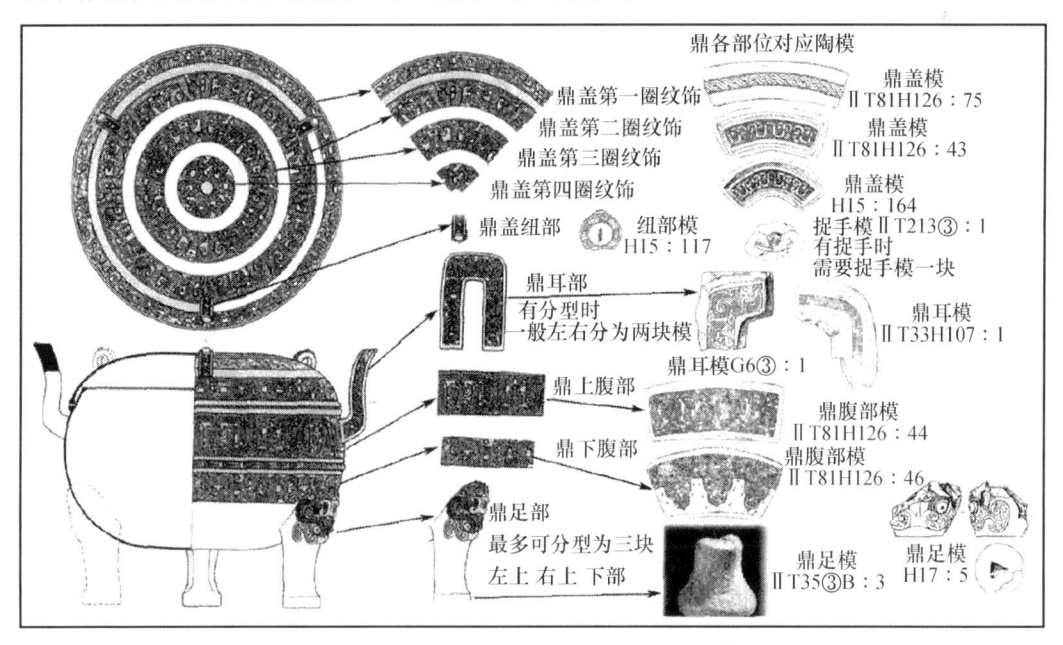

图2-51　侯马铸铜作坊遗址鼎模分型图[②]

[①] 董亚巍、周卫荣、马俊才等：《商周铜器纹饰技术的三个发展历程》，《中国历史文物》2007年第1期，第87页。

[②] 杨欢：《从侯马鼎模看东周青铜器分型制模工艺》，《中原文物》2017年第2期，第112页。

（二）造型设计的艺术法则：作为审美对象的青铜器

三代青铜器所承载的功能需求中，审美功能虽然不是排在第一位的，但也不容忽视。器之"重"与"器"之美并不矛盾，甚至很多时候还需要通过艺术化的手段来强化、提升它的宗教功能与政治功能的效果。因此，青铜器的造型设计，也必然要符合造型设计的形式美法则。这些法则是人类在创造美的形式、美的过程中对美的形式规律的经验总结和抽象概括。就青铜器造型而言，我们可以比较直观地感受到的主要有变化与统一、对比与和谐、对称与均衡、节奏与韵律。此外，对于器物造型空间的"虚"与"实"的变化与掌控，也值得我们关注。

1. 变化与统一

变化体现了各种事物的千差万别，统一则体现了各种事物的共性和整体联系。变化统一反映了客观事物本身的特点，即对立统一规律。在造型艺术表现的作品中，丰富的素材和色彩、表现手法的多样化可以丰富作品的艺术形象，但这些变化必须达到高度统一，使其统一于一个中心的视觉形象，这样才能构成一种有机整体的形式。

在三代铜器中，我们可以很轻易地找到大量地将变化与统一融为一体的造型样式。如商周时期盛行的饕餮纹，其类型变化多端，但始终统一于一鼻二目、左右对称的基本构图之中。又如战国时代流行的嵌错铜器，表面镶嵌的材质可以同时有金、银、琉璃、绿松石等不同质感、色彩的材料，嵌错而成的纹饰可以同时有三角纹、羽翅纹、弦纹等多种样式，但这些繁复绚烂的装饰都按照严密的图案组织规律，统一于一个简洁明确、线条流畅的整体造型之中。

2. 对比与和谐

对比就是使一些可比成分的对立特征更加明显，更加强烈，和谐就是使各个部分或因素之间相互协调。对比与和谐反映了矛盾的两种状态，对比是在差异中趋于对立，和谐是在差异中趋于一致。在造型艺术表现的作品中，对比与和谐，通常是某一方面居于主导地位。对比居于主导地位，作品的视觉效果往往非常强烈而具有冲击性；和谐居于主导地位，作品的视觉效果往往更为稳定含蓄。

在三代铜器中，对比与和谐规律的运用也非常普遍。如西周中晚期双鋬杯（图2-52），巨大夸张的镂雕变形龙纹双鋬，与简洁朴素的束腰筒形器身形成了鲜明的对比，令人印象深刻。与此类似的还有河北平山出土的战国中山王䰯方壶（图2-53），器身主体四壁除长篇刻铭外，仅在上腹部各有一浮雕兽面衔环铺首，而壶的肩部四角各饰有一只双目圆睁、张口昂首、蜿蜒上攀的翼龙。夸张的圆雕翼龙与简洁光素的器身也形成了强烈的对比。这种繁与简的对比，充分体现了三代铜器庄重、肃穆的气质与活泼、灵动的风格之间的和谐。

图2-52　西周中晚期双銎杯①　　　　图2-53　战国中山王礜方壶②

3. 对称与均衡

对称是同形同量的形态，如果用直线把画面空间分为相等的两部分，它们之间不仅质量相同，而且距离相等。对称的造型能够表达秩序、安静、稳定、庄重、威严等心理感觉，并能给人以美感。均衡是同量不同形的形态，是指在特定空间范围内，形式诸要素之间保持视觉上力的平衡关系。均衡是根据形象的大小、轻重、色彩及其他视觉要素的分布作用于视觉判断的平衡。平面构图上通常以视觉中心（视觉冲击最强的地方的中点）为支点，各构成要素以此支点保持视觉意义上的力度平衡。对称的事物基本上是均衡的，也有些画面并不一定对称，但它仍然很美，那就是因为它还符合"均衡"的法则。

在三代铜器中，对称与均衡的法则无所不在。我们所熟知的各种青铜器的器类、纹饰，大量使用了对称的造型法则。在部分没有采用对称法则来构形的器类与纹饰中，均衡仍然是普遍应用的基本法则。如瓠壶（图2-54）、爵（图2-55），其造型均为不对称的形态，特别是爵，形体构成更为复杂，但通过调整不同形态部分的体量对比关系，最终也达到了视觉上的均衡。

当然，对"均衡"的熟悉和掌控比"对称"的难度更大，因此我们在三代铜器的发展中，也可以窥探到一点从幼稚发展到成熟的痕迹。比较典型的如鼎形器在耳、足关系上从"四点配列"到"五点配列"的发展。更有难度的如爵的造型，流、銎、足的比例、位置如何安排，才能既达到视觉上的平衡和美感，又能符合其便于使用的目标，也给设计者提出了一个难题。当然，技术在进步，时代在发展，曾经困扰设计

---

① 双銎杯，西周中晚期，中国青铜器全集编辑委员会：《中国青铜器全集5》，文物出版社，1996年，图127。

② 中山王礜方壶，战国中期，中国青铜器全集编辑委员会：《中国青铜器全集9》，文物出版社，1997年，图154。

者的问题一一被解决，到春秋战国时代，我们可以看到的就是均衡法则更为纯熟的运用。从器物造型的各种复杂非对称的变化，到纹饰构形的非对称的自由发展，都证明了这个时代对形式美法则更高的理解和掌控能力。

图2-54　不对称的均衡：瓠壶①　　　图2-55　不对称的均衡：爵②

4. 节奏与韵律

节奏与韵律是音乐中的词汇。节奏是指音乐中音响节拍轻重缓急有规律的变化和重复，韵律是在节奏的基础上赋予一定的情感色彩。前者着重运动过程中的形态变化，后者是神韵变化，给人以精神上的满足。在造型艺术的表现中，节奏指一些元素的有条理的反复、交替或排列，使人在视觉上感受到动态的连续性，就会产生节奏感。韵律不是简单的重复，它是有一定变化的互相交替，是情调在节奏中的融合，能在整体中产生不寻常的美感。

在三代铜器中，节奏与韵律的体现越晚越明显。从器物造型来看，筒形器的双S形造型很多，如绝大多数的壶、尊、觯、卣等，基本都有着侈口、束颈、鼓腹、敛底的造型特征，反复的收束与膨胀的线条，构成了富有节奏感的外部轮廓（图2-56）。从器物表面的装饰来看，纹饰的二方连续、四方连续的排列，也形成了明显的节奏感。如西周中期几父壶（图2-57），其造型轮廓已经相当精练优美，富有韵律，壶身装饰的波曲纹以二方连续构图构成带状纹饰，多层这样的带状纹饰平行排列，进一步强调了这种节奏感和韵律感。

---

① 蟠蛇纹瓠壶，春秋晚期，中国青铜器全集编辑委员会：《中国青铜器全集8》，文物出版社，1995年，图85。

② 凤鸟纹爵，西周早期，中国青铜器全集编辑委员会：《中国青铜器全集5》，文物出版社，1996年，图86。

图2-56　双S形轮廓线① 　　　　图2-57　多层排列的波曲纹②

5. 虚空间与实空间

立体造型必然要占有一定的空间。容器造型实体所占据的空间，称之为实空间；造型的实体之外，围绕着实体所形成的、在视觉上与实体有一定的联系的空间称之为虚空间。虚空间与实空间的关系，如同平面设计中的正负形，虚实对比，互为依托，相辅相成，处理好二者之间的关系，可以使造型变化更为丰富，整体的视觉感受更为和谐而美观。

在三代铜器中，虚实空间的运用早期并不明显。商代铜器的造型及装饰的重点主要在器物主体上，对于主体之外的各种附件，其造型与装饰总体来说都是比较简陋的。附件装饰的发展是从西周开始有了长足的进步的，包括勾连交错的华丽扉棱，富有生气与张力的蹄足，夸张华丽的耳、鋬、盖纽等等，这些变化使青铜器的主体造型之外的空间开始引起观者的注目，从而使虚空间拥有了足以与实空间相匹敌的审美意味。

巧妙的虚空间设计，能够创造更为多样的视觉效果体验。如春秋中期龙耳簋（图2-58），其夸张的双鋬造型形成了较大的虚空间，使人感觉整个造型扩大了体量，增强了造型的气势，加强了感染力。方鼎等体量较大的有足器（图2-59），在足与底之间形成了一个较大的虚空间，上面的主体实体和下面鼎足的虚空间形成虚实对比关系，既使器物造型具有肃穆、庄重的气质，又淡化了立方体造型容易出现的呆板、沉重的感觉。

---

① 兽纹壶，春秋晚期，中国青铜器全集编辑委员会：《中国青铜器全集8》，文物出版社，1995年，图173。

② 几父壶，西周中期，中国青铜器全集编辑委员会：《中国青铜器全集5》，文物出版社，1996年，图138。

图2-58　龙耳簋① 　　　　　　　　图2-59　方鼎②

在虚实关系的处理上，镂雕也非常值得我们注意。早期的镂雕更接近平面设计的正负形方式，如铺这种器类，粗柄的部分普遍应用了镂雕的造型手法（图2-60）。到春秋战国时代，立体的镂雕也得到了长足的发展，最典型的就是曾侯乙墓中的器物，如以大量龙蛇造型装饰的尊盘，其复杂多变、神秘诡谲的风格，与空间的虚实关系处理密不可分（图2-61）。

图2-60　粗柄镂雕的铺③ 　　　　　图2-61　曾侯乙尊盘④

---

① 龙耳簋，春秋中期，中国青铜器全集编辑委员会：《中国青铜器全集9》，文物出版社，1997年，图10。
② 德方鼎，西周成王，中国青铜器全集编辑委员会：《中国青铜器全集5》，文物出版社，1996年，图2。
③ 鳞纹铺，西周晚期，中国青铜器全集编辑委员会：《中国青铜器全集5》，文物出版社，1996年，图77。
④ 曾侯乙尊盘，战国早期，中国青铜器全集编辑委员会：《中国青铜器全集10》，文物出版社，1998年，图137。

第三节 从"因何而作"到"如何而作":功能需求与造型设计的平衡

三代青铜器所承载的宗教功能、政治功能、审美功能、实用功能,是使用青铜器群体的需求,而对于制作者来说,如何满足这种需求,就是青铜器造型设计的目标。使用者对青铜器功能的需求,有可能因时代背景、政治地位、文化传统的不同而产生变化,制作者也就需要相应地改变造型设计的方案来适应这种需求的变化。

对于三代青铜器而言,宗教功能与政治功能居于最优先考虑的地位,所谓"器以藏礼"。商代的礼首先是尊神敬鬼,因此商代的青铜器造型设计必然要优先考虑在宗教祭祀方面的要求,巨大的体量,厚重的器身,繁复的装饰,威严狞厉的图像,都是为了不断强化神对人间至高无上的主宰权力。周代的礼则是为了"明贵贱,辨等列",因此青铜器造型设计更强调政治地位所造就的不同等级之间的差别,如所谓"九鼎八簋"之制,通过这种差别来规范人间的等级序列,强化统治者自身的统治地位。

当然,在确保宗教功能或政治功能优先实现的前提下,对于美的追求也不可或缺。尽管今人与那个诞生青铜文明的时代已相隔数千年之久,但我们仍会不断被三代青铜器神秘莫测而又磅礴大气的美所惊艳、所震撼。三代青铜器的造型与装饰,展现了那个时代的造物者在视觉形式因素的主次、虚实、曲直、疏密及开合等方面所具有的非凡的意匠水平。他们所具有的非凡的想象力和综合创造能力,一方面体现为对自然物象的简化、归纳和抽象变化,使其高度类型化、程式化;另一方面体现为通过纹饰之间的套叠或不同类别动物纹样的结合,形成非现实的、更具想象力的新形象。同时,纹饰应用于各种不同器物的具体部位时,十分注重视觉效果的主次和节奏关系,也兼顾了青铜器的空间造型与附着纹饰之间合乎造型结构与视觉心理的要求[①]。

同时,作为器物最本原的实用功能,尽管大多处于被宗教功能、政治功能甚至审美功能压制的地位,但并未完全丧失其地位。相反,对器物实用功能的重视是处在一个逐渐上升的状态中的。如器物的大小容量,器表装饰,耳、鋬、盖、足等附件,有的主要从使用考虑,有的主要从容量考虑,有的主要从观看角度考虑,但总的还是以人的尺度和生活条件为依据。根据实用,形成一定的造型和权衡比例关系,从而兼顾审美与实用的需求[②]。

总之,在青铜器造型设计中,器物应当承载的各种功能之间,是一种动态的平衡,因时、因地、因人而变,在变化中达成目标的实现。就我们已知的三代青铜器来看,这一目标的实现效果是从幼稚逐渐成熟而臻于完美的。

---

① 翁剑青:《形式与意蕴——中国传统装饰艺术八讲》,北京大学出版社,2006年,第99页。
② 吴山:《中国历代器皿造型》,江苏凤凰美术出版社,2015年,第56页。

第三章 两周青铜容器器表装饰

中国青铜时代的装饰艺术，一个重要的组成部分就是青铜容器的器表装饰。青铜容器的器表装饰，主要表现为运用各种工艺手法制作的具象或抽象的纹饰。诸多无名的艺术家和能工巧匠，将他们对时代的理解化作各种奇幻瑰丽的表现形式，创造出一个令人惊叹并且追慕的青铜艺术王国。为了更好地认识青铜装饰艺术的诸多表现形式，我们将从青铜容器的装饰题材、装饰构图、装饰手法以及铸造工艺发展对青铜器造型与装饰风格的影响四个部分来进行了解。

第一节 装饰题材

青铜器纹饰的渊源，可以追溯到新石器时代的陶器纹饰。当然，从陶器到青铜器，器物的制作目的、制作方式、制作材料及技术水平等都有着很大的变化，这也使得源于同一题材的纹饰，在陶器与青铜器上可能会出现面貌迥异的风格特征。经历夏商两代的发展之后，两周时期的青铜容器，装饰题材也有了更为丰富的内容。这些装饰题材，一方面是在延续商代传统题材的基础上对原有题材的变化和创新，另一方面是从其他艺术门类以及现实生活中吸纳新的装饰要素而创造出的新题材。从装饰题材的风格来看，西周中期之前，幻想性的动物题材依然是主流，西周中期时，抽象的几何纹饰与动物变形纹饰成为新的主流。自春秋时期开始，反映人间生活与社会现实的题材类型迅速增加，如人物画像纹、写实性的动物题材等，这种变化从一个侧面反映了时代风气与社会生活的变化所带来的影响。

根据两周青铜器纹饰的题材内容，可以将其分为四大类，即动物类、植物类、几何形类、人物类。此外，青铜器上的铭文在东周时期的部分地区出现了美术化的倾向，也具有了一定的装饰意义。

一、动物类纹饰

动物类纹饰可分为三个大的类型：想象动物纹、写实动物纹、变形动物纹。同时，在纹饰发展演变的过程中，因其复杂性，不可避免地会存在一些交叉影响，但为便于理清纹饰发展的脉络，仍以大类来进行归类。

(一) 想象动物纹

想象动物纹，主要以平面造型为主，可分为兽面纹、龙蛇纹和鸟纹三类，在中国青铜时代，这三类纹样长期处于装饰纹样的主导地位。同时，采用立体造型表现的动物形象也屡有所见，如各种难以辨认具体物类的鸟兽形尊、卣、觥、匜等。此处主要述及平面造型的三类想象动物纹。

1. 兽面纹

兽面纹，旧称饕餮纹[①]，是商代至西周早期盛行的主要纹饰，多用于器物造型体积感最强的部位如腹部、颈部等。

兽面纹属于中轴对称图形，其构图有着典型的公式化和图案化特征。其基本造型源于动物头部的正视图，首先是一鼻二目，以鼻为中轴左右二目对称分布，最简化的兽面纹仅保留了一鼻二目的最基本要素，但依然能为我们所辨认。完整的兽面纹，目上往往有眉，其侧有耳，下部两侧为兽口和兽腮，上部为额，额两侧有凸出的兽角；在兽面纹的两侧，各有一段向上弯曲的兽体，兽体下部往往有兽足（图3-1）[②]。

图3-1 兽面纹构成示意图[③]
1.目 2.眉 3.角 4.鼻 5.耳 6.躯干 7.尾 8.腿 9.足

兽面纹既表现了兽面的正面形象，也表现了兽体的侧视形态，这种正、侧两种视角相结合以表现物象整体形态的方法，学者称其为整体展开法[④]。在青铜纹饰当中，整

---

① 语出《吕氏春秋·先识览》："周鼎著饕餮，有首无身，食人未咽，害及其身，以言报更也。"马承源先生认为这种称呼不能涵盖所有的、特别是前期的纹样，建议改称兽面纹，得到部分学者的认同和采用。马承源：《商周青铜器纹饰综述》，《中国青铜器研究》，上海古籍出版社，2002年，第357页。

② 马承源：《商周青铜器纹饰综述》，《中国青铜器研究》，上海古籍出版社，2002年，第357、358页。

③ 朱凤瀚：《中国青铜器综论》，上海古籍出版社，2009年，第540页。

④ 马承源：《商周青铜器纹饰综述》，《中国青铜器研究》，上海古籍出版社，2002年，第358页。

体展开法的运用屡有所见，较典型的还有一首双身龙纹。

兽面纹的具体形式，因其耳、目、角、足等细节不同，发展出多种多样的形态。在这些变化的元素中，可以找到牛、羊、虎、鹿、山魈等现实存在的动物的某些特征。特别是兽面纹的角，有外卷角、内卷角、分枝角、曲折角、长颈鹿角等多种多样的形式，是我们区分兽面纹类型的最主要的特征。

从商代早期到晚期，兽面纹的角形越来越发展，兽角装饰的地位也越来越突出。西周前期，兽面纹的角得到了更大的夸张，"出现了长角透迤的新形式"[1]。西周中期以后，兽面纹的地位下降，逐渐丧失了主体纹饰的地位，其造型也出现了简化和省略的趋势，在保留"一鼻二目"中轴对称排列的主要特征的前提下，躯体、鼻、耳、爪等造型要素逐渐转化为松散疏离的抽象线条，甚至有的局部如躯体、爪等也被省略掉了，使得整个兽面的造型逐渐失去商代晚期鼎盛状态下的庄重威严甚至是恐怖狞厉，显得更为随意。到西周晚期以后，兽面纹多用于装饰器物的耳、鋬、足等部位，不仅完全失去了原先的主导地位，同时也具有了更多装饰性、世俗化的特征。至春秋战国之际，兽面纹又发展出一种新的样式，马承源先生称其为"额顶龙蛇复合型"[2]（图3-2），多见于春秋战国之际青铜钟的鼓部，其形态仅有头部，没有躯体和爪子，整体纹饰倒置，兽头额顶装饰有许多卷曲缠绕的细小龙蛇，有的面部也有龙蛇，兽目、兽口纹饰精细，没有了夸张狰狞的感觉。

图3-2 额顶龙蛇复合型兽面纹[3]

2. 龙蛇纹

文献记载中的龙，是一种与水相亲的神异动物。中国古代的装饰艺术，往往会在器物的装饰题材与器物的功用或形体之间寻找联系，赋予其更多的内涵，这种特点反映在青铜器上，就是在水器、酒器等与盛放液体相关的器类上都大量应用了以龙为题材的纹饰造型。

---

[1] 陈公柔、张长寿：《殷周青铜容器上兽面纹的断代研究》，《西周青铜器分期断代研究》，文物出版社，1999年，第244页。原载《考古学报》1990年第2期。

[2] 马承源：《商周青铜器纹饰综述》，《中国青铜器研究》，上海古籍出版社，2002年，第361页。

[3] 兽面纹钟鼓部，春秋晚期，上海博物馆青铜器研究组：《商周青铜器纹饰》，文物出版社，1984年，第85页。

从青铜器纹饰的发展阶段来看，龙纹的兴起是在兽面纹之后。在兽面纹占据最主要的中心位置的时候，龙纹往往是作为铜器上的辅助纹饰出现的，这种作为辅助纹饰的龙纹，一般以长条形的造型为主，如商代十分盛行的夔龙纹，多个单体纹饰按照一定组合方式连续排列，构成带状纹饰，装饰在器物的颈、圈足或大型主纹的边框位置。

在兽面纹逐渐衰退之后，龙纹开始崭露头角，逐渐占据了青铜器上最主要的位置，自西周后期开始，直至整个春秋战国时代，成为长盛不衰的主体纹饰。当然，如此漫长的时间中，龙纹自身的发展和演变始终没有停止，不断出现新的造型样式，因此其形态极为复杂与多样。依据龙纹的图案整体结构特征，可以将其分为爬行龙纹、卷龙纹、交龙纹三大类，同时，将与龙纹渊源很深的蛇纹也并入此处叙述，列为第四类。各个大类也进一步做了较细的划分[1]。

（1）爬行龙纹

即一般平置横向的龙纹，身躯做爬行状，有一足、两足或仅有鳍足。从纹饰的整体造型来看，可分为夔龙纹、顾龙纹、双头龙纹、一首双身龙纹、攀龙纹。从龙首的造型来看，又可分为虎耳龙纹、卷角龙纹、曲折角龙纹、长颈鹿角龙纹、多齿角龙纹、尖角龙纹、弯角龙纹、花冠龙纹、象鼻龙纹等。此处采取以龙纹整体造型划分的方式。

1）夔龙纹[2]

其基本特征是龙的侧面图像，张口、体躯伸直或弯曲，额顶有角，尾上卷或下卷，一足、二足或无足（图3-3）。夔龙纹自商代前期出现后，在商代中晚期至西周早期较为流行，多以二方连续的构图饰于器物颈部、圈足。西周晚期流行抽象变形的夔龙纹，躯体逐渐卷曲似方形，头部也逐渐简化，逐渐向波曲纹、窃曲纹等几何纹演化。

2）顾龙纹

顾，即回首之状。顾龙纹，指做回首状的龙纹。其形态多两两相背，中轴对称，再以二方连续形式构成纹饰带（图3-4），多用于器物颈部或盖沿等。流行时间较为集中，始见于商代晚期，主要盛行于西周中期。

---

[1] 此处对龙纹的分类主要参考了马承源先生和朱凤瀚先生的观点。马承源先生将龙纹分为三种：爬行龙纹、卷龙纹、交龙纹（马承源：《商周青铜器纹饰综述》，《中国青铜器研究》，上海古籍出版社，2002年，第361~365、374~376页）。朱凤瀚先生将龙纹分为夔纹、顾龙纹、蟠龙纹、团龙纹、交龙纹、曲龙纹，以及单首双身龙纹、前卷尾龙纹、长卷唇龙纹（朱凤瀚：《中国青铜器综论》，上海古籍出版社，2009年，第547~558页）。

[2] 这一名称源自宋代以来的金石学，但以往所说的夔纹或夔龙纹，所涉图像较为混杂，我们在此继续沿用这一概念，但对其特征加以详细规定。

图3-3 夔龙纹① 　　　　　　图3-4 顾龙纹②

3）双头龙纹

基本造型为一身双首，躯体大多变形简化，构图作横"S"形，龙首分别在两端（图3-5），具体结构有许多变化的式样，如同向式、相顾式、向背式、交叠式、连接式等。马承源先生认为，这种纹饰有可能是斜角龙纹两条斜线状的身体简化合并的结果③。双头龙纹初见于商周之际。简单的独体双头龙纹，多见于西周中、晚期。缠绕式的双头龙纹则盛行于春秋中、晚期，多呈隐蔽状用于交龙纹的图案构成中。

图3-5 双头龙纹④

4）一首双身龙纹

旧称双尾龙纹⑤。龙首居中，躯干向两侧展开，通常呈带状，实际是龙的整体展开图形（图3-6）。它的基本模式和兽面纹的躯体向两侧展开的规律相同，也采用了"整体展开法"。流行于商代晚期到西周时期。

图3-6 一首双身龙纹⑥

---

① 川鼎口沿下，西周早期，陈佩芬：《夏商周青铜器研究（西周篇）》，上海古籍出版社，2004年，第39页。

② 中伐父甗颈部，西周中期，曹玮：《周原出土青铜器1》，巴蜀书社，2005年，第27页。

③ 马承源：《商周青铜器纹饰综述》，《中国青铜器研究》，上海古籍出版社，2002年，第364页。

④ 保卣圈足，西周成王，陈佩芬：《夏商周青铜器研究（西周篇）》，上海古籍出版社，2004年，第163页。

⑤ 马承源：《商周青铜器纹饰综述》，《中国青铜器研究》，上海古籍出版社，2002年，第364页。

⑥ 或父癸方鼎口沿下，西周早期，陈佩芬：《夏商周青铜器研究（西周篇）》，上海古籍出版社，2004年，第23页。

5）攀龙纹

龙形作攀附状（图3-7、图3-8），多以高浮雕的形式用作器耳、錾等附件装饰，流行于西周以后。

图3-7　攀龙纹① 　　　　　图3-8　攀龙纹②

（2）卷龙纹

这里的卷龙纹主要指单体卷曲的龙纹，除一般的卷龙纹外，还有两种较为特殊的卷龙纹，即蟠龙纹与蜗身龙纹。

1）一般形态的卷龙纹

见图3-9。

图3-9　卷龙纹③

2）蟠龙纹

以龙首为中心，躯体作环形，或首尾相接，或呈螺旋状，多以适合纹样的方式装

---

① 兽纹壶，春秋晚期，中国青铜器全集编辑委员会：《中国青铜器全集8》，文物出版社，1995年，图70。
② 吴王夫差鉴，春秋晚期，中国青铜器全集编辑委员会：《中国青铜器全集11》，文物出版社，1997年，图53。
③ 侯母壶腹部，春秋早期，上海博物馆青铜器研究组：《商周青铜器纹饰》，文物出版社，1984年，第144页。

饰在青铜盘内底（图3-10），也有用于器盖的装饰（图3-11）。蟠龙纹多见于商代后期，西周和春秋战国时期也有少量运用。

图3-10　蟠龙纹①　　　　　　　图3-11　蟠龙纹②

3）蜗身龙纹

马承源先生称其为蜗身兽纹③，朱凤瀚先生称其为团龙纹④。蜗身龙纹的身躯以尾部为中心卷曲成团，龙首在外居于一侧，形如蜗牛（图3-12）。流行于西周早期偏早，是非常有时代特征的一种纹饰，西周中期已消失不见。

图3-12　蜗身龙纹⑤

---

① 鱼龙纹盘内底，陈振裕：《中国古代青铜器造型纹饰》，湖北美术出版社，2001年，第124页。
② 四川彭县西周窖藏罍盖顶，陈振裕：《中国古代青铜器造型纹饰》，湖北美术出版社，2001年，第125页。
③ 马承源：《商周青铜器纹饰综述》，《中国青铜器研究》，上海古籍出版社，2002年，第373页。
④ 朱凤瀚：《中国青铜器综论》，上海古籍出版社，2009年，第549页。
⑤ 卷体兽纹簋腹部，西周早期，陈佩芬：《夏商周青铜器研究（西周篇）》，上海古籍出版社，2004年，第93页。

（3）交龙纹

交龙纹①，从广义而言，指两条或两条以上龙相互交缠构成的纹饰。交龙纹初见于西周早期，盛行于春秋战国时期。在青铜器纹饰中，以"X"形和横"8"形结构为基础而变化出各种非常复杂的交龙形象，有两龙相交，也有群龙交缠，发展成为极其繁复的形式。群龙交缠，其躯体较粗大者，称为蟠龙纹、蟠螭纹或蟠夔纹，其躯体较细密者，称为蟠蛇纹或蟠虺纹。基本上，较细密的蟠虺纹都可以找到与它们相同或相近的祖型。

按照图案构成特点的不同，我们可以把交龙纹分为以下两大类。

1）轴对称的粗大交龙纹

由交缠的龙构成的图案采取轴对称形式分布于器表，龙身较粗大，典型者如西周晚期颂壶腹部纹饰（图3-13）。

2）中心对称的交龙纹

这种交龙纹，龙的躯体相对较为细小，且有着时代越晚越趋于细密化的倾向。按其构成型式及普遍称谓，有交龙纹、蟠螭纹、散螭纹等。

这里所说的交龙纹，即通常所见的纹饰图录中多见的交龙纹，它是以两龙交缠方式构成的中心对称单体图案（图3-14），以及在单体图案基础上作二方连续构成的带状纹饰（图3-15）。

蟠螭纹，是在上述两种单体图案交龙纹的基础上加以变化，并以其作为一个纹饰单元，再以四方连续的方式构成饰带或密布于器表（图3-16、图3-17），流行于春秋中、晚期至战国早期。

图3-13 轴对称的粗大交龙纹②　　图3-14 单体图案的交龙纹③

---

① "交龙"之词见于《周礼·春官·司常》："王建大常，诸侯建旂。"郑玄注："诸侯画交龙，一象其升朝，一象其下覆也。"马承源先生据此认为，交龙的形象是一上一下，下者升上，上者下覆，两体交缠，称为交龙。马承源：《商周青铜器纹饰综述》，《中国青铜器研究》，上海古籍出版社，2002年，第363页。

② 颂壶腹部，西周晚期，中国青铜器全集编辑委员会：《中国青铜器全集5》，文物出版社，1996年，图151。

③ 陈侯簋腹部与方座，春秋早期，朱凤瀚：《中国青铜器综论》，上海古籍出版社，2009年，第584页。

图3-15　二方连续图案的交龙纹①

图3-16　蟠螭纹②

图3-17　蟠螭纹③

散螭纹（图3-18），亦称羽翅纹、尖浮龙纹，始见于春秋晚期，主要流行于战国早期，战国中晚期仍可见。这种纹饰是在蟠螭纹的基础上，加以变形、分解而成，纹饰更简洁抽象而趋向几何图形，龙的躯体肥粗，其内往往填有条形纹、三角纹、雷纹及连点纹等，还有的头尾不明显，躯体间夹有花形或兽首。朱凤瀚先生将其归入简省变形动物纹之中，其实，从交龙纹的发展脉络来考察的话，我们可以很清晰地看到，包括散螭纹在内的这一批纹饰，仍然属于交龙纹的发展序列之内，而它们的变形分解的特征，恰恰体现了我们所强调的抽象与几何化的时代趋势。

---

① 河南三门峡虢国太子墓鼎腹部，西周，陈振裕：《中国古代青铜器造型纹饰》，湖北美术出版社，2001年，第122页。

② 交龙纹鼎腹部，春秋晚期，陈佩芬：《夏商周青铜器研究（东周篇）》，上海古籍出版社，2004年，第135页。

③ 交龙纹鼎腹部，战国早期，陈佩芬：《夏商周青铜器研究（东周篇）》，上海古籍出版社，2004年，第291页。

图3-18　散螭纹[1]

（4）蛇纹

蛇纹的基本特征，是正视的头部与侧视的身体相结合，硕大的头部呈三角形或圆角三角形，双目圆睁，身躯蜿蜒，尾部细长，体有纹饰如鳞片。有的学者称其为蚕纹[2]，但商周玉器中的玉蚕写实性很强，与这种纹饰的形态相去甚远。马承源先生、朱凤瀚先生均认为这种纹饰的造型不符合蚕的形体特征，所以这种纹样不是蚕纹，应是蛇纹[3]。

蛇纹用于器物装饰，多为辅助纹饰，基本是以二方连续的方式，首尾相连构成纹饰带，用于器物的颈部或圈足等处。殷墟晚期到西周初期的蛇纹，形态较为稳定，如西周昭王时期员方鼎上的蛇纹（图3-19）。东周时期，蛇的形象有了较大变化。一种是经简化、变形后与春秋早期的交龙纹结合，发展为非常细密的组合纹饰，称为蟠虺纹或蟠蛇纹（图3-20），这种纹饰的图形结构与蟠螭纹等交龙纹的晚期构成型式已经非常相似，也可将其归入交龙纹的序列。一种是蛇的形态更趋于写实的形象，而其反映的主题则演化出新的神异色彩，如新郑出土的操蛇神兽器座，中山王䑸墓的操蛇神灯（图3-21），以及虽非青铜器但主题相同的信阳楚墓木雕唊蛇镇墓兽等，都是以蛇作为吞食或镇压的对象[4]。此外，蛇纹在长江中下游地区发展出了独特的地方特色，如江苏镇江出土的以蛇纹为饰的针刻铜器（图3-22），以及湖南多地发现的以蛇纹为主题的青铜卣（图3-23、图3-24）。

---

[1]　龙纹壶腹部，战国早期，陈佩芬：《夏商周青铜器研究（东周篇）》，上海古籍出版社，2004年，第321页。

[2]　容庚、张维持：《殷周青铜器通论》，文物出版社，1984年，第116页；王朝闻总编、李松主编：《中国美术史·夏商周卷》，齐鲁书社、明天出版社，2000年，第136页。

[3]　马承源：《中国青铜器》，上海古籍出版社，1988年，第335页；朱凤瀚：《中国青铜器综论》，上海古籍出版社，2009年，第558页。

[4]　马承源：《商周青铜器纹饰综述》，《中国青铜器研究》，上海古籍出版社，2002年，第376页。

图3-19　蛇纹①

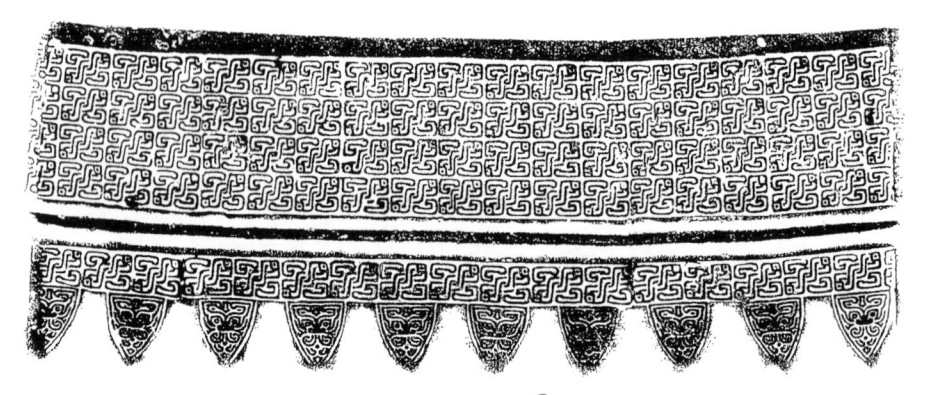

图3-20　蟠虺纹②

图3-21　中山王譻墓操蛇神灯③　　　图3-22　针刻蛇纹④

---

① 员方鼎口沿下，西周昭王，陈佩芬：《夏商周青铜器研究（西周篇）》，上海古籍出版社，2004年，第17页。

② 交龙纹鼎腹部，春秋晚期，陈佩芬：《夏商周青铜器研究（东周篇）》，上海古籍出版社，2004年，第123页。

③ 贾叶青：《华镫初上　辉映千年——战国中山国灯具赏析》，《东方收藏》2020年第9期，第17页。

④ 青铜盘内底，镇江博物馆：《江苏镇江谏壁王家山东周墓》，《文物》1987年第12期，第29页。

图3-23 蛇纹[①]　　　　　　　　图3-24 蛇纹[②]

3. 鸟纹

鸟类形象也是青铜器纹饰中数量极多的一类题材。从鸟类纹饰具体反映的内容来看，占据绝对优势的是在鸟类基本形态基础上添加各种想象元素而创造的神异化的鸟纹，这也是我们通常所提及的青铜器上的鸟纹。这种鸟纹更多体现了鸟类形象的共性，如尖喙、冠羽、尾羽等，但基本不能明确指向某一种现实存在的鸟类，因此一般将其归入想象动物纹饰的大类。

想象类的鸟纹，最早大约出现于商代中期，商代后期开始流行，但主要是形态较为简单的小鸟纹和长尾鸟纹作为辅助纹饰。商周之际，作为主体纹饰的鸟纹已经出现，西周中期，华丽夸张的大鸟纹达到全盛时期，成为这一时期的标志性纹饰。西周晚期以后，鸟纹逐渐退出主体纹饰的行列，渐趋没落。

想象类鸟纹的造型，有平面与立体两种形式。自商代至西周晚期之前，鸟纹主要以平面造型为主，出现了各种形式的纹饰造型，特别是西周中期的凤鸟纹，繁盛一时。西周中期以后，平面造型的鸟纹逐渐退出主体纹饰的行列，但立体造型的鸟纹逐渐增多，特别是在北方的齐鲁、燕代，高浮雕的鸟兽形纽大量出现在鼎、敦、豆等器盖上，成为地域风格的典型表现。

（1）平面造型的鸟纹

平面造型的鸟纹，以想象类的鸟纹最为多见，依其形态可以分为三种，即小鸟纹、长尾鸟纹和大鸟纹，此外还有两种特殊形式的鸟纹，即夔凤纹和鸾鸟纹。小鸟纹、长尾鸟纹和夔凤纹多以带状形式作为器物的辅助装饰，而大鸟纹多以大面积的块状结构作为器物的主体装饰。鸾鸟纹则有着特定的器物使用范围。除上述想象类的鸟纹之外，平面造型的鸟纹也有极少的写实类形象出现。

---

① 蛇纹卣盖顶，春秋，中国青铜器全集编辑委员会：《中国青铜器全集11》，文物出版社，1997年，图124。

② 蛇纹卣腹部，春秋，中国青铜器全集编辑委员会：《中国青铜器全集11》，文物出版社，1997年，图125。

1）小鸟纹

鸟身与尾部都较短，形体较小，通常作为辅助纹饰，多饰于器物颈部、肩部，或作为主纹的陪衬（图3-25），主要流行于商代中晚期。

图3-25　小鸟纹①

2）长尾鸟纹

短身，长尾，形体较小，多饰于器物口沿、颈部及圈足上，大多作为辅助纹饰出现，也有作为主要纹饰出现的（图3-26）。长尾鸟纹出现于商代晚期，流行于西周时期。西周中期时，出现长冠前垂的式样，应该是吸收了同时期大鸟纹冠羽的特点。西周中期偏晚，长尾鸟纹出现尾羽变形的式样，带有窃曲纹的某些特点，沿用到西周晚期。

图3-26　长尾鸟纹②

3）大鸟纹

形体较大，式样多变，但总体形态都较为华丽，以华丽的冠羽和尾羽最为显著，多被称为凤鸟纹，通常作为主体纹饰出现。盛行于西周早期偏晚与中期偏早，西周中期之后趋于衰落。

依其冠羽的形态，可分为花冠凤纹、长冠凤纹、多齿冠凤纹（图3-27）。依其整体形态，又有前视与回顾两种形态。特别是流行于西周早期偏晚至西周中期初叶的花冠顾首大凤纹（图3-28），鸟首回顾，冠羽状如流苏，垂于颈后，形态十分华丽，是这一时期非常典型的式样。

---

① 兽面纹鼎口沿，殷墟晚期，上海博物馆青铜器研究组：《商周青铜器纹饰》，文物出版社，1984年，第192页。
② 师眉簋口沿，西周恭王，上海博物馆青铜器研究组：《商周青铜器纹饰》，文物出版社，1984年，第179页。

图3-27 多齿冠凤纹①   图3-28 花冠顾首大凤纹②

4）鸾鸟纹

其基本特征为鸟首上有透迤的长冠，垂于鸟的背部或向上飘动，长冠或宽阔或细柔，尾部也有长或短的不同形状（图3-29、图3-30）。鸾鸟纹饰于钟的鼓部侧面敲击之处，显然它与音乐有关。《说文》记载："鸾，神灵之精也。赤色，五彩，鸡形，鸣中五音，颂声作则至。"

图3-29 钟的鼓部侧面所饰鸾鸟纹③   图3-30 鸾鸟纹④

5）夔凤纹

亦称鸟首龙身纹（图3-31）、龙首鸟身纹（图3-32），是龙纹与鸟纹综合而成的纹饰。鸟首龙身纹流行于商代晚期至西周早期，龙首鸟身纹主要见于西周早期偏晚至中期偏早。

---

① 凤纹卣腹部，西周早期，上海博物馆青铜器研究组：《商周青铜器纹饰》，文物出版社，1984年，第174页。

② 丰尊腹部，西周穆王，上海博物馆青铜器研究组：《商周青铜器纹饰》，文物出版社，1984年，第186页。

③ 克钟鼓部侧面，西周孝王，陈佩芬：《夏商周青铜器研究（西周篇）》，上海古籍出版社，2004年，第395页。

④ 单伯昊生钟鼓部，西周中期，陈佩芬：《夏商周青铜器研究（西周篇）》，上海古籍出版社，2004年，第400页。

图3-31　鸟首龙身纹[①]　　　　　图3-32　龙首鸟身纹[②]

（2）立体造型的鸟类形象

立体造型的鸟形，体量较小的多用于附件装饰，有以鸟形全貌为饰的，亦有仅用鸟类头部为饰的，特别是以鸟形作为盖纽或盖顶的装饰手法，春秋时期十分流行（图3-33、图3-34）。

图3-33　瓠壶盖上的鸟形饰[③]　　　　　图3-34　敦盖上的鸟形饰[④]

（二）写实动物纹

写实性的动物题材，其造型源于现实存在的各种动物，按其种类可以大致划分为四个大的类别，即兽类、鸟类、水生动物类、昆虫类。兽类题材，包括象、虎、牛、鹿、兔、马等；鸟类题材，包括雁、鹰、鸭等；水生动物类题材，包括鱼、龟、蛙、贝等；昆虫类题材，主要是蝉。与前述的幻想动物纹相比，除象、虎、牛、蝉等题材较为多见外，其余的写实动物题材在青铜器上出现的总体数量都很少，同时也极少作为主要纹饰使用，更多是作为辅助纹饰出现。

---

① 提梁卣腹部，陕西宝鸡竹园沟出土，陈振裕：《中国古代青铜器造型纹饰》，湖北美术出版社，2001年，第152页。

② 应公方鼎，朱凤瀚：《中国青铜器综论》，上海古籍出版社，2009年，第571页。

③ 蟠蛇纹瓠壶，春秋晚期，中国青铜器全集编辑委员会：《中国青铜器全集8》，文物出版社，1995年，图82。

④ 镶嵌兽纹敦，春秋晚期，中国青铜器全集编辑委员会：《中国青铜器全集8》，文物出版社，1995年，图46。

写实性的动物题材，按其造型方式，又可分为平面造型与立体造型两种。平面造型即通常所谓的浮雕纹饰；立体造型多为圆雕或半圆雕，用于器物局部造型的即附件装饰，用于器物整体造型的多见于鸟兽尊。从其时代分布来说，早期的写实动物纹仍然具有较强烈的神性色彩，在纹样造型上也更多运用抽象和变形的手法，如虎纹、蝉纹等；较晚时期的写实动物纹，则更为贴近现实生活，塑造形象的能力也更强。

1. 兽类纹饰

（1）象

以象的形象为装饰题材，主要流行于商代后期到西周前期，西周中期以后已罕见。象的平面造型，即通常所指的象纹，多用于器物表面装饰，通常采用象的侧面形象，以突出表现它庞大的身躯和长鼻等显著特征，表现手法主要是浮雕（图3-35）。

象的立体造型，用于器物整体造型的如商和西周时期的象尊造型，表现手法主要是圆雕（图3-36）。用于器物局部造型的，主要是象鼻，多用于簋、方彝、鼎等的耳或足的造型，表现手法主要是圆雕或高浮雕（图3-37、图3-38）。

（2）虎

以虎的形象为装饰题材，商代较为常见，西周时期渐趋没落。虎的平面造型，有别于虎头形的兽面纹，采用的是虎的侧视形象，半圆耳，巨口张开，或露獠牙，上卷尾，多见于鼎腹或耳外侧。虎的立体造型，多以圆雕方式表现，有整器为虎形（图3-39），亦有以虎形作为附件装饰，如鼎耳（图3-40）、器座等。此外，还有一种人虎组合的纹饰，其造型为虎身蹲立，虎口大张，其下有人，如虎噬人状（图3-41、图3-42）。这种纹饰自商代至战国均有发现，对这种纹饰的含义，学者们有着各种不同的解释，如虎食人、虎乳人等。

图3-35　象纹[①] 　　　　　　图3-36　象尊[②]

[①] 乙公簋腹部，西周早期，上海博物馆青铜器研究组：《商周青铜器纹饰》，文物出版社，1984年，第213页。

[②] 象尊，商代晚期，中国青铜器全集编辑委员会：《中国青铜器全集4》，文物出版社，1998年，图129。

图3-37　方彝腹部的象鼻形饰①　　　　图3-38　象鼻造型的鼎足②

图3-39　虎形尊③　　　　图3-40　鼎耳上的虎形饰④

（3）牛

牛的平面造型，有别于牛首形的兽面纹，写实性很强（图3-43）。牛的立体造型，用于器物局部造型的如商代至春秋战国时期应用很广的牛首形高浮雕（图3-44），多用于器物的耳部、肩部，通常所说的牺首形装饰，基本都可划入此类。春秋战国时期，开始出现以高浮雕的卧牛、立牛用于器物的盖上为纽，或作盖顶的装饰（图3-45）。牛的形象用于器物整体造型的，主要是以鸟兽尊的形式出现，其造型风格随着时代渐晚写实性也逐渐增强（图3-46）。

---

① 师遽方彝，西周恭王，中国青铜器全集编辑委员会：《中国青铜器全集5》，文物出版社，1996年，图133。

② 象鼻形足方鼎，西周早期，中国青铜器全集编辑委员会：《中国青铜器全集6》，文物出版社，1997年，图81。

③ 虎形尊，西周中期，中国青铜器全集编辑委员会：《中国青铜器全集6》，文物出版社，1997年，图117。

④ 兽面纹虎耳青铜方鼎，深圳博物馆、江西省博物馆：《商代遗珍——江西新干大洋洲出土文物精品》，文物出版社，2010年，第44页。

第三章 两周青铜容器器表装饰

图3-41 虎食人卣①　　　　图3-42 双虎争食人首纹②

图3-43 牛纹③　　　　图3-44 牺首④

图3-45 鼎盖所饰牛形纽⑤　　　　图3-46 牺尊⑥

---

① 虎食人卣，商代晚期，中国青铜器全集编辑委员会：《中国青铜器全集4》，文物出版社，1998年，图152。

② 妇好钺，商代晚期，陈振裕：《中国古代青铜器造型纹饰》，湖北美术出版社，2001年，第87页。

③ 罍盖部，四川彭县竹瓦街出土，陈振裕：《中国古代青铜器造型纹饰》，湖北美术出版社，2001年，第135页。

④ 尊肩部纹饰，河南郑州回族食品厂出土，陈振裕：《中国古代青铜器造型纹饰》，湖北美术出版社，2001年，第48页。

⑤ 卧牛龙纹鼎，春秋晚期，中国青铜器全集编辑委员会：《中国青铜器全集8》，文物出版社，1995年，图25。

⑥ 牺尊，春秋晚期，中国青铜器全集编辑委员会：《中国青铜器全集8》，文物出版社，1995年，图55。

（4）鹿

青铜器上的鹿纹，数量很少。西周早期的貉子卣，在其盖的外围和颈部分别饰鹿纹一周，鹿作回首侧卧状，两两相对（图3-47）。春秋战国时期，鹿纹也偶有发现，但造型样式已出现变形，也多与虎、鸟等鸟兽形象组合构成虎鹿纹或鸟鹿纹，在装饰手法上喜用红铜镶嵌或错金银的装饰工艺（图3-48）。

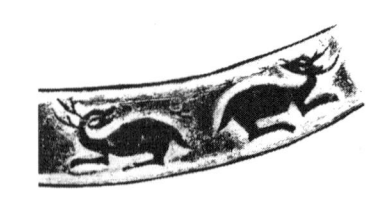

图3-47 鹿纹[①] 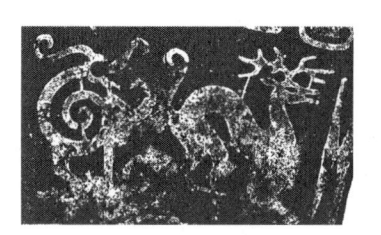　　　　　　　图3-48 镶嵌鹿纹[②]

（5）兔

青铜器上的兔形造型，仅见于西周时期。平面造型的兔纹，为兔的侧视图像（图3-49）。立体造型的兔形，主要是圆雕兔尊（图3-50）。

图3-49 兔纹[③] 　　　　　　　图3-50 兔尊[④]

（6）马

青铜器上的马形造型，仅见于西周时期。陕西眉县李村西周窖藏所出马驹形尊，形态较为写实（图3-51）。

[①] 貉子卣口沿，西周中期，上海博物馆青铜器研究组：《商周青铜器纹饰》，文物出版社，1984年，第212页。

[②] 镶嵌鸟兽纹壶腹部，战国早期，上海博物馆青铜器研究组：《商周青铜器纹饰》，文物出版社，1984年，第212页。

[③] 戈觯颈部，西周早期，中国青铜器全集编辑委员会：《中国青铜器全集5》，文物出版社，1996年，图119。

[④] 兔尊，西周中期，中国青铜器全集编辑委员会：《中国青铜器全集6》，文物出版社，1997年，图54。

2. 鸟类纹饰

青铜器上的鸟类形象，有的也可在现实中找到明确原型。其中最早出现的是鸮的形象（图3-52），在商代晚期较为流行，从当时的历史环境来看，写实性的鸮纹承载的很可能是超现实的思想内容。真正具有描写现实生活意义的写实性的鸟纹，出现得都较晚，数量也不多，如鹰（图3-53）、鸭（图3-54）、雁（图3-55）等鸟类形象，其造型已经基本褪去神秘的色彩，具有很强的生活气息。

图3-51　驹尊①

图3-52　鸮卣②

图3-53　鹰首提梁壶③

图3-54　鸭形尊④

---

① 驹尊，西周中期，中国青铜器全集编辑委员会：《中国青铜器全集5》，文物出版社，1996年，图169。

② 鸮卣，商代晚期，中国青铜器全集编辑委员会：《中国青铜器全集4》，文物出版社，1998年，图154。

③ 鹰首提梁壶，战国早期，中国青铜器全集编辑委员会：《中国青铜器全集9》，文物出版社，1997年，图27。

④ 鸭形尊，西周早期，中国青铜器全集编辑委员会：《中国青铜器全集6》，文物出版社，1997年，图22。

图3-55　雁纹[1]

3. 水生动物类

这类题材常被用于装饰水器类青铜器，如青铜盘的内底，被许多学者认为是"因器施纹"的典型代表，但从考古发现看，也有个别用于他类器物的。

（1）鱼

鱼的形象在青铜器上出现较多，以平面造型的纹饰为主，也偶有立体造型的鱼形器物出现。平面造型的鱼纹，是鱼的侧视图像，在实际应用时多采取数条鱼首尾相连的连续纹样构成纹饰带，也可以单体的鱼纹穿插在龙、龟等纹饰之间，用作辅助纹饰（图3-56）。这类鱼纹多用于水器如青铜盘的装饰，主要流行于商代，西周少见，春秋时期仍有运用。立体造型的鱼形，主要是鱼尊，数量极少，形象非常写实（图3-57）。

图3-56　鱼纹[2] 　　　　图3-57　鱼尊[3]

（2）龟

龟纹的造型主要为俯视造型，背部多饰以其他纹饰。龟纹主要流行于商代，东周时期仍有出现，多与鱼等水生动物组合，用于装饰盘的内底（图3-58），也有用于其他器类装饰的（图3-59）。

---

[1] 鸟兽龙纹壶腹下部，春秋晚期，上海博物馆青铜器研究组：《商周青铜器纹饰》，文物出版社，1984年，第205页。

[2] 鱼龙纹盘内壁，春秋早期，上海博物馆青铜器研究组：《商周青铜器纹饰》，文物出版社，1984年，第231页。

[3] 鱼尊，西周晚期，中国青铜器全集编辑委员会：《中国青铜器全集6》，文物出版社，1997年，图152。

图3-58 龟纹①  　　　　　　　图3-59 龟纹②

（3）蛙

蛙的形象在青铜器上出现很少，其造型主要为俯视造型。商代晚期的卣形器提梁附饰的蛙纹，形态相当写实，其背部加饰鳞状的纹样，因此也被视为蟾蜍纹（图3-60）。战国中期的蛙龙纹豆，其圈足所饰蛙纹与龙纹组合，表现形式更为图案化（图3-61）。

图3-60 蛙纹③ 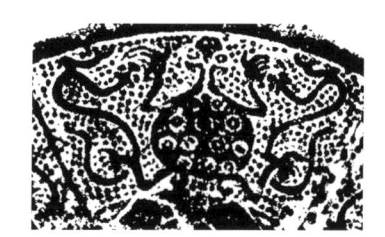 　　　　　　　图3-61 蛙龙纹④

（4）贝纹

贝是商周时期的货币，穿缀起来，以朋为计量单位。贝纹流行于战国早中期，常以数贝连接起来构成带状纹饰，多用作辅助纹饰（图3-62）。

---

① 子仲姜盘内壁，春秋早期，陈佩芬：《夏商周青铜器研究（东周篇）》，上海古籍出版社，2004年，第85页。

② 兽面纹罍颈部，陈振裕：《中国古代青铜器造型纹饰》，湖北美术出版社，2001年，第66页。

③ 六卣形器提梁，殷墟晚期，上海博物馆青铜器研究组：《商周青铜器纹饰》，文物出版社，1984年，第226页。

④ 蛙龙纹豆圈足，战国中期，上海博物馆青铜器研究组：《商周青铜器纹饰》，文物出版社，1984年，第226页。

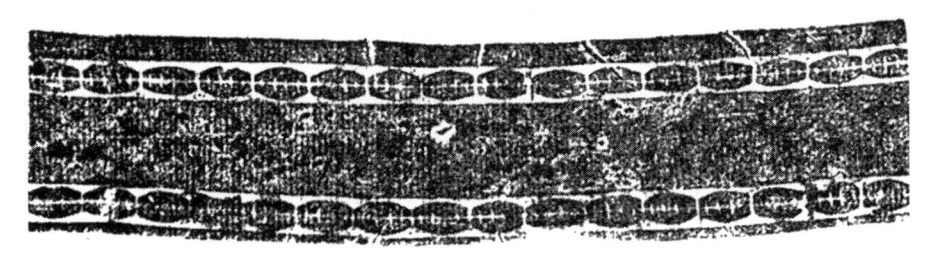

图3-62　贝纹①

4. 昆虫类

商周时期常见的昆虫类装饰题材，主要是平面造型的蝉纹。其基本造型为尖吻、大目、三角形或蕉叶形躯体，上圆下尖，腹部有纹以表示体节。蝉纹多用于鼎的腹部或爵的流上，少数觚和盘也有采用蝉纹，其他器类罕见。其具体施用方式十分灵活，或横向排列，头尾相连，构成纹饰带，用于器物的颈、圈足等部位作为辅助纹饰使用（图3-63）；或与三角纹、蕉叶纹结合，纵向排列，左右相连，构成纹饰带，作为器物的主纹饰使用（图3-64）；有的也作为填充空白的地纹或作为鸟纹腹部的附加纹饰使用。蝉纹主要盛行于商代后期和西周早、中期，但直至战国早、中期仍有出现，从其发展变化来看，总的趋势是逐渐趋于变形和简化，晚期造型具有更强烈的抽象化和图案化的特征。

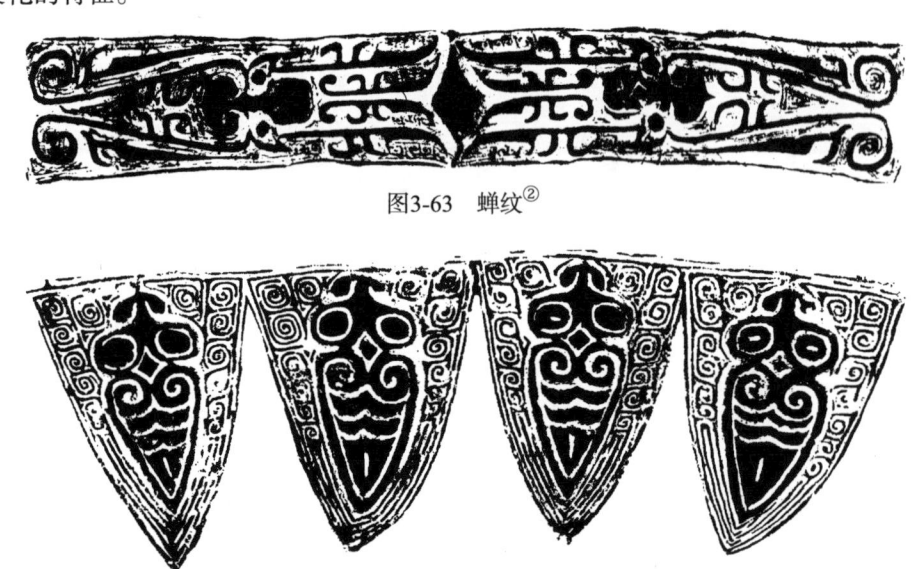

图3-63　蝉纹②

图3-64　蝉纹③

---

① 山彪镇M1鼎腹部，郭宝钧：《山彪镇与琉璃阁》，科学出版社，1959年，图版四十。
② 丰卣提梁，西周穆王，上海博物馆青铜器研究组：《商周青铜器纹饰》，文物出版社，1984年，第230页。
③ 射女鼎腹部，殷墟晚期，上海博物馆青铜器研究组：《商周青铜器纹饰》，文物出版社，1984年，第228页。

（三）简省、变形动物纹

西周时期，兽面纹逐渐失去其中心地位，兽面的各个部位也解体变形，变为波曲纹、窃曲纹或其他变形兽纹，马承源先生将其统称为兽体变形纹[①]。

1. 波曲纹

波曲纹，亦称环带纹、波带纹、山纹、幛纹。它是动物纹样的几何变形，其基本结构是连续的波浪形宽粗曲线，在波曲的中腰常有一兽目或近似兽头形的凸出物[②]，波峰的中间填以两头龙纹、鸟纹、鳞片或其他简单的线条，为西周中、晚期到春秋早期青铜饪食器和酒器中主要纹饰之一，多饰于器物的腹部、颈部作主纹（图3-65）。

在蟠螭纹、蟠虺纹出现后，波曲纹也出现了一种新的样式，带状纹变得窄细绞结，并与类似蟠螭纹或蟠虺纹的纹饰勾连在一起（图3-66），这种式样约见于春秋中期偏晚至春秋晚期。

图3-65　波曲纹[③]

图3-66　与蟠虺纹勾连在一起的波曲纹[④]

[①]　马承源：《商周青铜器纹饰综述》，《中国青铜器研究》，上海古籍出版社，2002年，第380～385页。

[②]　对此种纹样有不同称呼，马承源先生认为它是一兽目或近似兽头形的凸出物，朱凤瀚先生称其是近似眉、口的纹样。马承源：《中国青铜器艺术总论》，《中国青铜器全集1》，文物出版社，1996年，第27页；朱凤瀚：《中国青铜器综论》，上海古籍出版社，2009年，第581页。

[③]　史颂鼎腹部，西周宣王，陈佩芬：《夏商周青铜器研究（西周篇·下）》，上海古籍出版社，2004年，第409页。

[④]　波曲纹簠盖顶，春秋晚期，上海博物馆青铜器研究组：《商周青铜器纹饰》，文物出版社，1984年，第293页。

2. 窃曲纹

窃曲纹，亦称穷曲纹①。是在兽面纹、夔龙纹、鸟纹、云纹等多种形象综合的基础上，作进一步变形和抽象所创造的纹饰（图3-67、图3-68）。其主体为"∽"形，两端有回钩，"∽"形的中间位置上保留的目形，正是其原始图像的遗痕。窃曲纹的类型十分多样，但万变不离其宗，由细长而卷曲的条纹构成各种具体图形是其共同的特征。窃曲纹往往以二方连续图案的形式连接成带状，饰于器物的盖缘、颈部、圈足等位置，不仅用作辅助纹饰，也常用作主体纹饰。其始见于西周中期之初，一直盛行至春秋早期，春秋中期仍有所见。

图3-67　窃曲纹②　　　　　　　　图3-68　窃曲纹③

3. 鳞纹

鳞纹，是以"U"形鳞片为单元组成的纹样，由动物的局部特征变形而来，但因其规整的造型与规律的叠加组合，更接近几何纹的特征。这种纹样商代晚期已经出现，流行于西周后期至春秋时期，多施加于壶、盘等器物上。

根据鳞纹的构图方式，可以分为两种：垂鳞纹和重环纹。

垂鳞纹（图3-69），形似鱼鳞，上下多重交错排列，即通常所说的鳞纹，初见于商代，盛行于西周后期至春秋时期，多作为主体纹饰施加于壶、盘、罍等水器的腹部。从纹饰排列布局的角度来看，垂鳞纹已经开始打破传统的带状构图与二方连续图案的构图方式。

重环纹（图3-70），也称横鳞纹、回纹，属于带状鳞纹的变体，是用单个鳞片做横向排列而成，多构成带状装饰，上下以弦纹为栏，饰于器物的口沿下或圈足，做辅助装饰，盛行于西周晚期至春秋早期。

垂鳞纹和重环纹的组合使用也有所见（图3-71）。

---

① 窃曲纹，其名称源于《吕氏春秋·离俗览·适威篇》："周鼎有窃曲，状甚长，上下皆曲，以见极之败也。"穷曲纹，意为穷则曲，与极之败其意相同（卞宗舜、周旭、史玉琢：《中国工艺美术史》，中国轻工业出版社，1993年，第75页）。
② 环带纹盂圈足，西周晚期，曹玮：《周原出土青铜器1》，巴蜀书社，2005年，第18页。
③ 伯邦父禹腹部，西周中期，曹玮：《周原出土青铜器1》，巴蜀书社，2005年，第22页。

图3-69 垂鳞纹①　　　　　　　　　　　　图3-70 重环纹②

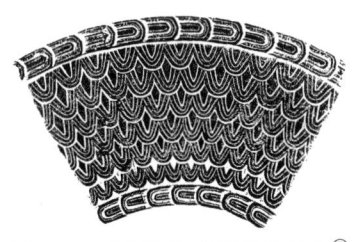

图3-71 重环纹与垂鳞纹的组合③

4. 目纹

其形近似兽面纹的目形，多为椭方形，中间有一点或一横。一般不单独使用，而是作为辅助纹饰与其他纹饰组合，构成纹饰带，用于器物的腹、颈、盖或圈足上。

目纹与其他纹饰的组合，主要有目云纹和四瓣目纹两种。

目云纹，可以分为两个类型：一类在目纹两侧或上下做竖直排列（图3-72），流行于商代中晚期；另一类做斜角状排列，亦称斜角目纹（图3-73），流行于商代至西周早期，西周中期仍有出现。

四瓣目纹，亦称四叶纹（图3-74）。其基本特征是，中心有一个双线椭圆形图案，形如兽目，四角对称分布四个瓣形图案，从其形态特征来看，模拟植物花卉而成的可能性较大。这种纹样常与涡纹组合，构成纹饰带，主要见于商代后期和西周前期，西周中期仍有所见。

图3-72 目云纹④

---

① 鲁伯愈父盘圈足，春秋早期，上海博物馆青铜器研究组：《商周青铜器纹饰》，文物出版社，1984年，第305页。

② 叔硕父方甗口沿，西周晚期，上海博物馆青铜器研究组：《商周青铜器纹饰》，文物出版社，1984年，第296页。

③ 仲义父罍腹部，西周中期，陈佩芬：《夏商周青铜器研究（西周篇）》，上海古籍出版社，2004年，第388页。

④ 亚矣簋颈部，商代晚期，陈佩芬：《夏商周青铜器研究（夏商篇）》，上海古籍出版社，2004年，第171页。

图3-73　目云纹①

图3-74　四瓣目纹②

二、植物类纹饰

青铜器上的植物类纹饰，数量极少，除在画像纹中作为自然环境出现的植物形象外，单独使用的植物形象，平面造型的主要有团花纹，立体造型的主要是瓠壶和匜模拟的葫芦形，而莲瓣纹则兼备平面与立体两种形式。

（一）平面造型：团花纹

团花纹做正面张开的花朵形，中心为圆形，外套六角形，最外层为六片花瓣，形象规整，图案性强，但花朵的特征仍清晰可辨。这种纹饰见于战国早、中期，多以数个单体花形横向排列组成带状饰，多个纹饰带以界格分割，平行排列，满饰器身，如战国晚期交龙纹团花敦，团花纹与云纹、交龙纹组合，遍施器身（图3-75、图3-76）。

（二）立体造型：瓠壶和匜模拟的葫芦形

瓠壶，其造型如瓠瓜，腹身细长，长颈向一侧弯曲，下腹部圆鼓（图3-77）。匜，其腹部横截面近于椭圆形，前有流，后有鋬。去除匜的流、鋬、足等附件装饰后，其主体形态极似农家以葫芦半剖而成的水瓢（图3-78）。这两类器物，虽然文献并无太多明确的记载，但从其造型来看，葫芦科植物的造型元素对器物的造型设计影响还是很明显的。

---

①　高颈部，湖北黄陂盘龙城出土，陈振裕：《中国古代青铜器造型纹饰》，湖北美术出版社，2001年，第74页。

②　米宫尊腹部，西周早期，上海博物馆青铜器研究组：《商周青铜器纹饰》，文物出版社，1984年，第256页。

图3-75　团花纹①　　　　　　　图3-76　团花纹②

图3-77　瓠壶③　　　　　　　图3-78　瓢形匜④

（三）兼备平面与立体两种形式：莲瓣纹

莲瓣造型盛行于西周晚期至春秋时期，主要是以立体镂空的手法在器盖上作以装饰，因其装饰效果极为华丽，亦称华盖（图3-79）。莲瓣式的华盖成为时代流行的式样，成为时代观念和艺术精神的象征。战国时期，平面造型的莲花纹也有发现，如河南汲县山彪镇M1出土的鼎，其盖面中心饰有莲瓣纹（图3-80）。

---

① 战国晚期交龙纹团花敦腹部，陈佩芬：《夏商周青铜器研究（东周篇）》，上海古籍出版社，2004年，第408页。

② 错金银团花纹流鼎，贾峨：《关于东周错金镶嵌铜器的几个问题的探讨》，《江汉考古》1986年第4期，第37页。

③ 鳞纹瓠形壶，陈佩芬：《夏商周青铜器研究（东周篇）》，上海古籍出版社，2004年，第74页。

④ 鳞纹匜，春秋中期，中国青铜器全集编辑委员会：《中国青铜器全集7》，文物出版社，1998年，图125。

图3-79 莲瓣形透雕① 　　图3-80 莲瓣纹②

三、几何形类纹饰

几何纹具有很强的抽象性，但其来源却常常是现实事物的变形和概括。根据题材的不同，青铜器上的几何纹可以分为对自然物的模仿和对人造物的模仿。对自然物的模仿包括云纹、雷纹、涡纹、圆圈纹、乳钉纹等，对人造物的模仿包括瓦纹、绹络纹、直棱纹等。此外，青铜器上还存在一些纯几何形式的纹饰，如直线、圆形、三角形、菱形、"V"形条纹（燕尾纹）等。在青铜器上，几何纹使用极为普遍，但大多作为辅助纹饰使用，只有雷纹是个例外。

（一）云雷纹

云雷纹，亦称回纹，其基本特征是单线或双线自中心向外环绕的构图，呈现为一种细密、连续的螺旋纹图案。它是青铜器中最基本的几何形纹饰，也是中国传统图案艺术中历史最悠久、艺术生命力最活跃的纹样之一③。

云雷纹是一种富于装饰性而又适应性极强的纹饰，它可以独立地组成大面积的装饰面或装饰带，也可以配合主体花纹作辅助纹饰。在商代晚期的三层花式装饰中，云雷纹作为地纹几乎无处不在，它以连续的回旋形线条构成，可作任意形式的变化，在装饰中形成一个灰面，成功地烘托着主题纹样④。

云雷纹可以进一步详细区分为雷纹和云纹。二者的区别，主要在于构成纹饰的基本形即螺旋形的特征。螺旋形有明显方角的，称为雷纹；螺旋形较圆的，称为云纹。

---

① 蟠龙纹华盖方壶盖顶，春秋晚期，中国青铜器全集编辑委员会：《中国青铜器全集8》，文物出版社，1995年，图71。
② 山彪镇M1鼎盖顶，郭宝钧：《山彪镇与琉璃阁》，科学出版社，1959年，图版四十。
③ 王家树：《中国工艺美术史》，文化艺术出版社，1994年，第73页。
④ 卞宗舜、周旭、史玉琢：《中国工艺美术史》，中国轻工业出版社，1993年，第73页。

1. 雷纹

用作主纹的雷纹，在商代晚期到西周早期之时已见于鼎、簋的装饰上，常见的有百乳雷纹、曲折雷纹、勾连雷纹等形式。

百乳雷纹（图3-81），也称斜方格乳钉纹，是在斜方格构成的方格中心饰以凸起的乳钉，四周环绕云雷纹，主要流行于商代中、晚期到西周早期，常饰于瓶、簋、鼎等器物上。

曲折雷纹（图3-82），是用粗、细不同的两种雷纹的二方连续图案作曲折的斜向排列组合而成，主要见于商代后期和西周早期。

勾连雷纹（图3-83），以"T"形雷纹斜向勾连组成粗线框架，其空隙间再填以细密云雷纹，最早见于商代中期，商末周初一度流行。春秋战国时期，雷纹和嵌错工艺相结合，发展出十分富丽的勾连雷纹。

图3-81　百乳雷纹[①]　　　　　图3-82　曲折雷纹[②]

图3-83　勾连雷纹[③]

[①]　甲簋，西周早期，上海博物馆青铜器研究组：《商周青铜器纹饰》，文物出版社，1984年，第315页。

[②]　曲折雷纹卣，西周早期，陈佩芬：《夏商周青铜器研究（西周篇）》，上海古籍出版社，2004年，第189页。

[③]　旁簋，西周中期，上海博物馆青铜器研究组：《商周青铜器纹饰》，文物出版社，1984年，第317页。

2. 云纹

云纹，商代到西周基本处于辅纹的位置，极少用作主纹。除基本的螺旋形用作地纹外，还有斜角云纹与目云纹两种组合变形的样式，常以二方连续的方式组成纹饰带，用于器物的颈部、圈足等部位。

战国时期，云纹有了非常大的变化，体现了图案设计几何化更高水平的发展（图3-84）。特别是由鸟兽体变形的三角云纹和盛行一时的勾连云纹（图3-85），完全以虚实相间的直线和弧线蟠曲交织构成，具有绚丽变幻的特色[①]。

图3-84 几何云纹[②]　　　　　　　　　图3-85 勾连云纹[③]

（二）直棱纹、瓦纹、人字纹

直棱纹（图3-86），造型为竖行的并排直线，也有的线条宽粗，断面呈半圆形，称为瓜棱纹。直棱纹最早出现在商代晚期，西周早期至中期出现频率明显增加，西周晚期逐渐消失。除作为辅助纹饰使用外，也常作为主体纹饰使用，更有满器施用者，尤以簋形器为多[④]。

瓦纹（图3-87），亦称瓦棱纹、平行沟纹，由平行的凹沟组成，有如房屋上的并排仰瓦，多用于簋、盨、匜等器物的腹部装饰上。这种纹饰自西周中期开始，一直流行到春秋早期。

西周中期，还出现了模仿陶器纹饰的由斜线构成的"人"字纹（图3-88）。

[①] 马承源：《中国青铜器的发展阶段》，《中国青铜器研究》，上海古籍出版社，2002年。

[②] 几何云纹盥缶，战国早期，陈佩芬：《夏商周青铜器研究（东周篇）》，上海古籍出版社，2004年，第343页。

[③] 镶嵌三角云纹敦，战国早期，上海博物馆青铜器研究组：《商周青铜器纹饰》，文物出版社，1984年，第330页。

[④] 梁彦民：《浅析商周青铜器上的直棱纹》，《文博》2002年第2期，第20页。

图3-86　直棱纹①

图3-87　瓦纹②　　　　　　　图3-88　"人"字纹③

（三）涡纹

涡纹，亦称火纹④、囧纹⑤。其基本特征是，在浅浮雕的圆形上，沿边饰有数条旋转状的弧线，中心有一圆圈，有时也会略去中心圆圈，个别也有略去旋转弧线的，整体造型如水涡，因而得名。

涡纹出现于商代前期，盛行于商代后期到西周前期，西周中期以后仍有运用，但图形已有变化。常与其他纹样如夔龙纹、四瓣目纹等相间组成装饰带（图3-89、图3-90），用于簋、鼎、爵、斝和罍上。

---

① 商代晚期直棱纹簋，喀左县文化馆、朝阳地区博物馆、辽宁省博物馆：《辽宁省喀左县山湾子出土殷周青铜器》，《文物》1977年第12期，图版三。

② 翏生盨，西周厉王，中国青铜器全集编辑委员会：《中国青铜器全集5》，文物出版社，1996年，图82。

③ 斜条纹鬲，西周中期，中国青铜器全集编辑委员会：《中国青铜器全集5》，文物出版社，1996年，图42。

④ 马承源：《商周青铜器纹饰综述》，《中国青铜器研究》，上海古籍出版社，2002年，第376页。

⑤ 马承源：《商周青铜器纹饰综述》，《中国青铜器研究》，上海古籍出版社，2002年，第378页。

图3-89　涡纹与四瓣目纹的组合①

图3-90　涡纹与夔龙纹的组合②

（四）三角纹

三角纹可以粗略地分为立三角纹、倒三角纹和交错三角纹。

立三角纹（图3-91），即顶角向上的三角纹，三角底边平齐，并列组成纹饰带。通常所说的蕉叶纹、仰叶纹，也可看作是两边略呈弧线的窄长三角形，在这里我们把这两种纹饰都归入立三角纹。立三角纹始见于商代早期，盛行于商代至西周早期，至战国时期仍有所见。

倒三角纹（图3-92），即顶角向下的三角纹，底边平齐，并列组成纹饰带。通常所说的垂叶纹，也可看作是两边略呈弧线的三角形，在这里我们把它归入倒三角纹。倒三角纹始见于商代中期，盛行于商代中晚期，春秋中期以后又再次流行。

交错三角纹（图3-93），在带状构图内，填以连续折线，将带状空间分割为连续排列的一正一倒的三角形。交错三角纹在二里冈上层文化偏晚已出现，并用作主纹饰，但仅有单纯的三角纹带，不夹以其他纹饰。商代至春秋早中期少见，不过山东地区西周晚期器物上常见此型纹饰，如山东曲阜鲁故城出土的西周晚期壶腹部饰有宽阔的交错三角纹，三角内套以若干同形的小三角纹。到春秋晚期以后，特别是战国时期，此型纹饰使用较普遍，但构图已较为复杂，三角内往往填以各种流行的细密纹饰。

---

① 四瓣目纹鼎，西周早期，上海博物馆青铜器研究组：《商周青铜器纹饰》，文物出版社，1984年，第248页。

② 奇字鼎，西周早期，上海博物馆青铜器研究组：《商周青铜器纹饰》，文物出版社，1984年，第242页。

图3-91　立三角纹①　　　　　　图3-92　倒三角纹②

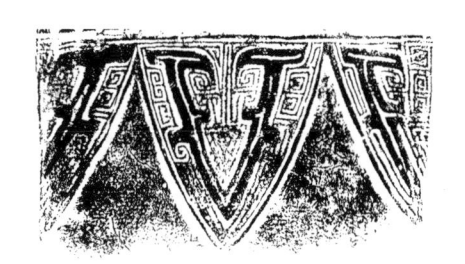

图3-93　交错三角纹③

（五）绚纹（绳络纹）

绚纹（图3-94），其形如两绳相缠，多饰于器物的口沿、圈足、耳部等部位。商代的提梁卣，提梁常铸成绳索状。西周后期流行的器物腹部的十字形纹饰，也有绳结状的。春秋战国时期，绚纹常在器身上作网格状布局，作为纹饰界格使用，称为绳络纹（图3-95、图3-96）。

图3-94　绚纹④

---

① 父庚觯，西周早期，陈佩芬：《夏商周青铜器研究（西周篇）》，上海古籍出版社，2004年，第132页。

② 川鼎，西周早期，陈佩芬：《夏商周青铜器研究（西周篇）》，上海古籍出版社，2004年，第39页。

③ 镶嵌三角云纹敦，战国中期，上海博物馆青铜器研究组：《商周青铜器纹饰》，文物出版社，1984年，第323页。

④ 鸟兽龙纹壶，春秋晚期，上海博物馆青铜器研究组：《商周青铜器纹饰》，文物出版社，1984年，第336页。

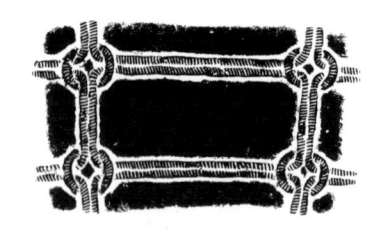

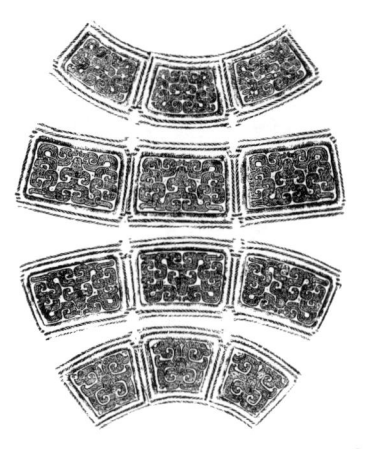

图3-95　绳络纹①　　　　　　　　图3-96　作为纹饰界格的绳络纹②

（六）圆圈纹

圆圈纹主要有两种构成形式。

其一为联珠纹（图3-97），基本特征是周边凸起、中间空心的圆圈，常排列成带状，如珠相联，多用于主体纹饰的上、下，形成镶边的装饰效果，也有个别作主纹的，主要流行于商代前期。

图3-97　联珠纹③

另一种即乳钉纹，基本特征是实心鼓起的圆点，如乳突状（图3-98）。这种乳钉纹也常和雷纹相结合，菱格状布局的雷纹中心饰以乳钉纹，称为百乳雷纹，常见饰于商代和西周前期的鼎或簋的腹部。此外，西周初期还出现了一种乳钉凸出如锥状的式样，称为乳刺纹（图3-99），用作主纹，遍施器身，非常具有时代特征。

---

① 络纹壶，战国早期，上海博物馆青铜器研究组：《商周青铜器纹饰》，文物出版社，1984年，第339页。

② 蟠龙络纹壶，战国早期，陈佩芬：《夏商周青铜器研究（东周篇）》，上海古籍出版社，2004年，第330页。

③ 保卣，西周成王，陈佩芬：《夏商周青铜器研究（西周篇）》，上海古籍出版社，2004年，第163页。

第三章　两周青铜容器器表装饰 · 89 ·

图3-98　乳钉纹① 　　　　　　　图3-99　乳刺纹②

四、人物类纹饰

（一）单体的人物形象题材

单体的人物形象，其主要造型方式可以分为平面造型和立体造型两种。

平面造型的人物形象，多为人物面部形象，表现手法主要采用浅浮雕或线雕（图3-100），除单独出现外，也常与虎等猛兽组合，称为"虎噬人"或"虎乳人"（图3-101）。这种纹饰虽然整体数量不多，但自商代开始陆续有发现。

图3-100　人面纹③　　　　　　　图3-101　双虎争食人首纹④

---

① 戈父丁簋，商代晚期，陈佩芬：《夏商周青铜器研究（夏商篇）》，上海古籍出版社，2004年，第165页。

② 甲簋，西周早期，陈佩芬：《夏商周青铜器研究（西周篇）》，上海古籍出版社，2004年，第68页。

③ 人面纹錞于，春秋晚期，中国青铜器全集编辑委员会：《中国青铜器全集11》，文物出版社，1997年，图70。

④ 妇好钺，商代晚期，陈振裕：《中国古代青铜器造型纹饰》，湖北美术出版社，2001年，第87页。

立体造型的人物形象，表现手法主要采用高浮雕（图3-102）或圆雕（图3-103），通常用于器物附件，如足等部位的装饰。这种造型在西周时期较为流行，如山西侯马晋侯墓地出土的盨、盒、筒形器等多件器物，均有人形足。

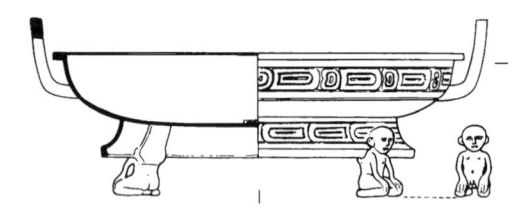

图3-102　人面纹①　　　　　　　　图3-103　它盘人形足②

这些单体的人物形象，在商周青铜器纹饰中所占比例极低，从其造型来看，与青铜时代整体神秘、威严的精神气质融为一体，或者置于神兽的威压之下，或者直接就是守门刖人或屈膝裸体的奴隶形象，完全看不到人作为社会生活主体存在的表现。从其地域分布来看，大多处于远离中原文化影响的地域，受到较为原始的土著文化的影响较深。在这种社会发展阶段仍然较为原始的状态下，人们对人类自身的力量还没有深刻的认识，还不可能从艺术上描绘脱去神秘主义的人本身，不可能努力表现自己，更不可能歌颂自己③。这种对人类社会现实生活的忽视，进入战国时期后有了明显的改变。

（二）人物画像纹

人物画像纹，亦称叙事画像纹④。发端于春秋晚期，盛行于战国早、中期，多装饰于盘、壶、鉴、匜、钫等器物的外壁或内壁。其内容，多描绘宴乐、射礼、弋射、狩猎、战争、采桑等情景。此外，还有一些描写神人怪兽、巫术表演的内容。和以往的青铜纹饰相比较，人物画像纹具有相当鲜明的现实主义风格。它以描绘社会生活为主题，往往具有一定的叙事情节，在纹饰题材上是一大突破，而其对于叙事性内容的构图方式，也为后来的汉画像石、画像砖所继承。

---

① 人面龙纹盉，商代晚期，中国青铜器全集编辑委员会：《中国青铜器全集3》，文物出版社，1997年，图147。
② 它盘，西周晚期，曹玮：《周原出土青铜器2》，巴蜀书社，2005年，第264页。
③ 朱凤瀚：《中国青铜器综论》，上海古籍出版社，2009年，第608页。
④ 宋玲平：《东周青铜器叙事画像纹地域风格浅析》，《中原文物》2002年第2期，第46页。

第三章　两周青铜容器器表装饰

人物画像纹的工艺，可分为铸纹画像纹、嵌错画像纹、刻纹画像纹三类。铸纹和嵌错纹亦可合称铸镶工艺。这些工艺的流行范围都表现出一定的地域性。

铸纹画像纹（图3-104），是指青铜器表的画像纹与器形同期铸造而成，纹饰凸起，周围减地。已发现的铸纹画像纹铜器仅有数件，时间在春秋晚期与战国早期，地域主要分布在中原地区，纹饰以狩猎纹为主。

嵌错画像纹（图3-105），是指用红铜、金、银等金属或绿松石等矿物镶嵌于青铜器表而成的画像纹，迄今所见其地域基本集中在北方特别是中原地区。

刻纹画像纹（图3-106），是在极薄的器壁上用锐器刻出的图像。朱凤瀚先生因这种青铜器制器方式一般为槌打而非铸作，亦称之为槌制铜器[1]。这种铜器的质料，包括红铜与青铜两类。刻纹铜器萌芽于春秋晚期，成熟并流行于战国早、中期。它的器形和青铜铸器相仿，初期的图案也袭自青铜铸器。刻纹技法最早见的是由楔形点连续成线的錾凿法，而后发展为细如发丝的连续线刻。东周青铜器刻纹所采用的刻纹工艺方法，直接被汉代铜器尤其是小件铜饰件和鎏金银器上刻制花纹所采用，开汉代铜器錾刻工艺的先河[2]。迄今所见刻纹画像纹铜器的出土地点相对比较集中，主要出自吴楚地区，其次是三晋地区，此外，还散见于湖南、山东等地。杜廼松先生认为这种工艺起源于南方吴楚地区[3]，肖梦龙先生更进一步认为吴国应是这种青铜器新工艺的发明者[4]。我们所见的吴越铜器，基本未见嵌错画像纹或铸纹画像纹，而且，其他题材的嵌错容器也基本未见。因此，也可以这样假设，因为其对绘画性的追求集中体现在刻纹铜器上，因此在其他类型铜器上，反而保留了较为传统的浮雕方式。

图3-104　铸纹[5]　　　　图3-105　嵌错红铜纹[6]　　　　图3-106　刻纹[7]

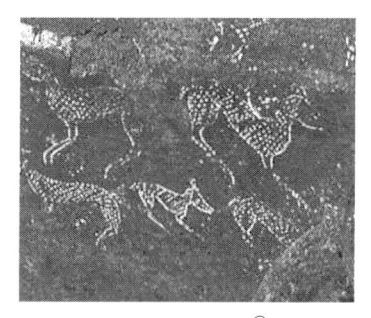

---

[1] 朱凤瀚：《中国青铜器综论》，上海古籍出版社，2009年，第803页。
[2] 张广立：《东周青铜器刻纹》，《考古与文物》1983年第1期，第88页。
[3] 杜廼松：《谈江苏地区商周青铜器的风格和特征》，《考古》1987年第2期，第173页。
[4] 肖梦龙：《吴国青铜器研究》，《吴国青铜器综合研究》，科学出版社，2004年，第17页。
[5] 狩猎纹壶，战国早期，中国青铜器全集编辑委员会：《中国青铜器全集7》，文物出版社，1998年，图138。
[6] 镶嵌狩猎纹豆壶，春秋晚期，中国青铜器全集编辑委员会：《中国青铜器全集8》，文物出版社，1995年，图37。
[7] 刻纹宴乐图杯，战国晚期，陈佩芬：《夏商周青铜器研究（东周篇）》，上海古籍出版社，2004年，第414页。

五、文字的装饰性

青铜器上已发现的铭文，始自商代前期，贯穿整个青铜时代。作为文明至关重要的载体，文化传承的工具，它最重要的功能无疑是传达文字所记载的本意；同时，它又与器物造型的各个方面组合在一起，也被赋予了一定的装饰意义。这种兼具文字与图形的双重功能，如杨晓能先生所说："商周青铜器上的有些图像，既可作为图形文字，又可作为铜器装饰，继承了史前传统。"[1]

在青铜铭文最鼎盛的时期，如西周的长篇铭文，铭文的内容显然居于最为重要的地位，而其所具有的装饰意义，已经非常淡化。但在青铜铭文出现的最初，如商代前期，仍然处于图形向文字转化的阶段，这种图形化的文字也有被作为装饰元素用于青铜器造型上。同时，进入春秋战国时代以后，长篇的青铜铭文逐渐消失，铭文的装饰作用再次被重视，文字的图形化现象再次出现，并与当时的技术变革相结合，成为青铜器装饰元素的组成部分。

（一）从图像到文字

青铜器铭文，亦称金文，按其制作方式，有铸铭与刻铭两种。有学者认为商代前期青铜器铭文即已出现[2]，但发现的数量很少。商代后期，青铜器铭文的发现逐渐增多，每篇铭文的字数也逐渐增加，四五字到数十字不等。其中有相当数量的文字，仍然有着明显的图形化特征，容庚先生称其为"图画文字"，包括摹绘实体形状的象形文字（图3-107），以及用形状的暗示而意味的象意文字[3]（图3-108）。

图3-107 象形文字[4]　　　　　　图3-108 象意文字[5]

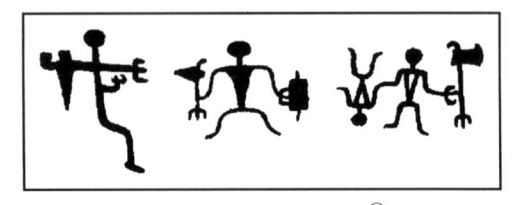

这种图形化的特征，一方面在表示人体、动物、植物、器物的字的字形上，已经逐渐脱离原始的象形特征，同时在书体上进行了美化加工，从图像向文字转化的特征

---

[1] 杨晓能：《商周青铜器纹饰和图形文字的含义及功能》，《文物》2005年第6期，第79页。
[2] 曹淑琴：《商代中期有铭铜器初探》，《考古》1988年第3期，第255页。
[3] 容庚、张维持：《殷周青铜器通论》，文物出版社，1984年，第83页。
[4] 容庚、张维持：《殷周青铜器通论》，文物出版社，1984年，第83页。
[5] 容庚、张维持：《殷周青铜器通论》，文物出版社，1984年，第83页。

很明显，有学者称之为"象形装饰文字"[①]；另一方面，在字与字的布局关系上，有的也表现出与后世书写习惯不同的图形化特征。当然，这种字形并不意味着此时的文字还处于原始阶段，而只是一种具有特殊含义的图形化手段。它在青铜器上的位置，虽有少数被置于显著的位置，如器物的肩、腹、錾等部位，但绝大多数较为隐蔽，如爵、斝的鋬阴，觚、尊的外底，鼎的内壁，盂、卣的盖、底等。这也进一步说明了使用者对它的文字记载功能的重视已经远超对其装饰功能的重视。可以说，此时的文字，对字形的美化已经更多服务于所要表达的字义，而其作为图形元素的装饰意义渐趋淡化乃至消失。从文字的发展演变来看，字体逐渐由繁复变为简单、具体变为抽象[②]，而文字图形化特征的逐渐消失也符合这一点。

（二）从文字到图像

进入春秋战国时代以后，长篇的青铜铭文逐渐消失，铭文的装饰作用再次被重视，文字的图形化趋向再次出现，并在有的地区发展为特殊的图案化字体，即所谓鸟虫书。郭沫若先生认为："凡此均为审美意识下所施之纹饰也，其效用与花纹同。中国以文字为艺术品之习尚，当自此始。"[③]容庚先生也认为，鸟虫书等异体文字的特征是文字图案化，装饰代替了书史性质[④]。就这种特征来看，这种字体的装饰意味至少已不亚于其文字的记载功能。李先登先生也指出，春秋中晚期至战国初期，"许多铭文已成为器物表面装饰的一部分。此时美术字体也兴起了，例如南方吴越徐楚地区流行的鸟虫书，即在文字笔画上附加鸟形装饰，或整体作鸟形，更增强了铭文的装饰效果"[⑤]。

具体来说，这一时期铭文的装饰功能主要有两个发展方向。

一个发展方向，是极力走向装饰化、图案化。这个方向以鸟虫书最为典型。鸟虫书的基本特征，是通过对字的笔画或整体形态加以象形变化，以强化其图案化的装饰效果（图3-109）。依其具体形态特征，可分为鸟书、虫书两种。鸟书亦称鸟篆，笔画与鸟形融为一体，或在字的周围饰以鸟形。虫书的笔画宛转盘曲，如虫类的身体，因而得名。两种书体也常用于同一篇铭文中，如春秋晚期王子午鼎铭文。这种书体流行于春秋晚期至战国早期，主要分布在江淮流域及邻近地区，包括蔡、许、徐、楚、吴、越等国，多见于兵器，少见于容器、玺印，此后，亦见于两汉铜器、印章、瓦当。许慎《说文解字》列其为"秦书六体"之一[⑥]。

[①] 丛文俊：《中国书法史·先秦·秦代卷》，江苏教育出版社，2002年，第135页。
[②] 容庚、张维持：《殷周青铜器通论》，文物出版社，1984年，第85页。
[③] 郭沫若：《青铜时代》，人民出版社，1954年，第317、318页。
[④] 容庚、张维持：《殷周青铜器通论》，文物出版社，1984年，第100页。
[⑤] 李先登：《夏商周青铜文明探研》，科学出版社，2001年，第179页。
[⑥] 蔡侯产戈铭文，容庚：《鸟书考》，《中山大学学报（哲学社会科学版）》1964年第1期，第75页。

另一个发展方向，是仍然保持文字的基本特性，变化主要在于铭文书体的自然演变，而非以图形方式过多的修饰改变。这种铜器铭文的装饰性，主要体现在它所使用的位置极易引人注意，如器物的口沿、颈部、肩部等（图3-110）。如郭宝钧先生所言："凡这些铭文一般都在器壁外，为人目能见，人手能接触到的地方。"[1]

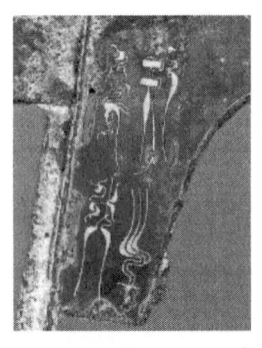

图3-109　错金鸟虫书[2]　　　　　图3-110　黄夫人鬲铭文[3]

上述这两种书体的发展方向，无论是已经极力图案化的鸟虫书，还是保持文字朴素本色的传统形式，都普遍使用了错金银工艺。而且，这一时期的素面器物逐渐增加，错金银的文字与朴实无华的器壁形成色彩鲜明的反差效果。从文字的整体布局来看，往往形如纹饰带，弥补了纹饰消失的缺憾，具有较强的装饰作用。

第二节　装饰构图

"从工艺美术的观点来看，纹饰和器形是不能分离的，因为纹饰结构的处理使之与器物有良好的适应性，正是青铜艺术的一个优点。"[4]事实上，我们可以把整个器表视为一个完整的装饰画面，而布局在其中的具体纹饰则是构成画面的元素或者说图形单元。那么，这些图形单元如何组织以构成整体画面？不同的时代有不同的方式。因此，对于器表纹饰布局的考察，不但能够发现艺术风格的变化，对于青铜器的断代也有一定的参考价值。

青铜器器表纹饰布局的构图变化，可以从两个方面来考察：一是装饰纹样的组织方式，二是装饰画面的分割或曰界格方式。

---

[1] 郭宝钧：《商周铜器群综合研究》，文物出版社，1981年，第160页。
[2] 王子欣戈，春秋晚期，中国青铜器全集编辑委员会：《中国青铜器全集11》，文物出版社，1997年，图76。
[3] 黄夫人鬲，《中国青铜器全集7》，文物出版社，1998年，图80。
[4] 马承源：《商周青铜器纹饰综述》，《中国青铜器研究》，上海古籍出版社，2002年，第356页。

一、装饰纹样的组织方式

对商周时期青铜器装饰纹样的组织方式，我们可以简单地归纳一下。从单体纹饰来看，其演变规律基本是：轴对称图形—中心对称图形；从纹饰单元的连续组织来看，其演变规律基本是：二方连续图案—四方连续图案—近似形的四方连续图案。

（一）单体纹饰的图案组织方式

商周时期青铜器装饰纹样的组织方式，从单体纹饰的图案组织方式来看，可分为三种：轴对称图形、中心对称图形、适合纹样。

1. 轴对称图形

轴对称图形出现最早，应用也最为广泛，是商周时期青铜器纹饰最主要的单体图案组织形式。

轴对称图形的基本特征，是图形以中轴为界左右对称。轴对称图形有平衡、稳重、安定的感觉，这种对称方式，不仅在纹饰构形上普遍使用，同时也在大多数的青铜器造型上采用。

盛行于商代及西周早期的兽面纹，其一鼻二目左右对称的基本构形，就是典型的轴对称图形（图3-111）。特别是有身躯及尾部、构形较为复杂的兽面纹，以及一首双身的龙纹（图3-112）、虎纹，都是以轴对称的方式完成构形的。这种特殊的表现方式被称为整体展开法[1]，亦称为"拆半表现技法"，其目的是要全面表现走兽和爬虫的形象，既要表现物体的正面形象，同时也要表现物体的侧面形象，因此除了绘成正视的兽面外，还需以侧视的角度来展示兽类的躯体，并以对称的方法展开。

图3-111 轴对称图形[2]

---

[1] 马承源：《商周青铜器纹饰综述》，《中国青铜器研究》，上海古籍出版社，2002年，第358页。

[2] 古父己卣，殷墟晚期，上海博物馆青铜器研究组：《商周青铜器纹饰》，文物出版社，1984年，第75页。

图3-112　采用整体展开法的一首双身龙纹[1]

商周青铜器图案纹样多采用对称的格式，一方面是由于特定形式可以更好地表达内容的要求，在图案格式上，均衡的格式往往产生活泼感，而对称的格式则产生庄严感，兽面的正面对称表现，可以更强烈地衬托出青铜祭器肃穆威严的气氛；另一方面也与器物的制作和成型有关，青铜器用模块制作花纹，运用左右对称的办法，更能做到工整和准确[2]。

西周晚期之后，用作主纹的轴对称图形的使用逐渐减少，但始终没有消失。

2. 中心对称图形

中心对称图形（图3-113）出现较晚，在东周时期使用也比较广泛。中心对称图形的基本特征，是图形绕中心点旋转180°后，可以与原来的图形重合。这种图形与轴对称图形相比，更倾向运动中的平衡感觉。

图3-113　中心对称的双头龙纹[3]

3. 适合纹样

适合纹样的基本特征，是对图案的外形具有明确的限制。图案素材经过加工变化，组织在一定的轮廓线以内，其内部结构与外形巧妙结合，在严谨中又有着灵活多变的表现形式。这类纹样主要在一些特殊的装饰面上应用，如器物的盖、纽、鋬、足、内底等。

---

[1] 或父癸方鼎，西周早期，陈佩芬：《夏商周青铜器研究（西周篇）》，上海古籍出版社，2004年，第23页。

[2] 田自秉：《中国工艺美术史》，东方出版中心，1985年，第54页。

[3] 卷龙纹钟，春秋中期，上海博物馆青铜器研究组：《商周青铜器纹饰》，文物出版社，1984年，第138页。

适合纹样依其形态及装饰部位，可分为形体适合（图3-114、图3-115）、角隅适合（图3-116、图3-117）、边缘适合（图3-118、图3-119）三种形式。形体适合纹样和角隅适合纹样，基本符合单体纹样的特征。边缘适合纹样，因其形态与装饰部位所限，基本表现为由多个单体纹样组合而成的二方连续图案。

图3-114　器盖上的形体适合纹样[①] 　　　图3-115　扁足上的形体适合纹样[②]

图3-116　方座簋的角隅适合纹样[③] 　　　图3-117　方座簋的角隅适合纹样[④]

图3-118　簋颈部与圈足的边缘适合纹样[⑤] 　　图3-119　簋颈部与圈足的边缘适合纹样[⑥]

---

① 几父壶盖顶，西周晚期，曹玮：《周原出土青铜器1》，巴蜀书社，2005年，第86页。
② 兽面纹虎足鼎，西周早期，中国青铜器全集编辑委员会：《中国青铜器全集4》，文物出版社，1998年，图18。
③ 环带纹方座簋，西周中期，曹玮：《周原出土青铜器5》，巴蜀书社，2005年，第1039页。
④ 环带纹方座簋，西周中期，曹玮：《周原出土青铜器5》，巴蜀书社，2005年，第1039页。
⑤ 蒙簋，西周中期，陈佩芬：《夏商周青铜器研究（西周篇）》，上海古籍出版社，2004年，第320页。
⑥ 蒙簋，西周中期，陈佩芬：《夏商周青铜器研究（西周篇）》，上海古籍出版社，2004年，第321页。

（二）多个纹饰单元连续组织的方式

商周时期青铜器装饰纹样的组织方式，从多个纹饰单元连续组织的方式来看，可分为二方连续图案和四方连续图案两种。

1. 二方连续图案

二方连续图案，是由一个纹样或几个纹样组成一个单位，向上下或左右两个方向反复连续而形成的横式或纵式的带状图案。这种图案具有很强的节奏感和韵律感，亦称花边纹样。

青铜器上的二方连续图案，多为带状环绕于器体的口、腹、足部（图3-120）。这种纹饰结构在夏代晚期已有出现，其应用时间贯穿于整个夏商周时期，是应用时间最长、应用范围最广的一种图案组织方式。

图3-120　二方连续图案[①]

2. 四方连续图案

四方连续图案，是由一个纹样或几个纹样组成一个单位，向四周重复连续和延伸扩展而成的图案形式，具有节奏均匀、韵律统一、整体感强的特点。四方连续的常见排法有菱形连续、梯形连续和方形连续等。

青铜器上的四方连续图案出现时间稍晚，商代晚期到西周早期流行的百乳雷纹是比较早的四方连续图案，此后西周中晚期较为流行的垂鳞纹也属于四方连续图案，但四方连续图案大量出现的时间是在进入春秋时期以后，此时盛行的由交龙纹演化而来的蟠螭纹、蟠虺纹（图3-121）、羽翅纹等基本都属于典型的四方连续图案。

[①]　鲁伯愈父盘，春秋早期，上海博物馆青铜器研究组：《商周青铜器纹饰》，文物出版社，1984年，第283页。

图3-121　蟠虺纹[①]

二、装饰画面的界格方式

（一）四种主要的界格方式

青铜器纹饰的界格方式，实质是对器物装饰面的画面进行分割，也可以说是对器表纹饰布局进行设计。依据器物装饰面的分割方式，我们可将青铜容器器表装饰画面的界格方式分为带状构图、格状构图、散点构图、无网格的连续构图四种。

1. 带状构图

带状构图的纹饰带多为二方连续图案。依据其纹饰带的多少和主次关系，可分为单层带状纹饰、主次分明的多层带状纹饰、均衡分布的多层带状纹饰三种。

（1）单层带状纹饰

单层带状纹饰（图3-122），即青铜器器表仅有一条主要纹饰带，其余装饰面基本为素面。这种构图方式最早见于二里头文化时期，如河南郑州白家庄出土的乳钉纹斝（图3-123），颈下饰乳钉和弦纹组成的简单纹饰带，已经具备带状构图的基本模式。在整个三代青铜器的发展历程当中，较为朴素、装饰较少的青铜器，大都采取这种构图方式。这种方式，从技术上来讲，比较简单易于实施，从审美上来看，自有其稚拙朴素的美感。因此，即使此后繁华富丽的装饰构图不断涌现，但当整个时代盛行素朴之风的时候，这种单纯的形式仍然一度流行。

---

① 交龙纹鼎腹部，春秋晚期，陈佩芬：《夏商周青铜器研究（东周篇）》，上海古籍出版社，2004年，第123页。

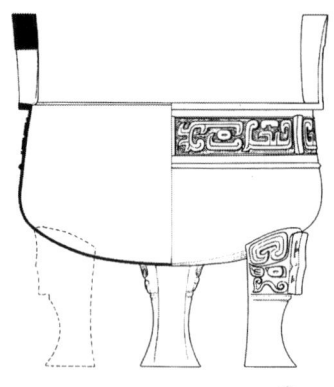

图3-122　单层带状纹饰① 　　　　　　图3-123　郑州白家庄乳钉纹斝②

（2）主次分明的多层带状纹饰

采用这类构图方式的青铜器，器表装饰很多，甚至满饰纹饰，但主次分明，在器表面积最大、最易于引起视觉关注部位的装饰面上，有非常明确的主纹饰带，其余基本为与主纹饰带平行排列的次纹饰带。次纹饰带基本为二方连续图案。主纹饰带以青铜器的一个面来看，属于较大型的单体纹饰，而各面连接起来，也基本属于二方连续的构图模式。这种构图方式最早见于商代早期，如河南偃师塔庄出土的兽面纹尊（图3-124），其构图方式处于由单层带状纹饰向多层带状纹饰转化的阶段。典型的主次分明的多层带状纹饰器物，大量出现在商代晚期至西周早期（图3-125）。

图3-124　偃师塔庄兽面纹尊③ 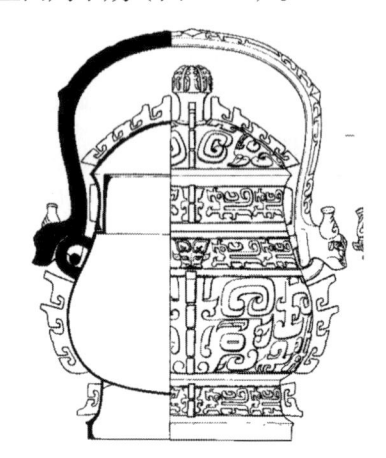　　　　　　图3-125　主次分明的多层带状纹饰④

---

① 散伯车父鼎，西周晚期，曹玮：《周原出土青铜器》，巴蜀书社，2005年，第159页。
② 乳钉纹斝，夏晚期，中国青铜器全集编辑委员会：《中国青铜器全集1》，文物出版社，1996年，图15。
③ 兽面纹尊，商早期，中国青铜器全集编辑委员会：《中国青铜器全集1》，文物出版社，1996年，图105。
④ 商卣，西周早期，曹玮：《周原出土青铜器》，巴蜀书社，2005年，第531页。

（3）均衡分布的多层带状纹饰

采用这类构图方式的青铜器，器表有多条平行分布的纹饰带，各纹饰带主次区分不明显，宽度渐趋相等，分布较为均衡，装饰带内填充的纹饰形态也基本相同（图3-126）。此外，这一时期由大型的单体轴对称纹饰构成的主纹已逐渐减少，作为主纹的是有更多重复单元因此体量也较小的二方连续图形。两种因素共同作用之下，腹部纹饰所占的画面比例以及所能吸引的注意力逐渐下降。这种构图方式最早出现在西周中期，如陕西扶风齐家村出土的几父壶（图3-127）。其盛行时期在春秋战国交替之时。

图3-126　均衡分布的多层带状纹饰[①]　　图3-127　几父壶[②]

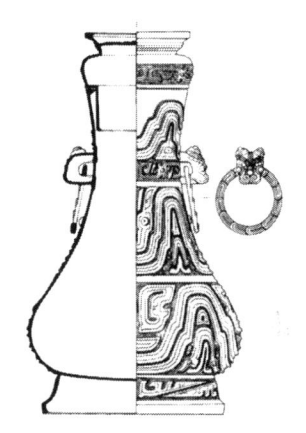

2. 格状构图

格状构图，可分为十字格式构图、方格或长方格的四方连续构图、菱格的四方连续构图三种。

（1）十字格式构图

采用这类构图方式的青铜器，器表主要装饰面以十字形络带划分为格状，络带为素面窄带状或绚索状，方格内素面为多，也有的填以纹饰（图3-128）。有学者称其为田字格式宽带纹[③]。这种构图方式最早出现在西周早期，如1931年河南浚县辛村卫侯墓地出土的洀伯返壶（图3-129）。其较为流行的时间在西周中晚期，迟至战国早期仍有所见。

[①] 山彪镇墓1铜壶，郭宝钧：《山彪镇与琉璃阁》，科学出版社，1959年，图版43。
[②] 几父壶，西周晚期，曹玮：《周原出土青铜器1》，巴蜀书社，2005年，第85页。
[③] 岳连建：《商末与周初青铜器的比较研究》，《宝鸡文理学院学报（社会科学版）》2017年第5期，第14页。

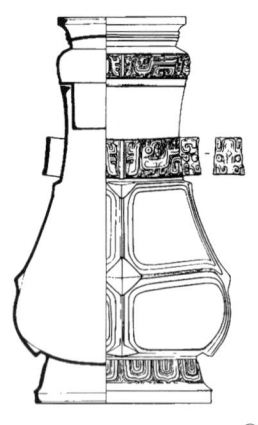

图3-128　十字格式构图①　　　　　图3-129　湝伯返壶②

（2）方格或长方格的四方连续构图

采用这类构图方式的青铜器，器表主要装饰面划分为多个形状基本一致的方格或长方格，纹饰界格多为绚索状，或为无明显凸起的界格，格内填以纹饰。这种构图方式最早出现在春秋早期，如河南信阳平西出土的番叔壶（图3-130）。其较为盛行的时间在春秋晚期到战国早期，至迟到战国中晚期仍有所见（图3-131）。

图3-130　番叔壶③　　　　　图3-131　方格或长方格的四方连续构图④

---

① 鸟纹贯耳方壶，西周中期，曹玮：《周原出土青铜器》，巴蜀书社，2005年，第58页。

② 湝伯返壶，西周早期，中国青铜器全集编辑委员会：《中国青铜器全集6》，文物出版社，1997年，图31。

③ 番叔壶，春秋早期，中国青铜器全集编辑委员会：《中国青铜器全集7》，文物出版社，1998年，图118。

④ 镶嵌羽翅纹扁壶，战国晚期，陈佩芬：《夏商周青铜器研究（东周篇）》，上海古籍出版社，2004年，第422页。

（3）菱格的四方连续构图

采用这类构图方式的青铜器，器表主要装饰面划分为基本一致的菱格状，格内填以纹饰。商代晚期到西周早期较为流行的百乳雷纹（图3-132），是其较早的形式。春秋晚期，在方格构图逐渐增多的情况下，更为细密的菱格划分方式也有出现，如山西太原金胜村出土的镶嵌几何纹高柄方壶（图3-133）。

图3-132　菱格构图的百乳雷纹[①]　　　图3-133　菱格的四方连续构图[②]

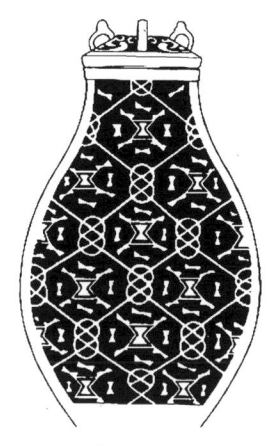

3. 散点构图

采用这类构图方式的青铜器，器表纹饰没有明确的界格划分，主纹饰为素底上的不连续点状排列（图3-134）。这种构图方式最早出现在春秋晚期，至战国晚期仍有所见。早期的人物画像纹多为这种构图方式。

4. 无网格的连续构图

采用这类构图方式的青铜器，器表纹饰没有明确的界格划分，器表各个装饰面也没有明确的主次之分，器表纹饰颇具连绵不绝、飞扬流动之美（图3-135）。这种构图方式最早出现在战国早期，至战国晚期仍有所见。

（二）三角纹的界格作用

除了以上几种界格方式外，三角纹的界格作用也很值得关注。和绚络纹相似，三角纹虽然也被作为一种纹饰单独分类，但它实际起到的作用更近于纹饰之间的界格（图3-136、图3-137）。除了少数单纯的没有夹杂其他纹饰的三角纹，大量的三角纹都

[①] 告宁鼎，商代晚期，中国青铜器全集编辑委员会：《中国青铜器全集2》，文物出版社，1997年，图26。

[②] 镶嵌几何纹高柄方壶，春秋晚期，中国青铜器全集编辑委员会：《中国青铜器全集8》，文物出版社，1995年。

图3-134　散点构图[1]　　　　　　　图3-135　无网格的连续构图[2]

图3-136　三角纹的构图作用：垂叶纹[3]　　　图3-137　三角纹的构图作用：交错三角纹[4]

在三角内填以各种纹饰，而通常对三角纹的命名也更多地由三角内所填的纹饰决定，可以说，真正决定三角纹含义的是填在三角形框架内的纹饰。而且，无论其具体形态如何，基本都是以纹饰带的方式布局在器物上，因此我们也可以把它归入带状构图的类型。

从商代中期到战国中晚期，三角纹的总体发展趋势是形制变得更为规整，原本略

---

[1] 镶嵌狩猎纹豆，春秋晚期，中国青铜器全集编辑委员会：《中国青铜器全集8》，文物出版社，1995年，图37。

[2] 错银鸟纹壶，战国中期，中国青铜器全集编辑委员会：《中国青铜器全集10》，文物出版社，1998年，图38。

[3] 兽面纹鼎，商代晚期，陈佩芬：《夏商周青铜器研究（夏商篇）》，上海古籍出版社，2004年，第106页。

[4] 侯母壶，西周晚期，中国青铜器全集编辑委员会：《中国青铜器全集6》，文物出版社，1997年，图69。

呈弧度的两边逐渐被平直端正的直线所取代，几何形的特征日益分明。特别是在战国时期盛行的青铜敦上，三角纹与带状界格相结合，构成了完全几何化的画面构图。

从带状构图到格状构图，包括具有一定构图作用的三角纹，其所达成的造型效果是将整个器表的纹饰置于严密组织的骨架结构当中。不过，从春秋晚期开始，这种严密组织的框架结构开始出现松动的迹象，更加自由和轻松的图案布局方式开始出现，而且南北略有差别。中原地区以接近四方连续的散点构图为主，小块的图案单元基本均衡地散布在器表的主要装饰面上，而且以花朵图案、单体动物纹和人物画像纹为主要题材。南方的楚地，或许是受到交龙纹卷曲缠绕的构图方式的启发，进一步发展出更加自由多变具有飞扬流动之美的构图方式，我们称之为无网格的连续构图，而这种构图方式在汉代漆器纹饰上有着更加华美流畅的表现。

三、青铜器纹饰的"适合性"与"方向性"

（一）青铜器纹饰的"适合性"

青铜器纹饰的"适合性"，主要是指在设计其使用部位时，要从器物的造型特点来考虑，使纹饰与造型相协调，从而提升其审美意味。如立三角纹，一般多用于侈口形器物的口部，如觚、尊、爵、斝、觯等，形成放射状扩张的感觉（图3-138）。倒三角纹，一般用于圆鼎的下腹部或柱足上，有下垂、收束之意（图3-139）。器物的刀足，则饰以三角形外轮廓的鸟形、夔龙等（图3-140）。有提梁的器物，则采用长条状的纹饰如绹纹、龙纹等为提梁造型。

（二）青铜器纹饰的"方向性"

青铜器纹饰的"方向性"，是指"青铜器上二、三或四组主体纹饰中，有一组或二组纹饰是正面纹饰，其余则为侧面纹饰。正面纹饰所在一面应是器物在当时商人极为重视的祭祀活动中向前放置的方向"[1]。青铜器纹饰的方向性，主要是针对观者而言青铜器在摆放时应注意的最佳角度。这又与青铜器的具体形制有所关联。商代早期，青铜鼎等三足器的耳、足均为四点配列式，一耳与一足在同一点位，使得其余一耳和两足的位置难以均衡安排，因此影响了器物放置时的整体效果。商代中晚期，这一缺陷得到改善，凡口沿有双耳、下有三足的器物，耳足关系均为五点配列式[2]，两耳位于三足所构成的等边三角形的两腰位置，两耳、三足的五点构成了均衡稳定的布局[3]。

---

[1] 岳洪彬：《殷墟青铜器纹饰的方向性研究》，《考古》2002年第4期，第69页。
[2] 郭宝钧：《商周铜器群综合研究》，文物出版社，1981年，第5~7页。
[3] 倪玉湛：《夏商周青铜器艺术的发展源流》，苏州大学博士学位论文，2011年，第112、113页。

图3-138　立三角纹① 　　　　图3-139　倒三角纹② 　　　　图3-140　虎纹刀足③

第三节　器表装饰手法

青铜器的造型与色彩，在很大程度上也受到装饰手法的影响。不同的装饰手法产生不同的造型，形成不同的色彩效果和装饰效果。青铜器器表装饰的手法，最主要的就是以各种雕塑的手法来塑造器表的纹饰造型。除此之外，还有镶嵌、鎏镀、包金、彩绘等方式，所用装饰材料有各种矿石、金、银、铜、锡、铬、漆等。这些装饰工艺和装饰材料又往往与雕塑手法相结合，不断突破传统的青铜器装饰格局和装饰风格，创造出更为自由、多样、富丽、活泼的多种形式，呈现出丰富多彩的视觉效果。

一、主要的器表塑形方式：雕塑

雕塑是以雕、刻、塑以及堆、焊、敲击、编织等手段制作三维空间形象的美术，它的基本形式包括圆雕、浮雕和透雕，这些形式在青铜器的装饰艺术中都有广泛运用。但是，此时的青铜器首先要满足其政治与实用的功能，因此，雕塑手法的艺术规律必须与青铜器的功能需求相结合，从而在造型方面，引导青铜器雕塑产生了多样化的布局形式。

雕塑艺术在青铜器装饰上的应用，基本贯穿了中国青铜时代的始终。同样，它的发展变化，也深受同时期审美趣味变化的影响。两周时期青铜艺术变革的脉络，可以

---

① 黄觚，商代晚期，中国青铜器全集编辑委员会：《中国青铜器全集2》，文物出版社，1997年，图125。

② 蝉纹鼎，商代晚期，中国青铜器全集编辑委员会：《中国青铜器全集2》，文物出版社，1997年，图17。

③ 兽面纹虎足鼎，西周早期，中国青铜器全集编辑委员会：《中国青铜器全集4》，文物出版社，1998年，图18。

从两个方面进行探讨：一是圆雕在器物造型设计包括附件装饰上的应用；二是浮雕在器表装饰上的应用。

（一）圆雕在器物造型设计上的应用

圆雕，指非压缩性的，可以多方位、多角度欣赏的三维立体雕塑。它是一种完全或比较完全的立体造型形态，是雕塑艺术的主要表现形式之一。以圆雕形式来表现雕塑内容在商周青铜器中占有相当大的比例[1]。

依其具体的表现对象，可以分为整器圆雕和附件圆雕两种。

1. 整器圆雕

整器圆雕，即独立的圆雕青铜器，多以仿生的动物形态来塑造整体器形，典型器类如各种鸟兽尊、卣，其形象多取材于自然界中广泛存在的动物形象，如虎、象、牛、驹、羊、兔、鸟、鱼等，有的造型会在仿生的基础上加以一定的夸张与变形，创造出超现实的神异动物形象。

在造型设计方面，整器圆雕青铜器有一个共同的特征，即追求造型的稳定性，无论是兽形还是鸟形都以静立的形态为主。兽形雕塑四肢对称直立，少见行走、跳跃或其他的动态。鸟形雕塑一般将尾羽下垂，与两爪自然形成三点一面。这种追求稳定性的设计，一方面保证了器物的实用性，另一方面也可能是为了降低铸造的难度[2]。

总体来看，商代的整器圆雕青铜器，其造型往往融合了多种现实中存在的动物形象的特征，呈现出奇幻诡谲的造型风格（图3-141）。西周时期，仿生器类的神异色彩逐渐淡化，写实倾向增强，造型准确、朴素无华的仿生造型出现较多（图3-142）。春秋战国时期，圆雕器类总体数量减少，但造型更加贴近生活，写实的造型、灵动的气质与华丽的装饰风格融为一体，使这一时期的仿生器类别具特色，引人流连（图3-143）。

图3-141　妇好鸮尊[3]

---

[1] 张耀：《商周青铜器与青铜器雕塑艺术》，中国书籍出版社，2013年，第75页。
[2] 张耀：《商周青铜器与青铜器雕塑艺术》，中国书籍出版社，2013年，第78页。
[3] 妇好鸮尊，商代晚期，中国青铜器全集编辑委员会：《中国青铜器全集3》，文物出版社，1997年，图113。

图3-142　鱼形尊①　　　　　　图3-143　镶金银错牺尊②

2. 附件圆雕

附件圆雕，亦可称为局部圆雕，主要是将青铜器的盖纽或捉手、耳、足、錾等附件用鸟兽的造型加以表现，在保证附件实用性的基础上，又起到了强调器物整体造型、增强附件装饰性的效果（图3-144）。附件圆雕的题材主要以鸟兽形为主，包括凤鸟、小鸟、雁、虎、龙、牛、怪兽等，特别是各种兽首、鸟形与龙蛇形，使用非常广泛。人物形象的附件，从商周铜器的整体数量来看，出现极少，而且多来自具有强烈区域文化特征的青铜器。

商周青铜器附件还运用了大量的半圆雕手法。半圆雕与圆雕的关联在于，它仍属于一种圆雕的表现技法，因为它没有进行形体体积的压缩，而是以比较立体的形式来造型。半圆雕与圆雕的差别在于，它的背部往往与青铜器的主体部分融合，而其造型的正面和左右两面则用圆雕手法表现。总体来看，半圆雕的表现形态主次分明，结构稳固，铸造难度也相对较低。如商代四羊方尊，即是运用半圆雕手法塑造青铜器造型的典型器物（图3-145）。这种半圆雕形式的象生器物，共同特点是动物头部完全圆雕，胸腹为器腹，或只将胸腹四肢前半部圆雕，尾部则与器物造型融合③。

从青铜器雕塑性装饰的比重来看，整器圆雕的比例较小，局部圆雕或半圆雕的形式是最主要的存在。也可以说，在浮雕装饰占据青铜器器物主要装饰面的情况下，圆雕或半圆雕在大多数青铜容器的附属部件上找到了发展的空间。以往的研究在提及青铜器圆雕的时候，往往以整器圆雕即独立的圆雕作品作为主要研究对象，对局部圆雕或半圆雕的青铜器附件比较忽视。事实上，这种以圆雕或半圆雕附件作为器物局部装饰的手法，产生于史前新石器时代，此后长期和独立的圆雕并存，相互影响，历经夏商周的不断发展，至战国时期达于高峰④。

---

① 鱼形尊，西周晚期，中国青铜器全集编辑委员会：《中国青铜器全集6》，文物出版社，1997年，图152。

② 镶金错银牺尊，战国中期，中国青铜器全集编辑委员会：《中国青铜器全集9》，文物出版社，1997年，图171。

③ 张耀：《商周青铜器与青铜器雕塑艺术》，中国书籍出版社，2013年，第79、80页。

④ 巫鸿：《谈几件中山国器物的造型与装饰》，《文物》1979年第5期，第49页。

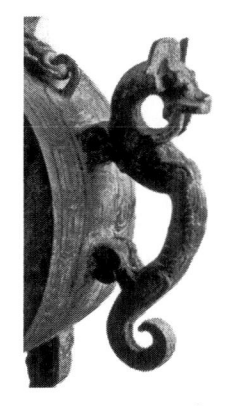

图3-144　附件圆雕①　　　　图3-145　附件半圆雕②

从青铜器附件装饰的演变来看，附件圆雕或半圆雕造型风格的变化与分铸法、焊接法等铸造技术的发展密切相关。器盖、器纽、提梁、器嘴、把手、器耳、器足等，都可以成为应用圆雕或半圆雕造型装饰的空间。这些雕塑形象，既有抽象神秘的神异动物形象，也有生动写实的真实动物造型，此外，人物的形象也成为装饰的元素之一，丰富多彩的装饰题材，共同塑造了一个奇异瑰丽的想象空间。

（二）浮雕在器表装饰上的应用

浮雕可以说是雕塑与绘画结合的产物，它不像圆雕那样忠实于表现自然的体积结构关系，而是用压缩的办法来处理对象，靠透视等因素来表现三维空间，并只供一面或两面观看。其具体做法，是以平板为底，在底板的平面上雕塑出凸起的体积，这种体积是在平面的基础之上，经过对自然体积的压缩艺术处理，从而形成高低起伏的压扁体积效果，并通过一定的光线照射产生光影，由变幻的光影造成立体的假象错觉。它一般是附属在另一平面上的，因此在建筑上使用更多，用具器物上也经常可以看到。青铜器上的浮雕，根据物体体积压缩至的厚度不同，可以分为高浮雕、浅浮雕、薄肉雕和平面雕四种③。此外，线刻、透雕也可以归入浮雕的范畴。

1. 高浮雕、浅浮雕、薄肉雕和平面雕

高浮雕（图3-146）是指从底板到浮雕面的起物线厚度比较大，体积压缩较小而接近圆雕的浮雕。它的特点是雕塑面凸起很高，体积结构面高点具有接近自然物体的较

---

① 它盉，西周晚期，曹玮：《周原出土青铜器2》，巴蜀书社，2005年，第259页。
② 四羊方尊，商代晚期，中国青铜器全集编辑委员会：《中国青铜器全集4》，文物出版社，1998年，图115。
③ 张耀：《商周青铜器与青铜器雕塑艺术》，中国书籍出版社，2013年，第80页。

明显的参差错落，有时为了强化体积的效果，起物线还可以内收，近似依附在底板前的半圆雕，适合表现体积饱满、气势雄壮的形体。商周青铜器很少采用高浮雕塑造主体形态，多用于附件装饰，如盖上的纽饰、肩部的牺首等[1]。

  浅浮雕（图3-147）是浮雕艺术的主体组成部分，最具浮雕艺术特征。它利用大力压缩物体厚度的方法，把饱满的体积、复杂的结构通过艺术化处理在底板上压缩到很低的程度，起物线很低，具有平稳缓和、明暗丰富和戏剧化的艺术美感。浅浮雕的形体较薄，压缩比例大，多用于青铜器表面的主体纹饰。商周青铜器浅浮雕的运用有很多共同的特点：①浮雕压缩处理省略细节，保持整体，主要形体重点突出，次要的浮雕多以二方连续的形式雕饰于器物的肩部、足底部，这种艺术处理主次呼应，节奏分明，既达到了装饰华丽的效果，也使浮雕画面繁而不乱；②浮雕压缩过程中采取了装饰处理的手法，这种手法与同时期的其他造物装饰形式如石雕、玉雕等风格一致，具有更鲜明的装饰效果；③浅浮雕和线刻相结合，浮雕可以完美地表现复杂的体积，而线刻则通过对纹饰细节进行深入刻画来丰富浮雕的表现力，进一步强调了整体体积的美感；④浅浮雕因装饰器物而作，其形态必然受到器物形态的限制，因此大部分浅浮雕都随器形而起伏，绘画感很强[2]。浅浮雕在商周青铜器上应用极为广泛，年代跨度大，应用器类广，尤以商代及西周青铜器的主体纹饰为多。

图3-146　高浮雕[3]　　　　　　　图3-147　浅浮雕[4]

  薄肉雕（图3-148）塑造难度很大，它比浅浮雕更薄，体积结构压缩更强烈，起物线基本消失，只是在平底板上隐现出极薄的体积结构起伏，形式富于装饰绘画性，体积变化微妙而肉感很强，表现出的形体轻薄柔软，纤弱轻盈，其厚度甚至只能从侧面才能看到高出底面的体积，虽然只是很小的体积凸起，但已经使平面的雕饰层次光影变化效果显著，具有一种朦胧细腻的美[5]。薄肉雕因其特征，与较浅的浅浮雕的界限很难区分，商代晚期用作主纹的蝉纹较多采用了薄肉雕的形式。

---

[1]　张耀：《商周青铜器与青铜器雕塑艺术》，中国书籍出版社，2013年，第81页。
[2]　张耀：《商周青铜器与青铜器雕塑艺术》，中国书籍出版社，2013年，第82、83页。
[3]　大禾方鼎，商代晚期，中国青铜器全集编辑委员会：《中国青铜器全集4》，文物出版社，1998年，图24。
[4]　兽面纹鼎，西周早期，曹玮：《周原出土青铜器6》，巴蜀书社，2005年，第1155页。
[5]　张耀：《商周青铜器与青铜器雕塑艺术》，中国书籍出版社，2013年，第86、87页。

第三章 两周青铜容器器表装饰 ·111·

图3-148 薄肉雕[①]

平面雕（图3-149）是在整体打平的平面或再加一层的平面上先刻画出物象的轮廓，再用工具剔去一层多余的薄地，保留下来的形象表面平整，虽不是按照原物的体积进行厚度的压缩，但其简练概括，形成了有规律的阴影线块，明暗效果突出，形象棱角分明，力度感很强，又不损害整体造型，可看作是各种浮雕的简约形式[②]。薄肉雕和平面雕的压缩比极大，几乎近似平面绘画。商代多用于地纹或主纹上叠加的纹饰等辅助纹饰，如商代晚期的三层花式结构，多以平面雕的云雷纹作为地纹使用。春秋战国时期，随着模印法的发展，平面雕也越来越多地应用于主体纹饰的塑造，并发展出极为细密的形态。

图3-149 平面雕[③]

浮雕的手法在二里头时期就已经开始运用。而且，在此后的青铜器装饰中，浮雕手法占据了绝对优势地位。以浮雕的四种类型而言，商代中期直至西周中期之前，典型的青铜容器上的雕塑，是以浅浮雕和高浮雕为主体，兼以薄肉雕与平面雕为地纹。而且，即使是凹凸较不明显的薄肉雕和平面雕，其刻镂的线条也十分鲜明粗犷，配合这一时期以想象动物纹特别是兽面纹构成的、占有器身绝大部分装饰面的主纹，产生了强烈的视觉效果。其明确而厚重的体量感，成为此时青铜器装饰风格的重要特征。

自西周中期开始，青铜器装饰开始倾向朴素和低调。浮雕化的纹饰仍然盛行。但一方面，纹饰在器身所占的面积比例有所下降；另一方面，浮雕的厚度或者说它的

① 射女鼎，商代晚期，陈佩芬：《夏商周青铜器研究（夏商篇）》，上海古籍出版社，2004年，第104页。
② 张耀：《商周青铜器与青铜器雕塑艺术》，中国书籍出版社，2013年，第87页。
③ 鸟纹贯耳方壶，西周中期，曹玮：《周原出土青铜器1》，巴蜀书社，2005年，第60页。

层次变化和凹凸感有所下降。简而言之，出现了一种平面化的趋势。上文所述的平面雕，从地纹逐渐扩展至主纹的位置，也反映了这种倾向。作为浮雕的一种简约形式，平面雕省略了对于物象体积的表现，因此减弱了纹饰的层次感，这或许是西周中晚期器物装饰给人印象比较单调的原因之一。青铜器浮雕的这种变化趋势，在西周中、晚期尚不明显，进入春秋以后，随着蟠螭纹和蟠虺纹的广泛流行，终于发展为极端的细密化与平面化，乃至于肉眼难以分辨纹饰的细部，使这种浮雕装饰失去了雕塑的本来含义，而更多地呈现为器表的一种肌理质感。

2. 线刻

线刻（图3-150），是以利器在铜器壁上錾凿或刻划而成的纹饰。线刻装饰常见于铜、盘、匜、奁等日常生活用具上，大多施于器物的内壁，亦有施于外壁上的。

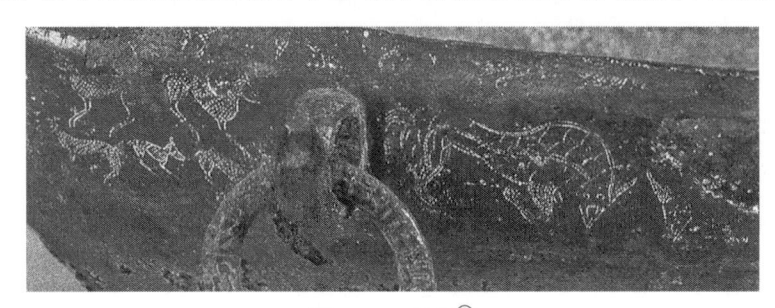

图3-150　线刻[①]

线刻工艺萌芽于春秋晚期，成熟并流行于战国早、中期。迄今所见刻纹画像纹铜器的出土地点相对比较集中，主要出自吴楚地区，其次是三晋地区，此外，还散见于湖南、山东等地。

线刻工艺的出现与铜器的锻造成型有关，朱凤瀚先生因这种青铜器制器方式一般为槌打而非铸作，亦称之为槌制铜器[②]，但铸造成型的器物也有使用这种装饰方式的。这种槌制铜器的质料，包括红铜与青铜两类，其器型和青铜铸器相仿，但器壁极薄。

线刻工艺的发展，也与冶铁业的兴起分不开。因其所用的刻划工具，必须要有足够的硬度和锐利度，有学者认为，可能是双刃斜口的钢铁刀具[③]。这是在铁器出现后才有可能实现的。

线刻均为阴线，大多施于器物的内壁，也有刻在器物外壁或内、外壁均有的。线刻有两种不同的形式：一种是錾凿而成，由点连续成线，点呈头粗尾细的楔形，粗

[①] 刻纹宴乐图杯，战国晚期，陈佩芬：《夏商周青铜器研究（东周篇）》，上海古籍出版社，2004年，第414页。

[②] 朱凤瀚：《中国青铜器综论》，上海古籍出版社，2009年，第803页。

[③] 张广立：《东周青铜器刻纹》，《考古与文物》1983年第1期，第88页。

端入铜较深，尾端细浅，着力不均匀，这种形式流行的时间是春秋晚期和春秋战国之交；另一种为刻划而成，线条一般纤细流畅，细看则可见分段刻划的痕迹，这种形式流行的时间是战国早、中期。线刻的题材主要有两类：一类是模仿传统的青铜器装饰图案（图3-151），如蟠螭纹、三角纹、绹纹等，但这类线刻在刻纹铜器中所占比例极小，而且多采用錾凿刻纹技法，属于线刻工艺发展的初期阶段，可以说是用新的表现方式表现旧有题材的尝试。另一类即所谓的人物画像纹（图3-152），以较为写实的手法反映当时贵族宴乐、攻战、射猎、采桑等生活场面和自然风景，这类线刻线条纤细流畅，技法纯熟，已经处于线刻工艺发展的成熟阶段[1]。

线刻工艺所固有的缺点，是利刃刻成的线条过于细致飘逸，只有近距离仔细观察才可辨认图形，这既不利于它的纹饰内涵的传达，也难以达成较好的视觉欣赏效果。因此，随着铁器时代的到来，这种工艺的青铜器便日见减少，但是，春秋战国时期青铜器的线刻工艺，直接被汉代铜器尤其是小件铜饰件、鎏金银器所采用，开汉代铜器錾刻工艺的先河[2]。

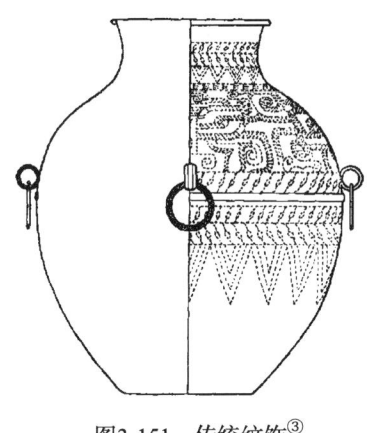

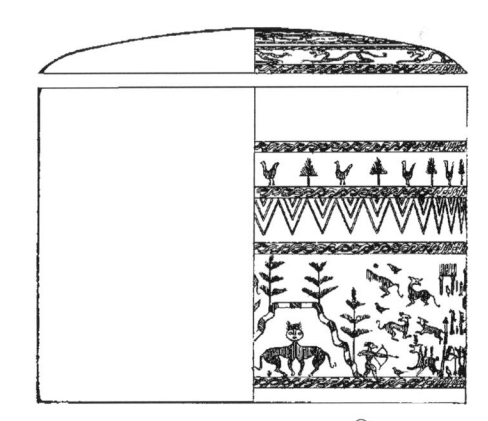

图3-151　传统纹饰[3]　　　　　　　图3-152　人物画像纹[4]

3. 透雕

透雕即镂雕、镂空雕，其实就是去掉底板的浮雕。它既有平面造型，又有立体空间，可以说是兼具圆雕与浮雕的特点。"镂"是从技术上说明其成型手段，"透"则是指空间的穿透。因此，透雕的技术手段除镂刻（挖减）之外，还有围集垒加而形成的透，有集合、交叉构成的透。透雕将自然中的三维实体压缩（不是按比例压缩，而是从感觉出发压缩），突出影像，以空代实，以透求变化、求丰富、求空间、求规范

---

[1] 叶小燕：《东周刻纹铜器》，《考古》1983年第2期，第158、159页。
[2] 张广立：《东周青铜器刻纹》，《考古与文物》1983年第1期，第88页。
[3] 怀来北辛堡M1缶，春秋晚期，叶小燕：《东周刻纹铜器》，《考古》1983年第2期，第159页。
[4] 刻纹奁，战国中期，郭宝钧：《山彪镇与琉璃阁》，科学出版社，1959年，第64页。

化,表现对现实的丰富的感受,因此具有良好的空间感和很强的表现力[1]。

商代,瓢的圈足上已见有透雕云雷纹的装饰。西周时期,透雕在青铜器装饰中仍有运用,特别是西周中晚期的镂空双銴杯(图3-153),充分体现了透雕的空间感和表现力。不过,真正体现出透雕轻灵奇丽的艺术效果的,还是在春秋战国之时,这一时期,失蜡法已经出现,为透雕的装饰手法从技术上提供了更多可能。

传统的陶范法在铸造器型、雕镂复杂的铜器时,存在着先天的技术弱点。失蜡法的出现则克服了这一弱点。目前,一般被认为采用失蜡法铸造的透雕装饰的器物,主要有河南淅川下寺楚墓出土的盏、禁,河南叶县许灵公墓镂空蟠虺纹青铜饰件,浙江绍兴坡塘的306号墓房屋模型、镶盉、插座和尊,湖北随县曾侯乙墓出土的尊盘及河北平山中山王墓的部分器物或器物铸件。

曾侯乙墓出土的尊(图3-154)、盘,口沿、颈部的透雕附饰继承了下寺楚墓的工艺,全部附件由四部分组成,各部分以铜焊接,花纹相同。其中的透雕纹饰由表层纹饰和内部多层次的铜梗所组成,但表层纹饰不同于其他青铜器上连续的镂空花纹,它们互不接续,彼此独立,全靠内层铜梗支承,而内层的铜梗又分层联结,这样构成一个整体,高低参差与对称排比相结合,寓变化于整齐之中,达到了玲珑剔透、节奏鲜明的艺术效果[2]。

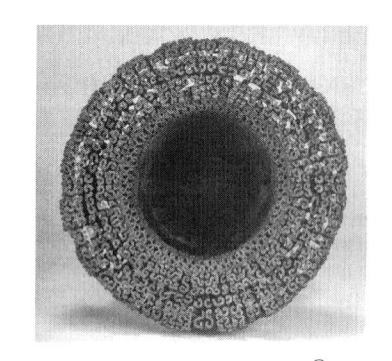

图3-153 双銴杯[3]　　　　图3-154 曾侯乙尊口部[4]

淅川下寺二号墓的铜禁(图3-155),其透雕工艺结合了失蜡法、范铸法和焊接法,禁体的台面和四周立面,由25块透雕结构组成,其中禁面与禁侧五层铜梗连接支承的卷曲勾连纹饰,既透空又连续,具有玲珑剔透的艺术效果。侧面攀附的12条龙形

---

[1] 吴少湘:《透雕与金属工艺》,《装饰的艺术》,江西美术出版社,2001年,第180~182页。

[2] 华觉明、郭德维:《曾侯乙墓青铜器群的铸焊技术和失蜡法》,《文物》1979年第7期,第47、48页。

[3] 双銴杯,西周中晚期,中国青铜器全集编辑委员会:《中国青铜器全集5》,文物出版社,1996年,图127。

[4] 曾侯乙尊,战国早期,中国青铜器全集编辑委员会:《中国青铜器全集10》,文物出版社,1998年,图139。

怪兽和底部的12个兽座，也都运用了透雕工艺制作，然后焊接于器体[①]。

这些器物在装饰方面的共同特点，即圆雕与透雕的极致发展。特别是曾侯乙墓所出的尊盘，其口沿所饰的透雕蟠螭纹，玲珑剔透、密而不乱，其繁复程度几乎是前所未见的。这种复杂之极的构图设计能够实现，也是学界普遍认为这些器物是用失蜡法铸造的重要原因。可以说，追求复杂繁丽的艺术效果，是推动铸造技术发展的动力，反过来，技术的进步也为这种审美理想的实现提供了可能。

图3-155　淅川下寺楚墓透雕云纹禁[②]

二、器表质感与色彩表现力的拓展方式

青铜器的传统塑形及装饰方式，是采用各种雕塑手法创造出丰富多变的造型，其题材的多样与表现手法的张力与内涵，构成了我们对商周青铜艺术的总体印象。另外，这种方式在色彩表现力方面又具有明显的局限。为了解决色彩表现力的问题，制作者们不断寻找可资利用的材料，如绿松石、琉璃、玛瑙、贝壳、生漆等具有丰富色彩的材料，以及金、银、红铜等异色金属，并通过精湛的工艺手段如镶嵌、包贴、鎏镀、彩绘等方式将这些材料装饰于青铜器之上。这些工艺手段和装饰材料往往配合使用，其色彩和质感丰富而微妙的对比，使青铜器在庄严肃穆、凝重端方的基调上，又增添了奇瑰绚烂、富丽繁华的视觉效果。"亮度、光洁度不一的两种材质，构成极其繁杂图案的同时，又形成亮度与质地不一的肌理变化。这是我国这一时期图案纹样表现手法中，以最少量的对比元素，进行'饱和式装饰'的最突出案例之一。"[③]

[①] 李京华：《淅川春秋楚墓铜禁失蜡铸造法的工艺探讨》，《文物保护与考古科学》1994年第1期，第39~41页。

[②] 透雕云纹禁，春秋晚期，中国青铜器全集编辑委员会：《中国青铜器全集10》，文物出版社，1998年，图76。

[③] 王琥：《中国传统器具设计研究（首卷）》，凤凰出版传媒集团，江苏美术出版社，2004年，第103页。

（一）镶嵌工艺

镶嵌工艺中主要有两种方法，即镶嵌法和铸镶法。

1. 镶嵌法

镶嵌法，其工艺步骤通常包括铸、錾、嵌、错四个步骤：①铸器：在铸造铜器时预先铸出浅凹的纹饰或字形；②錾槽：铜器铸成后，凹槽还需要加工錾凿，特别精细的纹饰需要在器表用墨笔描绘出图形，再由匠师用硬度较大的工具如钢刀镂刻成内窄外宽的凹槽，即所谓"燕尾槽"；③镶嵌：将镶嵌材料加工成合适的形状（多为薄片或长条状），压入凹槽中，有时也用生漆或桐油等黏合剂固定镶嵌物；④磨错：用厝石或其他材料磨错，使嵌入的材料与铜器表面相平滑，最后再用木炭加清水在器物表面进一步打磨，使器表光滑平整[①]。

镶嵌法运用的材料，早期多为各种异色的非金属材质，如绿松石、玉、玛瑙、孔雀石、琉璃、贝壳等，较晚时期开始加入红铜、金、银等金属材质。

原始社会末期，镶嵌绿松石工艺就已出现。当时是在骨器或石器上镶嵌异色的绿松石、骨珠，组成彩色的图案。商代和西周，镶嵌绿松石的小件骨器仍偶有发现。和骨器镶嵌相比，青铜器上的镶嵌出现得更晚一些。有学者认为，它的出现是受到骨器镶嵌的影响[②]。商代及西周，绿松石主要用于镶嵌兵器、车马器及小件饰物，罕见用于容器。直至春秋早、中期，镶嵌绿松石器仍不多见。战国时，绿松石镶嵌工艺（图3-156）得到迅速发展和普遍应用，镶嵌青铜器的种类、数量都大大增加，不再局限于兵器、车马器或小型饰物上，在大型的容器装饰上也屡有所见，如壶、敦、鉴、豆、牺尊等。除绿松石外，用于镶嵌的矿物材质，还有玉、玛瑙、孔雀石与琉璃等。这些矿物材料因其质地之美与色彩之艳，也成为镶嵌铜器的装饰材料，其制作工艺与镶嵌绿松石近同。同时，这些色彩斑斓的矿物材料又往往与金属镶嵌材料结合使用，呈现出更为丰富多变的色彩和质感。

在镶嵌非金属材质的基础上，镶嵌金属工艺开始出现，并迅猛发展。镶嵌金属工艺，主要是在青铜器上镶嵌红铜（即纯铜）或金、银等具有美丽色泽和良好延展性的异色金属。镶嵌红铜纹饰的青铜器，多属于春秋中期以后器。镶嵌金银工艺，即"金银错"（图3-157），约始于春秋晚期，盛行于战国中晚期至西汉[③]。

战国是镶嵌工艺发展巅峰时期，其数量与工艺水准都远超前代，主要表现在四个方面：①用于装饰的器物种类增加，在青铜礼器、兵器、车马器和日常生活用具如带钩、铜镜等器物上都有所运用，尤其在青铜礼器上的运用范围相当广泛；②用于装饰

---

① 史树青的文章主要介绍的是金银错工艺的步骤，但镶嵌其他材质的工艺也基本相同。史树青：《我国古代的金错工艺》，《文物》1973年第6期，第68、69页。

② 叶小燕：《我国古代青铜器上的装饰工艺》，《考古与文物》1983年第4期，第86页。

③ 朱凤瀚：《中国青铜器综论》，上海古籍出版社，2009年，第787页。

的题材增加，在铭文之外，更多地用于纹饰表现；③用于镶嵌的材料种类增加，除错金外，错银和错金银工艺也得到广泛应用，并常与嵌绿松石、鎏金、镶红铜等工艺配合使用，使器物表面的色彩交相辉映，绚烂华贵，其丰富的材质对比与色彩对比，集中体现了战国时期豪华富丽的审美风尚（图3-158）；④分布地域更广，就目前的考古发现看，运用这种装饰工艺的青铜器在北方、南方地区都有发现，表明这种工艺的运用相当普遍[①]。

就镶嵌铜器的纹饰题材内容而言，早期以由变形动物纹发展而来的几何纹饰为主，强调装饰题材形式的色彩表现力；后期则转向新兴的人物画像纹题材，表现现实生活的各个方面，如建筑、宴饮、歌舞、狩猎、水陆攻战、采桑等，强调装饰题材内容的故事性与现实性。

图3-156　镶嵌绿松石青铜豆[②] 　　　图3-157　错金银团花纹流鼎[③]

图3-158　绿松石与银丝镶嵌的勾连云纹[④]

[①] 朱凤瀚：《中国青铜器综论》，上海古籍出版社，2009年，第787页。

[②] 曾侯乙豆，战国早期，中国青铜器全集编辑委员会：《中国青铜器全集8》，文物出版社，1995年，图120、121。

[③] 错金银团花纹流鼎，战国晚期，中国青铜器全集编辑委员会：《中国青铜器全集8》，文物出版社，1995年，图134。

[④] 镶嵌几何云纹方壶，战国晚期，陈佩芬：《夏商周青铜器研究（东周篇·下）》，上海古籍出版社，2004年，第443页。

2. 铸镶法[①]

铸镶法，亦称嵌铸法，其技术可能渊源于铜芯撑技术，多用于镶嵌纹饰较为宽大的青铜器。铸镶法与前文所述一般的镶嵌法有着本质的区别，其重点在于纹饰与器表结合的方式是通过高温熔铸而完成。具体的工艺流程是，首先铸造出红铜纹饰片，其厚度大致为预铸铜器壁厚的五分之二，纹饰片内面有若干梭状或钉状的凸起（高度约为壁厚的五分之三），再将纹饰片置入外范与泥芯的空隙处，浇铸后红铜纹饰片与器壁铸合为一体。

铸镶法兴起于春秋中期的齐国和卫国，春秋晚期传播到楚地。目前发现的春秋战国时期镶嵌红铜青铜器多采用这种工艺，春秋晚期到战国早、中期是这种工艺的流行时期，且多精美之器，如浑源李峪狩猎纹豆（图3-159、图3-160）、淅川下寺楚墓浴缶、曾侯乙盥缶等。

铸镶法对镶嵌的材质及工艺都有很高要求。目前所见的铸镶材料仅为红铜，不见别种金属。红铜熔点高、收缩率大、充填性能差，不容易铸造成型，因此尽管商代就已出现红铜条在预铸的凹槽中镶嵌的工艺，但数量很少，至西周基本绝迹。铸镶红铜工艺对红铜的提炼、铸造的温度控制等都有更高的要求，这一工艺在春秋时期迅速发展，也从一个侧面反映了春秋中期以后熔炼、铸造工艺的进一步发展，是该时期冶铸技术更加成熟、进步的重要标志。

图3-159　红铜镶嵌狩猎纹豆[②]　　　　图3-160　红铜镶嵌狩猎纹豆[③]

[①] 关于铸镶法的内容主要来自以下几篇文章：贾云福、胡才彬、华觉明：《曾侯乙红铜纹铸镶法的研究》，《江汉考古》1981年第S1期，第65页；贾峨：《关于东周错金镶嵌铜器的几个问题的探讨》，《江汉考古》1986年第4期，第47页；苏荣誉、华觉明、李克敏等：《中国上古金属技术》，山东科学技术出版社，1995年，第337页。

[②] 镶嵌狩猎纹豆，春秋晚期，中国青铜器全集编辑委员会：《中国青铜器全集8》，文物出版社，1995年，图37。

[③] 贾峨：《关于东周错金镶嵌铜器的几个问题的探讨》，《江汉考古》1986年第4期，第35页。

（二）包金、贴金与鎏金①

在青铜器器表包、贴、鎏镀金属，既能起到保护作用，又能改变青铜器的色彩与质感，形成华丽的装饰效果。从技术发展的时间线来看，基本是从包金到贴金，再到鎏金。从包、贴、鎏镀的材质来看，主要是黄金，此外还有银、锡等金属。

1. 包金（银）

包金工艺，就是在青铜铸件表面包一层极薄的金箔，这种金箔包罩的面积小，可以不用黏着剂，只需用轻力锤压，就可牢固地贴附于器物表面，工艺相对较为简单。这种工艺最早见于商代，西周、春秋战国时期均有较多运用，主要用于小件青铜器表面作为装饰，如铜泡、铜贝、铜矛柄、铜镳饰等。

与包金工艺相似的还有包银工艺，也主要用于小件铜器装饰，但这种工艺直至战国时期才出现，而且发现的数量很少。

2. 贴金（银）

贴金工艺是用黏着物把极薄的金箔贴在器物上。叶小燕根据后世用金胶油（熬制的熟桐叶加少量的胡麻叶、颜料或调和漆）或大漆粘贴，推测古代可能用漆或桐油为涂料，作为黏着物。这种工艺是在包金工艺的基础上发展而来的，既节约了黄金，又相对牢固。其流行时间在春秋后期到战国前期，仍主要用于装饰车马饰等小件青铜器。战国中期之后，鎏金工艺逐渐取代了贴金工艺，贴金的器物就很少出现了。

3. 鎏金（银、锡）

鎏金也称金涂、火镀金或汞镀金，是金属外镀工艺的一种，是将金汞合剂涂抹在铜器表面再烘烤，汞蒸发后，金就附着在铜器表面。鎏银和鎏金的工艺流程相同，二者共称为"鎏金银"。此种工艺适用于含锡、铅不超过20%的青铜器。

鎏金工艺最早见于战国中期，至战国晚期，鎏金器物已经比较多见。战国中期，尚以车马器、带钩等小件器物为多。战国晚期，鎏金工艺开始出现于大型青铜礼器上，如湖南常德出土的方壶，遍体鎏金（图3-161）。

鎏银铜器在这一时期发现得较少，仅见于个别小件器物，如上述洛阳中州路战国中期墓出土的马络饰，既采用了鎏金工艺，又有鎏银工艺。

---

① 以下内容主要引自这几篇文章史树青：《我国古代的金错工艺》，《文物》1973年第6期，第67页；叶小燕：《我国古代青铜器上的装饰工艺》，《考古与文物》1983年第4期，第88页；苏荣誉、华觉明、李克敏：《中国上古金属技术》，山东科学技术出版社，1995年，第335页；朱凤瀚：《中国青铜器综论》，上海古籍出版社，2009年，第798、799页。

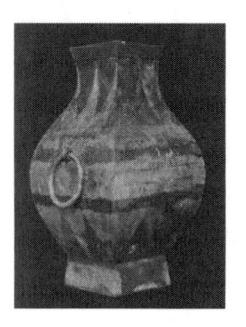

图3-161　鎏金方壶[①]

鎏金工艺发展到汉代达至高峰。这一时期的鎏金工艺，不仅见于小件器物，也用于大型器物，而且往往以鎏金工艺与鎏银、镶嵌等工艺相结合，创造出精美绚烂的视觉效果。

镀锡，亦称鋈锡。汉刘熙《释名·释车》释鋈："鋈，沃也，冶白金以沃灌靷环也。"张子高先生认为这种白金其实就是锡，而且指出锡在古代相对较为易得，熔点也较低，仅为230℃，所以也便于熔化而镀于青铜之上[②]。这种镀锡的方法，不仅利用了锡的白亮色泽以为装饰，同时也起到预防锈蚀的作用。关于镀锡的方法，说法颇多。从其技术手段来看，主要有两大类，即外镀法和铸渗法[③]。根据目前考古发现，青铜器镀锡的装饰工艺出现较早，但数量很少，而且都是一些小件器物，青铜容礼器少有发现，因材料的缺乏，其具体的出现及流行时间都不甚明确。

（三）髹漆工艺

铜器表面髹漆，在商代已有使用[④]。但商代至春秋时期，极为罕见。

战国中期，地处南方的楚文化区域，在漆木器极为繁盛的同时，也将髹漆工艺

---

① 龙朝彬、郑祖梅：《湖南省常德市出土战国鎏金铜方壶》，《文物》1996年第4期，第86页、封底。

② 张子高：《从镀锡铜器谈到鋈字本义》，《考古学报》1958年第3期，第73、74页。

③ 镀锡的两类技术手段：a. 外镀法。是以融化锡液外镀，包括灌浇法、沉浸法和热镀法。灌浇法即"冷水浇背"之状，器物的内、外壁均可运用此法。沉浸法，是把要镀的物体的一部分或全部沉浸在熔化的锡液中，再行取出，器物里外就镀上一层光亮的锡。热镀法，是将青铜器大体加热，在炽热状态下涂抹锡液而成。b. 铸渗法，主要是针对高锡青铜，当含锡量超过所允许的溶解值时，铜锡则以化合状分布于青铜合金中，在用这种青铜溶液浇铸时，由于铜的熔点高于锡，且由于铸型的导热作用，使这种含锡高的化合物首先沿铸壁凝固，但锡青铜金相组织有树枝状结晶的多孔性，如在浇铸后采取延时出型、缓慢冷却的措施，结晶的过程即会延长，晶粒粗化，熔点低的锡即会通过组织中的微孔向表层渗透，造成表面锡成分密集的结果，经过此种工艺处理的铜器在进行金相分析时，高、低锡层中间不存在分界面，锡含量由表及里递减，直到基体时才趋于平衡。引自凌业勤等：《中国古代传统铸造技术》，科学技术文献出版社，1987年，第32、33页。

④ 朱凤瀚：《中国青铜器综论》，上海古籍出版社，2009年，第801页。

运用于青铜器的器表装饰。其具体工艺，出现了两个发展方向：其一，是采用镶嵌工艺的做法，铜器在錾槽内不嵌金银，而填以漆，有的既嵌金银，又在未嵌金银处填漆（或在漆内掺以银粉），然后磨错光平以增加纹饰的色调，史树青先生称其为"漆错铜器"[1]，如江陵望山楚墓所出变形龙纹樽（图3-162），盖面及腹部均有嵌错变形龙凤纹、流云纹，凹槽粗的为铸制，细的为錾刻，刻线内的镶嵌料为粉剂加漆[2]，经过磨错，极似金银错；其二，则类于绘画，直接在素面铜器表面以漆彩绘纹饰，如战国中期信阳长台关二号楚墓所出两件髹漆铜镜，一件于镜背朱地上绘黑、银灰、黄三色盘结的虺纹，另一件镜背朱绘对称云纹[3]。

图3-162 错漆变形龙纹樽[4]

战国中期至汉代，这种工艺已在较广阔地域流行。

铜器髹漆的目的，既是美观，也有防锈的作用。不过，就我们所见的器物来看，髹漆的目的更多是美观。这种装饰工艺增强了器物表面装饰的色彩表现力。这样，我们也就能够理解，为什么会发展出在素色铜器表面绘饰的做法。和运用多种材质的镶嵌物以实现色彩增强效果的方法相比，直接彩绘是一种更简单的方式。器物的表面犹如画布，以彩漆直接绘饰，从这一点来看，髹漆铜器的装饰方法和目的，与战国时期盛行的漆器以及彩绘陶[5]已经趋于一致，在装饰风格上应当也有着内在的联系。

---

[1] 史树青：《我国古代的金错工艺》，《文物》1973年第6期，第71页。
[2] 湖北省文物考古研究所：《江陵望山沙冢楚墓》，文物出版社，1996年，第131页。
[3] 河南省文物研究所：《信阳楚墓》，文物出版社，1986年，第111、112页。
[4] 铜樽（WM2：T111），湖北省文物考古研究所：《江陵望山沙冢楚墓》，文物出版社，1996年，图版68。
[5] 彩绘陶，始于春秋时期，到战国时期得到发展，一直延续到两汉时代。它不同于原始社会的彩陶。彩陶是在陶胎上画花后再进行烧制，而彩绘陶则是在烧成的陶坯表面涂上一层白粉，然后在白粉地上施以朱绘、墨绘、彩绘，因而彩绘也容易剥落。彩绘颜色常见的有白、红、黑、黄等；也有极少数勾以金线的。彩绘陶的造型，几乎包括了战国时期所有的各种生活用皿，除了仿铜器外，也仿制各种日常陶瓷器，如鼎、敦、豆、壶、碗、盘、杯、匜、盒、罐、炉等。彩绘陶的装饰纹样，常见的有各种几何纹、云纹、花瓣纹以及鸟兽纹。彩绘陶主要是用作陪葬的明器，战国两汉时代厚葬之风盛行，是彩绘陶兴盛的主要原因。引自田自秉：《中国工艺美术史》，东方出版中心，1985年，第99页；王家树：《中国工艺美术史》，文化艺术出版社，1994年，第151页。

第四节　铸造工艺发展对青铜器造型与器表装饰风格的影响

一、青铜器的成型方法

根据技术手段的不同，青铜容器的成型方法可分为锻造法和铸造法两种。铸造法是中国青铜时代青铜容器的主要成型手段。

（一）锻造法

在整个中国青铜时代，锻造成型的青铜容器数量极少。

在中国早期铜器中，如齐家文化遗址出土的红铜制成的小型工具及装饰品，多数是锻打成型的[①]，但至今没有发现锻打成型的较大型或较复杂的器型。

春秋中晚期，出现了一种在加热条件下锻打成型的铜器，朱凤瀚先生称其为槌制铜器。这种铜器的器壁极薄，因是锻造成型，故纹饰只能通过刻划制作。其存在的时代大多在战国早中期，数量不多，以盘、匜等水器为主，无三足器，也无须受热。从其分布区域和文化特征来看，尽管地理跨度很大，但形制上存在较多的共同特征，因而也被认为有可能同出一源，因商品流通或其他原因而扩散到多地[②]。

（二）铸造法

铸造法作为最主要的青铜容器成型技术，又可分为块范法和失蜡法两种。

1. 块范法

块范法，亦称复合范法，是通过分块组合的外范和内范（芯）共同构成的型腔铸造青铜器。这种铸造方法是应用最广泛的青铜器铸造法。

块范法因其组合方式及浇铸方式的某些具体差别，形成了几种不同的铸造方法，即浑铸法与分铸法。

浑铸法，是指仅通过一次浇注即可铸出一件完整器物的成型方法。商代及西周时期，多数器物均是以浑铸法铸成。直至春秋早期，浑铸法依然是首选的成型方法，但分铸法在复杂器物铸造时开始广泛运用。春秋中期至战国，为适应铜器批量化和标准化生产的需要，不论器物的造型和纹饰复杂与否，分铸法都取代了浑铸法，成为首选

[①] 甘肃省博物馆：《甘肃武威皇娘娘台遗址发掘报告》，《考古学报》1960年第2期，第59、60页。

[②] 朱凤瀚：《中国青铜器综论》，上海古籍出版社，2009年，第803~806页。

的成型方法。

分铸法，亦称多次铸造法，即一件铸器各部位并非一次浇铸制成，而是分别铸成，以连接方法使之结为一体[1]。这种方法特别适用于一些造型较为复杂的器物。特别是在青铜器附件方面，分铸法的应用及发展为青铜器造型设计提供了更多的可能，使得各种奇丽的造型设计得以变为现实的作品。可以说，分铸法是青铜铸造工艺的一个突出进步，为青铜器的造型走向多样性、装饰由平面走向半立体、立体化提供了重要的技术基础。

2. 失蜡法

失蜡法，又称拨蜡法、出蜡法、退蜡法，是通过熔化包裹于外范之内的蜡模形成型腔来铸造青铜器。失蜡法的优点在于，其外范无须分块，铸出的铜器不用打磨加工而器表光滑精致，适合于铸造结构复杂、不易分型的青铜器或青铜铸件，特别是在青铜器的镂空雕装饰附件上，创造出玲珑剔透、华丽多变的立体造型，把创作者浪漫的想象变为现实。这种方法在现代金属成型工艺中仍被广泛采用，称为熔模精密铸造[2]。

关于中国失蜡法铸造的起源时间和地点，学者间很早就有不同的见解。湖北随县曾侯乙墓和河南淅川下寺春秋楚墓精美绝伦的透雕青铜器的发现，引起了失蜡法铸造工艺起源的新认识，一些学者据此提出失蜡法出现于春秋前期或更早，而且是我国古代范铸技术革命性的变化，即由我国自行创造出的新的铸铜技术[3]。不过，近年来，争论的焦点已经转向中国青铜时代有无失蜡法铸造工艺的问题，以周卫荣、董亚巍为首的部分学者发表了一系列颠覆性的研究论文以否定失蜡法的存在[4]，而以华觉明为代表的其他学者则坚信中国青铜时代确有失蜡法铸造工艺[5]。此外，李志伟认为，中国青铜时代确有熔模制造技术，但用作制模的材料并非蜡质，而是质地较软、熔点较低的金

---

[1] 朱凤瀚：《中国青铜器综论》，上海古籍出版社，2009年，第766页。

[2] 谭德睿：《中国古代失蜡铸造刍议》，《文物》1985年第12期，第66页；朱凤瀚：《中国青铜器综论》，上海古籍出版社，2009年，第775页。

[3] 华觉明、郭德维：《曾侯乙墓青铜器群的铸焊技术和失蜡法》，《文物》1979年第7期，第47、48页；谭德睿：《中国古代失蜡铸造刍议》，《文物》1985年第12期，第66、67页。

[4] 王金潮：《谈曾侯乙尊盘的铸造工艺》，《东南文化》2002年第1期，第70～74页；周卫荣、董亚巍、万全文等：《中国青铜时代不存在失蜡法铸造工艺》，《江汉考古》2006年第2期，第80～85页；张昌平：《关于曾侯乙尊盘是否采用失蜡法铸造争论的述评》，《江汉考古》2007年第4期，第85～90、52页；王金潮：《中国青铜时代透空青铜器铸造工艺研究的几个问题》，《东亚文化遗产保护学会第二次学术研讨会论文集》，科学出版社，2013年，第323～328页。

[5] 黄金洲：《曾侯乙尊盘采用失蜡法工艺铸造毋庸置疑——与〈中国青铜时代不存在失蜡法铸造工艺〉讨论》，《江汉考古》2008年第4期，第101、109～117页；华觉明：《中西方失蜡法之同异——兼评"先秦不存在失蜡法"一说》，《考古》2010年第4期，第87～96页。

属如铅、锡等,他称这种技术为"易熔金属熔模铸造法",简称"漏铅法"[①]。对于失蜡法存在的这些争论与疑问,我们暂时无法得到一个非常清晰明确的答案,只能有待更多的考古材料出土,以做进一步研究证实。不过,从本书的研究重点而言,我们关注的不是铸造工艺的具体方法,而是这种工艺应用于器物装饰所造成的效果。因此,有的学者所用的"透雕"这个词汇,显然更为中性。无论这些器物采用了何种技术铸造而成,但其呈现给观者的效果,确实呈现出极其高超的工艺水平和非常浪漫的艺术想象。

目前,一般被认为采用失蜡法铸造的透雕装饰的器物,主要有河南淅川下寺楚墓出土的盏、禁,河南叶县许灵公墓镂空蟠虺纹青铜饰件,浙江绍兴坡塘的306号墓房屋模型(图3-163)、鐎盉、插座和尊,湖北随县曾侯乙墓出土的尊盘(图3-164)及河北平山中山王墓的部分器物或器物铸件。这些器物的存在证明,东周时期的青铜器铸造技术,已经可以采用多种铸造工艺相结合的方法来制作非常复杂精密的器型。

铸造技术的进步,使青铜器的造型有了更多的可能,装饰的效果也呈现出更加富有想象力的特征。当然,因为每种不同的工艺手段都有其自身的优势,所以选用不同技术措施的标准,在注重艺术性和实用性的同时,仍是以制作的难易、效率的高低、成本的大小作为考量依据的。总之,东周时期青铜器铸造工艺的进步,既是中国青铜时代范铸工艺高度发达的表现,也是这一时期追求人间繁华感官享乐的社会风尚的直接反映。

图3-163 绍兴坡塘出土房屋模型[②]   图3-164 曾侯乙尊盘[③]

---

① 李志伟:《有关曾侯乙尊盘铸造方法的证明——论中国青铜时代的熔模技术》,《南方文物》2008年第2期,第39~46页。
② 伎乐铜屋,浙江省文物考古研究所:《浙江考古精华》,文物出版社,1999年,第175页。
③ 曾侯乙尊盘,战国早期,中国青铜器全集编辑委员会:《中国青铜器全集10》,文物出版社,1998年,图137。

二、铸造技术与造型设计的联动

春秋中期至战国是青铜器铸造工艺取得极大发展的时期。这一时期青铜器的铸造技术出现的新变化，主要是分型制模工艺的迅速发展和逐渐流行，以及模印法和单元纹饰范拼兑技术的产生和大量应用。技术的进步为青铜器造型艺术的发展提供了更多的可能，创造出更多绚烂华贵、充满想象力的器物，同时，也不可避免地受到此时青铜器商品化的影响，出现了批量化、标准化、专门化的发展方向。这两个不同的方向看似矛盾，但究其成因，其实源于共同的社会变革的大因素、大背景。

（一）分型制模工艺

分型制模工艺，是指器物主体部分的模无须设计成器物的全形，仅取其整体的二分之一、三分之一或四分之一制作素面模，再依次翻制出若干外范，并于外范上加工纹饰，组成整体范后浇铸成器的工艺技术。这一工艺具备两个工艺特征：一是模型为整模的数分之一，二是模型表面均无纹饰。

分型制模工艺至少在商代前期时已经出现[1]，但在春秋中期以前并非占据主流地位。春秋中期以后，因分铸法的流行和纹饰范拼兑技术的产生，分型制模工艺才逐渐流行。侯马新田古城铸铜遗址中发现许多陶母模，一模可翻多块外范和内范[2]。

与整体制模相比，分型制模看似只是青铜器铸造工艺的一个环节的改变，却体现出了工艺设计理念的变化。分型制模在节省大量人力物力的前提下，可以提高翻范时纹饰的一致性，使得同一水平段上各个范面的纹饰相同，既保证了铸件的质量稳定，又能提高生产效率，适合大批量、标准化的铜器生产。这种工艺的普遍应用，反映出东周时期铸铜工艺的进步和当时高效率的社会生产方式[3]。

（二）模印法和单元纹饰范拼兑技术

模印法，亦称印板花纹技术[4]，是用事先制作好的刻有纹饰的陶质或木质的规格化小印模，制范时在范模上拍打、连续压印，制作出二方连续或四方连续的纹饰泥片，再将其拼装到外范的底托上面，合成一件完整的青铜器外范。东周时期，模印法已经

---

[1] 何薇、董亚巍、王万全等：《商前期青铜斝的制模工艺初步研究》，《江汉考古》2008年第2期，第101页。

[2] 山西省考古研究所：《侯马铸铜遗址（上）》，文物出版社，1993年，第284～290页。

[3] 杨欢：《从侯马鼎模看东周青铜器分型制模工艺》，《中原文物》2017年第2期，第114页。

[4] 侯马市考古发掘委员会：《侯马牛村古城南东周遗址发掘简报》，《考古》1962年第2期，第59页。

普遍应用，在用于一些较大型的器物如鼎、鉴等器的盖、腹部时，则与单元纹饰范拼兑技术相结合，用来制作二方或四方连续纹样。

单元纹饰范拼兑技术的发展，与分铸法和分型制模工艺的流行有很大关系。这种技术，是指以多个小面积的单元纹饰范组合拼接为一个整体范。纹饰范源于纹饰模，这种纹饰模一般不根据器物的几何形状设计，而是多为矩形等固定形状，供各种铜器通用。这种纹饰模一般只制作一个小面积的完整纹饰单元，用这个单元纹饰模可用泥料复制出大量尺寸和纹饰相同的单元纹饰范。多个单元纹饰范即可拼装出一个整体范[①]。

模印法和单元纹饰范拼兑技术的出现，是促成青铜器纹饰风格变化的一个重要的技术原因。自西周中期开始，青铜器器表浮雕出现了一种平面化的趋势。进入春秋以后，随着蟠螭纹和蟠虺纹的广泛流行，终于发展为极端的细密化与平面化。这种极致细密的纹饰能够盛行一时，除了社会政治、经济生活的变化及其所导致的审美观念变化的影响之外，与模印法和单元纹饰范拼兑技术的飞速发展也有着相当重要的关系。正是这种技术的广泛应用，使复杂细密纹饰的铸造难度大大降低。

分铸法的不断进步，分型制模工艺的不断发展，模印法和单元纹饰范拼兑技术的出现，都与当时青铜器日益商品化的趋势有关。这些铸作技术的应用，可以使复杂的制范阶段简化，进一步推动生产流程的标准化和规模化，提高生产效率，能够更快、更好地满足市场的需要。从技术进步的角度而言，采用这种方式制作精细复杂的纹饰，省时省力，大大提高了工作效率，但从另一方面来说，流水线化的工作方式，也减少了制作者艺术创新的冲动，使得这类精丽细密的浮雕纹饰发展到后期，逐渐走向了烦琐与靡弱的境地。对于浮雕装饰手法而言，在日益精密复杂化的道路上，至此已走入绝地。而青铜器的铸造技术与艺术表现相辅相成又相互对立的关系，也提出了如何在技术与艺术的矛盾中保持平衡的这样一个千古难题。

---

① 董亚巍、周卫荣、马俊才等：《商周铜器纹饰技术的三个发展历程》，《中国历史文物》2007年第1期，第87页。

第四章 两周青铜艺术的地域风格

第一节 总 论

自公元前1046年武王伐纣、建立周王朝，至公元前221年秦始皇统一六国、建立秦王朝，这一时期在中国历史上称为周代。周武王建都于丰镐，地在今陕西西安附近。公元前770年周平王迁都洛邑，地在今河南洛阳。由此，史家又以西周、东周称之，合称为两周。

西周初年，周王分封诸侯，建立藩卫，以屏周室。除了在今西安附近的宗周丰镐外，还有东都成周洛邑以及今宝鸡岐山附近的岐周故地。岐周、宗周、成周，对周王朝具有极其重要的政治意义，也正因如此，这三地出土的西周青铜器完全可以称为西周青铜器的典型代表。当然，周王分封的诸国，在西周中期之后也逐渐发展起来，在保持对王畿地区青铜文化风格的向心力的大背景下，也受到当地土著文化的影响，逐渐发展出一定的地方特点。不过，因为西周时期政治的统一以及中央王朝青铜礼制的贯彻，周文化居于主导地位，这种地方特点的存在感还很微弱，各地青铜文化的面貌仍然服从于中原王畿之地的整体风格，呈现出高度的一致性。

公元前771年，犬戎入侵，周幽王被杀，西周遂告灭亡。公元前770年，平王东迁洛邑，东周时期开始。东周分为春秋（前770~前476年）、战国（前475~前221年）两个阶段。这一时期，王室衰微，无力再保持像西周时期那样支配其他诸侯国的统治地位，从而为列国的发展带来了一种宽松的环境。强大的诸侯国势力不断扩张，陆续吞并许多邻近的小国。在各诸侯国内部，因分封制度而得以占有领地、属民的卿大夫也乘机扩大军事、经济实力，从而出现诸侯与卿大夫之间、卿大夫彼此间争夺权力的激烈斗争。这种分裂割据的政治势力使作为贵族等级制度与礼制的重要象征的青铜器也发生相应的变化，青铜文化的向心式局面被打破，形成了各具特色的区域性文化，并在春秋中晚期逐渐形成自己独特的青铜器制与青铜工艺风格。与此同时，在西周时还被称为戎夷蛮狄的诸少数民族所建立的国家，青铜制造业也得到较快的发展，并在春秋中晚期造就了自己区别于旧有华夏诸侯国风格的青铜器系统[1]。当然，这种地域特点并没有完全脱离中原青铜文化体系的影响。相反，在南北东西各自不同的区域中，我们可以看到中原系统青铜文化的影响始终非常强悍，甚至居于绝对的主导地位。从

---

[1] 朱凤瀚：《中国青铜器综论》，上海古籍出版社，2009年，第1533、1534页。

这个角度来看东周时期各地的青铜文化，其器物形制基本都表现出主要的三种类型，即中原类型、地方土著类型以及中原因素、土著因素、周边邻近地域因素的融合类型，各个地域不同的差异也仅是表现在土著因素的或强或弱上。

东周时期已经逐步进入铁器时代，社会发生剧烈动荡，奴隶制逐步被封建制代替，诸侯国势力越来越强，中央王朝名存实亡。社会制度的剧变带来思想观念的变化，从而使青铜器的功能产生质变，同时，铁器的推广也使青铜工艺面临巨大的冲击。新与旧的冲击与变奏造就了这一时期青铜工艺令人惊叹的创造力。焊接技术、纹饰模印技术以及失蜡法的应用，提高了青铜器的生产效率；鎏金、镶嵌红铜、金银错、髹漆等诸种青铜装饰工艺手段极大地提升了青铜器器表装饰的质感与色彩表现力，创造出富丽辉煌的视觉效果；思想观念的改变使表现现实生活的狩猎、采桑、宴乐、水陆攻战等画面取代了之前神秘诡谲的题材，表现手法活泼多变、富有动感。总之，与思想意识领域中"百家争鸣"局面相应，东周时期的青铜文化呈现出一派清新、活泼、生机勃勃的气息，正如李学勤先生所言："政治上东周时代充满了战乱和分裂，然而在文化史上，这一时期却是前所未有的繁花绚丽的黄金时期。"[①]

关于两周时期区域青铜文化的发展，总体而言，西周时期仅仅是萌芽状态，真正的大发展还是在春秋战国时期，而且各个地域的青铜文化整体的走向是不断向本区域的主体文化集中，许多春秋时期存在的次区域文化逐渐消失，这也与自春秋至战国列国的兼并相一致。对于这些区域青铜文化的划分，诸多学者已经提出过各种观点。

李学勤先生结合文献和考古成果的研究，把东周时代列国划分为七个文化圈：①中原文化圈：以周为中心，北到晋国内部，南到郑国、卫国，也就是战国时周和三晋（不包括赵国北部）一带，地处黄河中游；②北方文化圈：在中原北面，包括赵国北部、中山国、燕国以及更北的方国部族；③齐鲁文化圈：今山东省范围内，齐、鲁和若干小诸侯国，子姓的宋国也可附属于此；④楚文化圈：长江中游的楚国，以及楚国以北的诸多周朝封国、楚国之南的各方国部族，都渐被囊括于内；⑤吴越文化圈：吴国和越国，淮水流域和长江下游的一系列嬴姓、偃姓小国如徐国和群舒等，以及东南的方国部族；⑥巴蜀滇文化圈；西南的今四川省有巴、蜀两国，以及今云南省的滇以及西南其他部族；⑦秦文化圈：关中的秦国[②]。

李伯谦先生则将东周时期的青铜文化首先分为两大类型，即以中原为主体的统一的青铜文化和边远地区青铜文化。以中原为主体的统一的青铜文化可以划分为周郑晋卫、齐鲁、燕、秦、楚与吴越六个文化亚区；边远地区青铜文化则包括长江上游巴蜀文化区、华南与东南沿海诸省百越文化区、云南和贵州以滇文化为中心的西南夷文化区、包括在鄂尔多斯青铜文化之后出现的匈奴系统、在夏家店上层文化基础

---

① 李学勤：《东周与秦代文明》，文物出版社，1984年，第7页。
② 李学勤：《东周与秦代文明》，文物出版社，1984年，第11、12页。

上形成的东胡系统以及东北夷系统在内的北方文化区、甘青地区的羌戎文化区和新疆的青铜文化[①]。

朱凤瀚先生则将春秋时期与战国时期分别叙述。春秋时期分为八大区域，即中原地区，北方地区，山东地区，汉水以北、淮水流域及邻近地区，汉水流域及长江中游地区，长江下游地区，湘东、桂东与岭南地区，关西地区。北方地区和湘东、桂东与岭南地区都属于边远地区，情况较为特殊。中原地区主要是今豫西、豫北、豫中及晋南、冀南地区。关西地区是指今陕西、甘肃春秋时秦国所盘踞的地区。战国时期分为五个文化圈，即中原（两周、三晋及中山）、齐、燕、楚、秦[②]。

以上几种观点之外，孙华《中国青铜文化体系的几个问题》[③]，赵丛苍、郭妍利《两周考古》[④]等也谈到东周区域青铜文化的划分，但究其实质，以上诸说对于中原文化系统区域青铜文化的划分，并无太大差异。本书为便于叙述，兼采各家之说，将东周时期的区域青铜文化划分为六个部分：①中原文化圈：周郑晋卫，战国时为周与三晋文化，不包括赵国北部；②齐鲁文化圈：齐鲁，战国时为齐文化；③燕文化圈：以燕国为主，也包括赵国北部的代地及中山国；④秦文化圈：以秦国为代表的陕西地区；⑤楚文化圈：以楚国为代表的汉水流域、江淮地区和长江中游地区，在楚国之外，尚有曾国与蔡国；⑥吴越文化圈：以吴越为代表的长江下游地区，除吴、越外，尚有徐国与群舒，主要存在于春秋时期，战国时已逐渐并入楚文化圈。

第二节　西　　周

一、岐周、宗周与成周

（一）概况

周原岐邑、宗周丰镐和成周洛邑，是周人灭商之前和西周三百年间重要的三处都城。周人灭商之前，长期居于今陕西宝鸡岐山、扶风之间的周原一带，此地后来被称为岐周，整个西周时期，这里都是王室贵族的大本营。宗周包括丰京和镐京，因周王朝的宗庙所在，故称宗周，其地在今陕西西安西南郊的沣河两岸。文王建丰京，武

---

① 李伯谦：《中国青铜文化的发展阶段与分区系统》，《中国青铜文化结构体系研究》，科学出版社，1998年，第9、10页。

② 朱凤瀚：《中国青铜器综论》，上海古籍出版社，2009年，第1534、1887页。

③ 孙华：《中国青铜文化体系的几个问题》，《考古学研究（五）》下，科学出版社，2002年，第921~948页。

④ 赵丛苍、郭妍利：《两周考古》，文物出版社，2004年，第202页。

王建镐京，合称丰镐，它是西周王朝的国都，全国的政治、经济和文化中心。西周初年，为巩固对原来的殷商统治核心区的统治，周人又营建东都洛邑，称为成周，其地在今河南洛阳洛水北岸。整个西周时期，岐周、宗周和成周地区基本上一直在王朝的直接控制之下，是当时的青铜文化中心，因此，这一地区所出的青铜器，数量极大，品类丰富，制作精美，代表了西周时期青铜艺术的最高水平。

关于西周青铜器分期，陈梦家先生提出三期分法：初期，包括武、成、康、昭；中期，包括穆、恭、懿、孝、夷；晚期，包括厉、共、宣、幽[①]。其他学者亦有不同意见，但仍以三期说被学界普遍认可[②]。朱凤瀚先生在三期说的基础上，进一步将西周青铜器分为三期5段，即西周早期前段（武王至康王前段），西周早期后段（康王偏晚至昭王），西周中期前段（穆王至恭王），西周中期后段（懿王至夷王），西周晚期（厉王至幽王）[③]。从西周青铜器的发展变化来看，早期前段仍然是在继承商代铜器特点的基础上局部变革的时期，而之后的时期已经开始表现出西周铜器的独特时代风格，其中早期后段、中期前段和中期后段、晚期，又呈现出不同时代的风格特点，因此可将其列为两个并列的时期[④]。

从青铜器的形制上看，西周早期前段，铜器形制在继承商代晚期主流形制的基础上，有了初步创新。早期后段和中期前段，新创造更多地体现在对原有器形的变革和发展上，如橄榄形的壶，椭方形的鼎，宽口沿斜张饰斜条纹的鬲，带象鼻形卷耳的尊、觯等。特别是鼎、簋、觯、尊、卣等器类普遍出现垂腹的形式，器物的整体轮廓向低矮发展，构成本期与上一期明显区别的特征。这种垂腹与低矮的作风，发展到中期前段，出现了腹部极度倾垂、腹壁与腹底几乎构成锐角的造型，特点十分鲜明。中期后段和晚期，铜器形制的变化更多地表现为器物细部造型的逐渐演变，这些细部变化经过时间的累积，最终使这一时期铜器的总体面貌仍然与上一阶段构成较大的不同。可以反映这一变化的代表性器类，在中期后段，有弇口、圈足下或有小足的瓦纹有盖簋，细长颈的垂腹壶，浅腹短足的矮宽形盂等；在晚期，则有立耳或附耳球腹蹄足鼎、双耳三足簋、双耳圈足簋、上下对称式的簠、圆鼓腹壶、椭方壶、扁圆体盉、浅盘细柄豆等。

从青铜器纹饰上看，西周早期前段，在承继殷墟铜器纹饰和周人旧有纹饰的同时，也出现了蜗身龙纹等有特点的新纹饰。经过早期后段的过渡时期，至中期前段

---

① 陈梦家：《西周铜器断代》，中华书局，2004年。原载于《考古学报》1955～1956年。
② 李丰：《黄河流域西周墓葬出土青铜礼器的分期与年代》，《考古学报》1988年第4期，第383～420页；孙华：《彭县竹瓦街铜器再分析——埋藏性质年代、原因及其文化背景》，《长江流域青铜文化研究》，科学出版社，2002年，第126页；王世民、陈公柔、张长寿：《西周青铜器分期断代研究》，文物出版社，1999年，第251～254页。
③ 朱凤瀚：《中国青铜器综论》，上海古籍出版社，2009年，第1227～1315页。
④ 朱凤瀚：《中国青铜器综论》，上海古籍出版社，2009年，第1327页。

时，垂冠大鸟纹与顾龙纹盛行一时，成为西周纹饰第一个有代表性的时期。中期后段，与青铜器形制的变革几乎同步，纹饰的抽象化与几何化趋势不断发展，使得晚期的纹饰呈现出与中期前段截然不同的形式与风格，成为西周纹饰艺术的第二个有代表性的时期。这一时期，铜器的风格庄重而朴素，流行环带纹、窃曲纹、垂鳞纹、重环纹、瓦纹等抽象纹饰和几何纹饰，简单的带状纹饰构图作为主纹应用相当普遍，全瓦纹的造型与极简的弦纹仍被广泛应用，相当一部分器物素面不施纹饰，同一器类形制比较规范，不同器物差异甚小，都是素朴之风的体现。同时，长篇铭文的出现，使青铜器承载更多意义的部位从纹饰转向铭文，这也能够解释这一时期器物装饰简单化与几何化的风格，似乎并非由于经济、地位所限，而是一种时代性的特征。同时，整体的朴素作风之下，诸多细节又颇具巧思，如簋耳多以鸟形作修饰、壶耳惯作兽首衔环、盉流口作龙首、盘下加人形足等。

总体而言，西周早期前段，青铜器在形制、纹饰等方面与殷墟铜器作风的继承关系仍然十分明显，这是商周之际文化变迁反映于青铜礼器制度上的一个侧面，同时，也开始出现部分革新的因素，包括器物组合关系由重酒组合向重食组合的转变，以及新器型的出现。早期后段、中期前段时，特别是穆王时期，青铜器的装饰风格在华丽中又呈现出不同于殷墟铜器的作风，庄重、典雅、秀丽、内敛的造型风格，比较充分地反映出周文化的审美取向与精神风貌。穆王之后，几何化、抽象化的装饰风格迅速占据主流地位，繁华褪去，庄严、素朴的气质更为凸显，这是西周中晚期青铜器的典型风貌。与此同时，长篇铭文盛行一时，重文不重饰的趋向，实际上也反映了青铜器功能的变化，沟通天地祭祀神灵的宗教色彩逐渐淡化，记事言功、承载人间诉求的功能逐渐成为压倒性的一面。而这种不重繁饰的作风，又使得此时的青铜装饰工艺呈现出较为低迷的发展状态。

（二）器物造型方面的创新

西周时期，随着商周文化的更替，器物类型也出现了大规模的新旧更替。这种新旧之间的变化，既有整个器类的新旧更替，也有在原有器类基本造型基础上的局部更新与变化。此处仅择其中典型变化作以介绍。

1. 独创性的器型、器类的出现

（1）簋、盨、簠

西周时期，食器取代酒器成为随葬器物中最重要的器类，鼎簋组合在其中的地位非常重要。与鼎相比较，簋的造型变化更为丰富，但分析一下我们又会发现，簋的造型设计与雷德侯所说的模块化的方法颇有相合之处，主要是以最基本的侈口双耳圈足簋为基础，在簋的口、耳、足等部位做组合与叠加的变化，创造出形式多样的器物造型。其中最具时代特征的，首推方座簋。陈梦家先生指出："四耳与方座是西周的特色，而四耳之簋仅限于西周初期。"①其造型为圈足下加方座（图4-1），使器物造型更显庄严肃穆。这种造型直到西周晚期仍有出现，如周厉王㝬簋，作特大双耳，在耳上饰非常张扬的透雕状兽首鸟尾形附饰。另一种圈三足或四足簋，也非常有特点，其造型为敛口，圆鼓腹，双环耳或双兽首形贯耳衔环，圈足下接有三小足（图4-2）。在这种圈三足或四足簋的基础上，进一步发展出圈足下加极高的小足的造型。

图4-1　方座簋②　　　　　图4-2　圈三足簋③

盨（图4-3），是西周中期出现的新器类，西周晚期一度流行，至春秋前期已经罕见。其造型特点是，器体横截面为椭方形，半环耳或附耳，矮斜圈足中间带缺口，有的圈足下有四扁小足。有盖，盖顶作曲尺形纽，可却置。其造型与簋多有相似之处，故有的学者认为盨是从簋演变而来④。

簠（图4-4），流行于西周晚期至战国时期。其造型特点是：长方形斗状，器盖同形，可互相扣合，盖可却置为两器，半环耳或环耳。从西周时期的器类总体来看，外轮廓的曲线化是一个总体趋势，包括方鼎、方壶等方形器，实际上都是椭方形，转折的棱角都以平滑的曲线衔接过渡。在这种风格的大背景下，簠的出现令人耳目一新，它以平直尖锐、棱角分明的外轮廓造型，打破了曲线化轮廓一统天下的局面，在整个器物组合当中，又和其他器物形成了一种曲直对比之间的平衡。另外，这种器盖同形的构造方式，也是开时代之先河的。东周时期出现的球形敦、球腹豆等，器盖同形，盖可却置为两器的造型特点，也有很大可能是受到簠的造型特点的影响和启发。

---

① 陈梦家：《西周铜器断代》，中华书局，2004年，第6页。
② 孟簋，西周穆王，冀东山、梁彦民：《神韵与辉煌——陕西历史博物馆国宝鉴赏（青铜器卷）》，三秦出版社，2006年，第74页。
③ 元年师旋簋，西周中期，中国青铜器全集编辑委员会：《中国青铜器全集5》，文物出版社，1996年，图64。
④ 容庚、张维持：《殷周青铜器通论》，文物出版社，1984年，第39页。

图4-3 盨①　　　　　　　图4-4 簠②

（2）三种新式的盉

西周时期的盉在造型方面的创新，主要有以下三种形式。

第一种是对商代圜底罐形盉的改造，腹身作鬲形，三袋足，细柱形足跟（图4-5）。这种鬲形腹身成为西周时期盉最常见的造型。在基本造型的基础上，细节部分又有变化，如三足变为四足，盖、流、鋬上附加高浮雕鸟、兽、龙形装饰。

第二种新造型，敛口，短直颈，广折肩，浅腹而圜底，底侧接三短袋足，自名为"鎣"（图4-6）。有学者认为这是西周中晚期对盉的一种异称③。

另一种变化更大的新造型出现在西周晚期，其最大的特点是扁圆腹如鼓之侧立，而盖、流、鋬、足等附件则延续上一种形式的圆雕或高浮雕装饰形式（图4-7）。

这三种造型的盉，从其出现的时间早晚来看，可以看出在造型设计上一脉相承的变化，在保持整体造型要素的基础上，对局部加以夸张、变形、增饰，当新增加的造型因素累积到一定数量时，器物的整体造型就在视觉观感上形成巨大的变化。我们把出现最早的鬲形腹盉与最晚出现的侧立鼓形腹盉放在一起比较，更能体会到这种造型上强烈的变异感。

（3）壶之百态的开端

壶为酒器，自商代中期出现以后，至西周时期开始大放异彩。在西周重食轻酒的大背景下，商代流行的各种酒器逐渐退出历史舞台，而壶则后来居上，成为随葬铜器组合中最能代表酒器类别的一种器类，其流行的时间跨度直至汉代，而其造型的多变，装饰手法应用的丰富程度，也在两周青铜文化中写下了浓墨重彩的一笔。

---

① 伯多父盨，西周晚期，中国青铜器全集编辑委员会：《中国青铜器全集5》，文物出版社，1996年，图80。

② 伯公父簠，西周晚期，中国青铜器全集编辑委员会：《中国青铜器全集5》，文物出版社，1996年，图83。

③ 朱凤瀚：《中国青铜器综论》，上海古籍出版社，2009年，第298页。

图4-5　凤盖盉①　　　　　图4-6　鎜②　　　　　图4-7　扁鼓腹的盉③

壶的造型极其多变，其区分特点，主要在于腹部的变化，腹部的横截面有椭圆、椭方及圆形，腹部的最大径由下腹逐渐变为中腹，除此之外，口、颈、耳、足也是造型变化的关键因素。西周时期，壶的整个造型谱系还未完全展开，这一时期值得注意的新器型，主要是橄榄形壶、圆壶和椭方壶。

橄榄形圆腹壶（图4-8），按其腹部横截面仍属于圆壶的大类，但其侧视轮廓如橄榄形，体形修长，微鼓腹，形成两端细、中间稍粗的形式。始见于西周早期后段，西周中期前段继续流行。

长颈圆腹壶（图4-9），始见于西周早期后段，其造型轮廓简洁优美，富于韵律，长颈与鼓腹形成起伏的线条节奏，属于西周圆壶的经典造型。

椭方腹壶（图4-10），其造型特点是：腹部横截面为椭方形，四边略鼓，长颈，微侈口。始见于西周中期，流行于西周晚期至春秋晚期，也属于极具代表性的青铜壶造型。

（4）特殊的"豆"——铺

铺（图4-11），朱凤瀚先生将其归为豆的第二类器型④，称为镂空柄豆。铺是西周中期出现的新器型，流行于西周晚期至春秋早期。其造型特点是：镂空柄，盘部浅腹平底。其形态与现代的高脚盘十分相似。镂空雕的装饰手法在春秋战国一度流行，但在西周时期，仍然属于较少应用的装饰方法。

---

① 凤盖盉，西周早期，中国青铜器全集编辑委员会：《中国青铜器全集5》，文物出版社，1996年，图109。
② 伯百父鎜，西周晚期，中国青铜器全集编辑委员会：《中国青铜器全集5》，文物出版社，1996年，图117。
③ 它盉，西周晚期，中国青铜器全集编辑委员会：《中国青铜器全集5》，文物出版社，1996年，图116。
④ 朱凤瀚：《中国青铜器综论》，上海古籍出版社，2009年，第149页。

第四章　两周青铜艺术的地域风格　　·135·

图4-8　橄榄形圆腹壶①　　　图4-9　长颈圆腹壶②

图4-10　椭方腹壶③　　　图4-11　铺④

2. 独创性的器物造型特征

（1）扉棱

西周早期前段，青铜器的整体造型依然延续商代晚期的作风，装饰的重点依然集中在器物的视觉中心点上，但对于边角地带的装饰习惯已经有了细微的改变。这种改变首先体现在青铜器的边棱、器壁及足跟部的扉棱装饰上。商代器物的扉棱，基本是

---

① 鳞纹壶，西周中期，中国青铜器全集编辑委员会：《中国青铜器全集5》，文物出版社，1996年，图146。
② 几父壶，西周中期，中国青铜器全集编辑委员会：《中国青铜器全集5》，文物出版社，1996年，图138。
③ 梁其壶，西周晚期，中国青铜器全集编辑委员会：《中国青铜器全集5》，文物出版社，1996年，图148。
④ 鳞纹铺，西周晚期，中国青铜器全集编辑委员会：《中国青铜器全集5》，文物出版社，1996年，图77。

等宽平直的条状扉棱，无论器物主体装饰如何华丽，扉棱仍然是简单朴素、缺少变化的形式（图4-12）。西周早期前段，则以钩错的歧齿状扉棱为多，这就使得器物的整体外轮廓更加秀丽而富于变化（图4-13）。到早期后段时，这种华丽型的扉棱逐渐减少，西周中期时，已极为罕见。

图4-12　商代晚期的扉棱[①]　　　图4-13　西周早期的扉棱[②]

（2）垂腹

西周早期前段，圆鼎与方鼎基本仍沿袭晚商作风。其变化主要在于柱足的变细、变高，与商代器物的浑厚凝重相比较，整体显得更为轻盈、秀丽。早期后段，开始出现明显垂腹的形制，至中期，垂腹作风进一步发展，影响到大多数器类。此时的方鼎，其横截面已非前期棱角分明的长方形，而是圆角方体的椭方形，矮宽的身体，倾垂的腹部，再加上短小纤细的足部，稚拙与灵动达成了一种奇妙的融合（图4-14）。此时的圆鼎，相比方鼎而言，虽然同样有着倾垂的腹部与矮宽的器体，但从整体比例来看，动态的感觉相对较弱，严肃凝重的一面有所加强（图4-15）。

（3）椭方形的器物横截面

西周中期开始出现并流行的方壶（图4-16）、方鼎、盨（图4-17），其腹部横截面都是椭长方形，这种造型在此前的青铜容器中基本未见，应为创新的设计。其外部轮廓兼具了直线的力度与曲线的柔美，庄重典雅中又不失轻盈秀丽。

（4）蹄足

西周中期，蹄足开始逐渐取代柱足。蹄足（图4-18）的外轮廓与柱足（图4-19）相比，更能让人感受到曲线的弹性与张力，整体造型的节奏感与韵律感更强。

---

① 宁方彝，商代晚期，中国青铜器全集编辑委员会：《中国青铜器全集3》，文物出版社，1997年，图69。

② 何尊，西周成王，中国青铜器全集编辑委员会：《中国青铜器全集5》，文物出版社，1996年，图152。

图4-14　垂腹方鼎[1] 　　　　　图4-15　垂腹圆鼎[2]

图4-16　椭方腹壶[3] 　　　　　图4-17　盨[4]

图4-18　蹄足[5] 　　　　　图4-19　柱足[6]

---

[1] 彧方鼎甲，西周穆王，中国青铜器全集编辑委员会：《中国青铜器全集5》，文物出版社，1996年，图9。
[2] 师汤父鼎，西周恭王，中国青铜器全集编辑委员会：《中国青铜器全集5》，文物出版社，1996年，图29。
[3] 梁其壶，西周晚期，中国青铜器全集编辑委员会：《中国青铜器全集5》，文物出版社，1996年，图148。
[4] 伯多父盨，西周晚期，中国青铜器全集编辑委员会：《中国青铜器全集5》，文物出版社，1996年，图80。
[5] 毛公鼎，西周宣王，中国青铜器全集编辑委员会：《中国青铜器全集5》，文物出版社，1996年，图36。
[6] 妇好鼎，商代晚期，中国青铜器全集编辑委员会：《中国青铜器全集2》，文物出版社，1997年，图6。

（5）附件装饰的发展

两周时期的青铜器与商代青铜器相比较，对附件装饰更为重视。与此时器表纹饰的平面化趋势相反，附件装饰的趋势是日渐立体、近乎独立的造型，在盖、耳、鋬、流、提梁、足等部位添加高浮雕或圆雕的动物形态装饰，是非常流行的装饰手法。西周早期流行的修饰手法，就有在提梁两端与耳上端增加带有长角的兽首，有的耳上还饰以伏兽。特别是穆王时期，夸张的象鼻形装饰（图4-20）极具特点，使得采用这种装饰的器物在外轮廓上完全颠覆了旧有的形象。此外，镂空雕的装饰手法（图4-21）也逐渐增多，为器物造型的丰富与变化提供了更多的可能。

图4-20　象鼻形装饰①　　　　图4-21　镂空雕的双鋬②

（三）器表装饰方面的变化与创新

西周时期，青铜文化的演进不仅在器物总体造型的设计方面有所反映，也表现在器物表面装饰的变化与创新上。这种变化与创新，总体来看主要有以下几个方面。

1. 主体纹饰的新旧更替

西周早期的青铜器纹饰，多数仍是承袭商代晚期的种类，云雷纹铺地的饕餮纹与夔纹、乳钉雷纹、涡纹等仍是基本的、最常见的形式。但从纹饰的出现率来看，饕餮纹逐渐退居次要地位，凤鸟纹（图4-22）的地位则日渐上升，特别是西周中期前段的穆王时期，凤鸟纹发展出多种华丽丰美的样式（图4-23），成为青铜器上最重要的主体纹饰，这是西周早期至中期前段一个重要的变化。

2. 新的纹饰类型的出现与抽象化、几何化趋势

从纹饰类型的变化来看，西周时期也出现了许多前所未有的新的纹饰样式。

这些新的纹饰类型，首先出现的是保持前代较为具象化作风的单体纹饰，如蜗身龙纹、各种式样的大凤鸟纹等。

---

① 师遽方彝，西周恭王，中国青铜器全集编辑委员会：《中国青铜器全集5》，文物出版社，1996年，图133。

② 双鋬杯，西周中晚期，中国青铜器全集编辑委员会：《中国青铜器全集5》，文物出版社，1996年，图127。

图4-22　凤鸟纹①

图4-23　饰有凤鸟纹的卣②

随着西周中期变革时代的来临，通过变形、简省等方式，由旧有的纹饰改造而来的新的纹饰类型逐渐成为主流，如窃曲纹、波曲纹等。这些变形纹饰仅保留了原有具象纹饰的部分要素，总体形态已经不断向抽象化和几何化的方向发展。

同时，单纯的几何纹饰的地位也逐渐上升，从以往的辅助和陪衬的位置转变为主体纹饰，特别是从西周中期后段到西周晚期，使用瓦纹、斜条纹、直棱纹作为主体纹饰的青铜器大量出现。这几种条纹装饰不同于常见的极简风格的弦纹，而是在器物表面密集排列满布器表，造成一种满饰之下异常素朴的视觉效果。西周晚期，十字结构饰于壶身的绳络纹开始出现并日渐流行，这种绳络纹改变了器物表面装饰的传统布局方式，具有特别重要的意义。

此外，西周时期的交龙纹（图4-24）也是非常值得关注的一种纹饰类型。龙身交错缠绕的构图方式前所未见，在接下来的时代，这种构图形式不断向着复杂化和细密化的方向发展，成为春秋战国时代极为盛行的各种缠绕龙纹的祖型。

图4-24　交龙纹③

---

① 父庚觯，西周早期，陈佩芬：《夏商周青铜器研究（西周篇）》，上海古籍出版社，2004年，第132页。

② 丰卣，西周穆王，中国青铜器全集编辑委员会：《中国青铜器全集5》，文物出版社，1996年，图174。

③ 颂壶，西周晚期，中国青铜器全集编辑委员会：《中国青铜器全集5》，文物出版社，1996年，图151。

3. 纹饰布局方式的变化

西周中期开始，出现了两种新的纹饰布局形式。

第一种是同类纹饰的多层带状布局（图4-25）。尽管纹饰带有宽窄之别，但与此前盛行的主体纹饰加辅助纹饰的配比方式相比较，中心纹饰的明确性实际上是被冲淡了。

第二种与前一种相比，变革性更为彻底。这种方式采用了十字结构饰于壶身的绳络纹作为器物表面装饰的分区界格（图4-26）。这种十字形的界格打破了长久以来流行的平行带状纹饰的器表装饰布局方式，令人耳目一新。在此基础上，春秋战国时期出现了更为丰富多样的格状构图形式。

图4-25　多层带状布局[①]　　图4-26　十字结构的格状布局[②]

4. 装饰面的缩小与素朴风格的逐渐主流化

西周早期虽然沿袭商代的作风较多，但也逐渐显露出周文化不同于商文化的特点。西周早期后段，自商代晚期沿袭而来的"满花"作风的器物比例逐渐降低，不少器物基本素面，只在上腹部或颈部饰以两道或一道弦纹，从而形成了一种清淡、简明的修饰风格。虽然中期前段的穆王时期繁饰之风再度流行，但这个阶段结束后，器表装饰面的缩小已经成为绝对的主流。大量的器物仅以简单的带状纹饰作为装饰，与此同时，铭文的长度和内容的丰富程度不断上升。我们可以推测，周人选择的青铜礼器代表的政治、文化等功能的载体，已经从纹饰转移到了铭文上。这反过来也影响到铸作铜器时对器物装饰的投入多寡。装饰的减少使器物给人的观感更为简单、朴素，从而使素朴之风成为公认的西周中晚期周人铜器的风格特点。

[①] 三年瘨壶，西周中期，中国青铜器全集编辑委员会：《中国青铜器全集5》，文物出版社，1996年，图144。

[②] 仲南父壶，西周中期，曹玮：《周原出土青铜器》，巴蜀书社，2005年，第374页。

二、诸侯方国

西周时期，从总体的政治架构来看，周王朝的政治影响力仍然十分强大，与之相对应，各地方势力仍处于从属地位。这种政治上的主从关系也反映在青铜礼制方面。具体而言，周王朝势力影响最深刻的地区，包括今河南西部、北部，河北的华北平原西部、北部，山东中部与北部，山西南部，这些地区的青铜文化基本上可以与王畿地区的青铜文化归属同一系统；周王朝影响相对减弱的地区，包括今河南南部，山东南部，江苏西部以及甘肃东部，这些地区虽然也是周人势力所及之地，但周王朝的影响已减弱，因此其青铜文化在与王畿地区特征相似的背景下，又出现了某些地域因素的形态；周王朝的政治统治不能真正控制的地区，包括南方的长江下游地区与北方的燕山山脉地区，周人势力虽然已经延伸到这些地区，但因其位置偏远，当地土著民族的力量又比较强大，使得当地土著文化自成一脉且并未被周文化的扩张所打断，从而形成了周人与当地土著民族在政治上相互融合的局势，在青铜文化上则形成一种周文化与土著文化相混合的、同时具有鲜明地域特征的状态[1]。

当然，因为西周时期周王朝的政治控制力仍然较为强大，也使得各地的青铜文化的独特面貌仅仅处在一个萌芽状态当中。因为发现的西周时期的地域性青铜器数量仍然不算太多，我们仅择较有代表性的作以介绍。

（一）关中及其以西地区

即今之陕西关中、甘肃东部一带。西周时期，这里是周王朝的统治核心区，但在周文化的包围之下，仍有数个土著势力存在，主要是戈国、강国和潶国。戈国地在今之陕西泾阳县高家堡，其时代在周人灭殷之际。潶国地在今之甘肃灵台白草坡，其时代在西周初期。강国地在今之陕西宝鸡，其遗存分布在宝鸡茹家庄、竹园沟、纸坊头一带，其时代在西周早期至中期偏早。

강国的文化遗存融合了几种与之相邻的区域文化因素，其酒器、食器、水器等礼器，采用了王畿地区周人礼器的形制、纹饰与风格，有的器物甚至是直接取自周人乃至商人之器，同时又糅合了早期蜀文化以及西北地区青铜文化的一些因素[2]。从形制与纹饰来看，강国青铜器基本可以分为三类[3]。

一是典型的王畿地区周文化器物，这是강国铜器的主流，数量占有绝对优势，且影响不断增长，处于上升状态，这也体现了강国青铜文化与中原地区青铜文化融合、

---

[1] 朱凤瀚：《中国青铜器综论》，上海古籍出版社，2009年，第1531页。
[2] 朱凤瀚：《中国青铜器综论》，上海古籍出版社，2009年，第1523页。
[3] 卢连成、胡智生：《宝鸡강国墓地》，文物出版社，1988年，第449~451页。

同化的趋势。商末周初，強国移居于关中平原西部，一直定居在周人统辖的中心区域，作为一个畿内方国，臣服于西周王室，其在物质文化以及上层礼乐制度方面大量接受周人文化的影响，是必然会出现的现象。

二是周文化器物与強国土著文化器物的融合类型。这类器物既有周人青铜文化的种种特征，又呈现了许多不同于周文化的个性。这种融合，有的是在周文化的器类与组合方式的基础上，器形与纹饰采用土著文化元素；也有的是造型与纹饰类型都是周文化特点，但纹饰结构与布局却标新立异，体现出与周文化不同的个性。如纸坊头1号墓出土的双耳簋（图4-27），圈足极高，侧视如豆，双耳也极度拉长，以与高圈足达成平衡，这种形制十分奇特。茹家庄1号墓出土的镂空足铺（图4-28），口微敛，假腹，盘浅而底圜，腹壁饰一周八枚乳钉纹，间以三角形镂空，圈足较粗，如交错编织的镂空形，其形态有可能是模仿了竹编器皿。竹园沟4号墓出土的強季卣（图4-29）和強季尊，底部均接四虎形小足，強季尊的腹侧还有一兽首形鋬。这种小足在匜、盨等器形上也有相似的形式，但用在尊或卣的底部，是极为罕见的。

图4-27 双耳簋[①]　　图4-28 镂空足铺[②]　　图4-29 強季卣[③]

三是典型的地方青铜器，如宝鸡竹园沟墓地出土的青铜尖底罐、平底罐、浅盘器和曲柄斗形器。以竹园沟甲组墓葬为例，时代均为西周早期，在同一墓葬中共有三种器类的组合，即以鼎簋为主的食器组合，以尊卣为主的酒器组合，以尖底罐、平底罐为主的具有地方特点的典型青铜器组合[④]。这种成组出土的青铜尖底罐（图4-30）、平底罐（图4-31）、浅盘器（图4-32）和曲柄斗形器（图4-33），均为素面，造型奇特，在器形、组合等方面都与西周青铜礼器风格迥异，呈现出极为显著的地方特征。这类器物体量较小，多系明器，作为实用器的意义不大，但作为一种标明部族属性的象征

---

① 火龙纹高圈足簋，西周早期，中国青铜器全集编辑委员会：《中国青铜器全集6》，文物出版社，1997年，图165。

② 镂空足铺，西周中期，中国青铜器全集编辑委员会：《中国青铜器全集6》，文物出版社，1997年，图166。

③ 強季卣，西周中期，中国青铜器全集编辑委员会：《中国青铜器全集6》，文物出版社，1997年，图175。

④ 卢连成、胡智生：《宝鸡強国墓地》，文物出版社，1988年，第262、263页。

器皿,却有特殊的意义①。同时,竹园沟诸墓普遍随葬的铜梳、铜笄及铜发饰等非常有特点的器物,也反映出这种青铜文化的独有特性。

西周中期偏早,这种随葬的铜饰物逐渐消失,表明某些反映地域与族群特征的文化因素已在削弱。但同时,新的独特之处又开始出现,就青铜容器形制而言,即数目较多的同类器物不再像西周早期那样,基本遵从关中、中原地区典型青铜器制,而是进一步创造出一些较独特的形制。这种形制上两种风格并存的特点,反映出弓鱼氏铜器虽逐步放弃了某些明显的、带民族地域特征的器物,但以另一种方式,即对铜礼器的改造、创新,继续保持了自身在文化上的一定独立性②。

图4-30 尖底罐③

图4-31 平底罐④

图4-32 浅盘器⑤

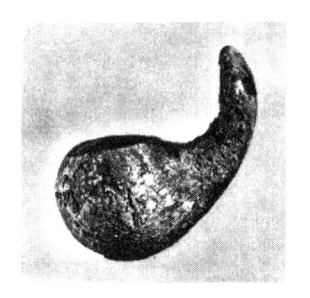

图4-33 曲柄斗形器⑥

(二)河南地区

河南境内发现的规模较大的青铜器遗存有三门峡上村岭虢国墓地,浚县辛村卫国墓地,平顶山市滍阳岭应国墓地,鹿邑太清宫长子口墓。

上村岭虢国青铜器,时代在西周晚期至春秋早期。其随葬铜器的形制与纹饰基本

---

① 卢连成、胡智生:《宝鸡弓鱼国墓地》,文物出版社,1988年,第451页。
② 朱凤瀚:《中国青铜器综论》,上海古籍出版社,2009年,第1524页。
③ 卢连成、胡智生:《宝鸡弓鱼国墓地》,文物出版社,1988年,图版53。
④ 卢连成、胡智生:《宝鸡弓鱼国墓地》,文物出版社,1988年,图版53。
⑤ 卢连成、胡智生:《宝鸡弓鱼国墓地》,文物出版社,1988年,图版54。
⑥ 卢连成、胡智生:《宝鸡弓鱼国墓地》,文物出版社,1988年,图版54。

与周文化的典型器制相合。鼎以立耳蹄足半球形腹式为主，簋均为有盖簋，甗为甑、鬲分体的方甗，壶为椭方壶。M1704所出兽形豆（图4-34），器形特殊，未见于别处。铜器纹饰以窃曲纹、兽带纹、重环纹、环带纹、鳞纹为最普遍。兽首纹、瓦纹也较多，但瓦纹只见于簋和匜，兽首纹则只作为簋、簠、壶的耳部与匜鋬上的装饰。龙纹（图4-35）、虎纹（图4-36）、鹿纹、鸟纹只见于小件器物[①]。

图4-34 兽形豆[②] 　　图4-35 龙纹[③] 　　图4-36 虎纹[④]

浚县辛村卫国青铜器，时代在西周至东周初年。其形制与组合形式与王畿地区近同，差别仅是未见觯。从形制、纹饰上看，仍可以按王畿地区青铜器分期标准来衡量，表明青铜器风格之一致，这与卫国为姬姓封国有关。

平顶山应国青铜器，时代在西周早期至春秋时期。在铜容器组合形式上，基本与王畿地区相合，在形制与纹饰上，尽管主流与王畿地区相近同，但也有部分具有独特风格的器型，如无鋬、双柱接于口外的爵，椭圆形器，曲流盉等，此外部分器物施加纹饰的方式也有自己的特色。

鹿邑太清宫长子口墓发现的青铜器，时代在西周早期偏早，具有商墓典型特征。青铜容器从形制上看，可分为殷墟青铜器晚期与西周青铜器早期两种工艺传统，其器物组合具有商代晚期和西周初年的双重特征，是过渡时期的反映[⑤]。

（三）山西地区

山西境内主要为晋国遗存。晋国作为重要姬姓诸侯国，在青铜文化与礼器制度上，仍基本保持与王畿地区的一致性，但也有某些不同于王畿青铜器的地方特征。如曲沃北赵村晋侯墓地出土的两件西周早期的盉，造型与王畿地区所出的盉基本相同，

---

① 中国科学院考古研究所：《上村岭虢国墓地》，科学出版社，1959年，第13、53页。
② 中国科学院考古研究所：《上村岭虢国墓地》，科学出版社，1959年，第129页。
③ 中国科学院考古研究所：《上村岭虢国墓地》，科学出版社，1959年，第14页。
④ 中国科学院考古研究所：《上村岭虢国墓地》，科学出版社，1959年，第14页。
⑤ 河南省文物考古研究所、周口市文化局：《鹿邑太清宫长子口墓》，中州古籍出版社，2000年，第206页。

但在附件装饰上有着明显的地域特点，一件的纽与足采用了环形的设计（图4-37），另一件的足则为圆雕的托举人形（图4-38）。此外，尚有同为晋侯墓地所出的杨姞方座筒形器和人形足攀龙盒（图4-39），也采用了人形托举状的足。这种环形纽、足与人形足的装饰手法在王畿地区基本未见。

图4-37　纽与足的环形设计①　　图4-38　人形托举状的足②　　图4-39　人形托举状的足③

（四）山东地区

山东地区发现的西周诸侯国青铜器遗存，主要是曲阜鲁国故城，此外还有滕州前掌大滕国墓地，济阳县刘台子西周墓，莱阳等地出土的纪国遗存，以及黄县、威海等地的遗存。

山东地区出土的西周青铜器，在组合、形制上，与王畿地区基本保持一致。同时，商文化的遗留因素以及地方土著文化的因素也有所体现。这种情况，显然和周初周王朝对商遗民上层及其原有的附属地方势力采取的绥靖、利用政策有关④。而且，由于山东地区存在诸多小国，其地理环境、周边邻近的文化各有不同，使山东地区内部也形成了几个次一级的区域文化，并反映在青铜器的造型、纹饰各个方面。比较典型的地方性器物造型，如曲阜鲁国故城出土的西周晚期卵形壶（图4-40），这种独特的造型一直流行到战国时期，壶上所饰交错三角纹，内填以斜条纹，也是山东地区两周青铜器极具特征性的纹饰。济阳刘台子西周墓出土的象鼻形足方鼎（图4-41），圜底，深腹，四足做象鼻状，其上象首嵌入下腹中，也是罕见的造型。附件装饰方面，如曲阜鲁国故城出土的西周铜盘，足部为裸体蹲坐的人形（图4-42、图4-43），滕州后荆沟西周墓出土的铜盘（图4-44），攀龙形耳，裸体人形足，亦别具特色。

---

① 晋侯𩰬盨，西周晚期，中国青铜器全集编辑委员会：《中国青铜器全集6》，文物出版社，1997年，图45。

② 晋侯𩰬盨，西周晚期，中国青铜器全集编辑委员会：《中国青铜器全集6》，文物出版社，1997年，图46。

③ 人形足攀龙盒，西周晚期，中国青铜器全集编辑委员会：《中国青铜器全集6》，文物出版社，1997年，图58。

④ 朱凤瀚：《中国青铜器综论》，上海古籍出版社，2009年，第1384页。

图4-40　卵形壶①　　　　图4-41　象鼻形足②

图4-42　人形足盘③　　图4-43　人形足④　　图4-44　盘所饰攀龙形耳⑤

（五）北京、天津、河北、辽宁地区

这一地区在西周时期，最强大的诸侯国是燕国。琉璃河燕国墓地发现的青铜器，其组合、形制、纹饰与王畿地区十分相似。可见，在整个西周时期，作为重要姬姓诸侯国的燕国，在青铜文化与礼器制度上，仍基本保持与王畿地区的一致性。不过，由于燕国地处北方，其北与草原民族相接，因此也吸收了一部分北方青铜文化的特征，这种复杂的文化因素也反映出西周早期边远地区诸侯国内较复杂的民族关系。比较有代表的遗存，除琉璃河外，尚有北京昌平白浮西周墓葬、辽宁喀左发现的西周早期青

---

① 侯母壶，西周晚期，中国青铜器全集编辑委员会：《中国青铜器全集6》，文物出版社，1997年，图69。

② 象鼻形足方鼎，西周早期，中国青铜器全集编辑委员会：《中国青铜器全集6》，文物出版社，1997年，图81。

③ 山东省文物考古研究所、山东省博物馆、济宁地区文物组、曲阜县文管会：《曲阜鲁国故城》，齐鲁书社，1982年，图版76。

④ 山东省文物考古研究所、山东省博物馆、济宁地区文物组、曲阜县文管会：《曲阜鲁国故城》，齐鲁书社，1982年，图版76。

⑤ 变形兽面纹盘，西周晚期，中国青铜器全集编辑委员会：《中国青铜器全集6》，文物出版社，1997年，图80。

铜器窖藏、河北迁安小山东庄西周早期墓等。较为特别的器型，如辽宁喀左马厂沟窖藏出土的附耳盘鼎（图4-45），器形介于盘与鼎之间，形制甚为少见；琉璃河所出伯簋（图4-46），鸟形双耳，下连象首形垂珥，卷鼻着地成足，这种以象鼻为足的装饰形式，山东地区的西周早期铜器中也出现过，而关中地区在穆王时期出现的象鼻形装饰，时间较燕地与齐鲁更晚，而且一般用在器身两侧，象鼻朝上，用作耳或鋬。

这些墓葬中的器物也呈现出多种不同文化来源，其中既有属于王畿地区西周早期文化的器物，如双半环耳带长方形小珥的簋；也有属于商后期至西周早期器型、纹饰的因素，但带有明显本地区特征的器物，如有盖圆鼓腹附耳鼎，长方形双附耳接于口沿下，盖上有半环形纽与三变形龙形立饰，这种双附耳、盖上三立饰的形制特征，不同于此时的关中、洛阳地区出土的西周鼎，可以明显看到对东周时燕地青铜器形制产生影响的造型特征；更有属于当时北方青铜器类型的器物，如北京昌平白浮西周墓葬出土的带铃匕首、兽首短剑、管銎戈、鹰首刀等。这种较复杂的多种文化因素交融的情况，反映了西周早期燕国及邻近区域所具有的西周中心地区文化与北方文化交融的文化面貌[1]。

图4-45　盘鼎[2]　　　　　　　　图4-46　象鼻形足的簋[3]

（六）湖北地区

湖北地区出土的西周青铜器遗存，主要是黄陂鲁台山西周墓，时代在成王至昭王期间。此地发现的铜器，形制、组合、纹饰大多与王畿青铜器保持了一致的面貌。湖北的长江中游地区在西周早期并未纳入周人势力范围内，因此这种与周王畿地区高度相似的青铜文化遗存，或许是黄陂所在这一区域的土著族群上层在与周人的各种交往中受到周文化深刻影响的结果[4]。这种影响，也可在单鋬铜器中窥得一斑。如单侧设鋬的鄂侯弟

---

[1] 朱凤瀚：《中国青铜器综论》，上海古籍出版社，2009年，第1411、1437、1439页。

[2] 凤鸟纹鼎，西周中期，中国青铜器全集编辑委员会：《中国青铜器全集6》，文物出版社，1997年，图6。

[3] 伯簋，西周早期，中国青铜器全集编辑委员会：《中国青铜器全集6》，文物出版社，1997年，图15。

[4] 朱凤瀚：《中国青铜器综论》，上海古籍出版社，2009年，第1518页。

唇季尊（图4-47），与宝鸡地区的单鋬铜器颇为相似。任雪莉认为宝鸡地区是这种形制独特的单鋬器的一个重要起源地，并进一步沿汉水影响到湖北地区[①]。圆雕的器物也有发现，如湖北江陵出土的虎形尊（图4-48），形态稚拙可爱，别有一番意趣。

图4-47　单鋬尊[②]　　　　　　图4-48　虎形尊[③]

（七）江苏、安徽地区

江苏南部和安徽南部发现的西周时期青铜器遗存，主要有江苏丹徒烟墩山墓葬、安徽屯溪西周墓，一般认为这一青铜文化类型应该就是吴国的文化。吴国的统治者为周人，因此周人风格的铜器在这一地区也屡有发现，如丹徒烟墩山出土的宜侯夨簋（图4-49）。但吴国距离周王畿之地极为遥远，而其属民则为荆蛮，地方土著文化的影响力也反映在青铜器上。如江苏仪征破山口出土的凤凰于飞青铜盘，口沿上伫立的四只凤鸟别具特色（图4-50），表现出王畿地区的青铜器已经开始受到地方因素的影响。在此基础上，更进一步产生了在形制和纹饰上非常独特、有明显地方特征的器物，表现出吴国青铜文化独创性的一面。

从青铜器纹饰来看，这一地区的西周青铜器纹饰也同样体现出中原文化与土著文化融合的特点。总体而言，这一地区的青铜纹饰虽然吸收了中原铜器的部分纹饰图案，但大都经过简化、变体。如垂冠大鸟纹，母题与布局形式皆有西周中期大鸟纹的特点，但线条细弱、飘逸，又与典型、浑厚的对称大鸟纹不同。各种不同形式的勾连变形夔纹，作为皖南青铜器中非常有特色、有代表性的纹饰，实际是将王畿地区流行的夔龙纹进一步抽象化、线条化而来。同时，在土著文化中的几何印纹陶纹饰的基础上，创造出极具地方特色的棘刺纹以及形式繁多的几何纹饰。此外，在器表纹饰的排

---

① 任雪莉：《从宝鸡新出亚共尊看西周特殊的具鋬铜器》，《文物世界》2013年第2期，第15页。

② 鄂侯弟唇季尊，西周早期，中国青铜器全集编辑委员会：《中国青铜器全集6》，文物出版社，1997年，图109。

③ 虎形尊，西周中期，中国青铜器全集编辑委员会：《中国青铜器全集6》，文物出版社，1997年，图117。

列构图方面，根据不同器物和不同装饰部位，灵活构图，从而形成了自己纹饰上的崭新风貌①。

图4-49　宜侯夨簋②　　　　　图4-50　青铜盘③

第三节　东　周

公元前770年，平王东迁洛邑，东周时期开始。这一时期，王室衰微，无力再保持像西周时期那样支配其他诸侯国的统治地位，众多诸侯国在不断兼并中逐渐集中为几个大的势力。前文已述及，东周时期的区域青铜文化可划分为六个部分：①中原文化圈：周郑晋卫，战国时为周与三晋文化，不包括赵国北部；②齐鲁文化圈：齐鲁，战国时为齐文化；③北方文化圈：以燕国为主，也包括赵国北部的代地及中山国；④秦文化圈：以秦国为代表的陕西地区；⑤楚文化圈：以楚国为代表的汉水流域、江淮地区和长江中游地区，在楚国之外，尚有曾国与蔡国；⑥吴越文化圈：以吴越为代表的长江下游地区，除吴、越外，尚有徐国与群舒，主要存在于春秋时期，战国时已逐渐并入楚文化圈。关于春秋战国青铜器的分期，学界一般习惯的分法是将其各分为早、中、晚三期：春秋早期、春秋中期、春秋晚期；战国早期、战国中期、战国晚期。

一、中原文化圈：周、郑、三晋

（一）概况

中原文化圈从地理范围来看，大体包括今之河南、山西一带。这一地区除洛阳东周王室外，有晋、虞、虢、郑、卫等重要的姬姓诸侯国，战国以后统归于三晋。

---

①　肖梦龙：《母子墩墓青铜器及有关问题探索》，《文物》1984年第5期，第13页；朱凤瀚：《中国青铜器综论》，上海古籍出版社，2009年，第1508页。

②　宜侯夨簋，西周康王，中国青铜器全集编辑委员会：《中国青铜器全集6》，文物出版社，1997年，图118。

③　凤凰于飞青铜盘，西周，张正明、邵学海：《长江流域古代美术》，湖北教育出版社，2002年，第147页。

西周时期，河南洛阳是西周三都之一的洛邑所在之地，长期作为西周王朝的政治、经济、文化中心地域存在，青铜文化的发达程度可以想见。山西则是强大的姬姓诸侯国晋国所在之地，实力既强，距离周王朝的核心统治区也比较近，因此在青铜文化方面也保持着与周王畿之地高度的一致性。进入东周之后，周王室东迁，河南地区成为王室所在之地，虽然在政治上王室的影响力已迅速减弱，但在青铜文化的正统性与青铜工艺的技术水平方面，以周王室青铜器为代表，仍保持着青铜礼制的标志性地位。此外，河南地区重要的诸侯国如郑、卫等国，其青铜文化的面貌也深受东周王室青铜文化的影响，表现出高度的同一性。同时，河南地区的地理位置正处各地往来的交通中心，又使得这一地区在青铜文化的交流和传播方面具有独特的地位。同时，山西的晋国始终保持着较为强大的政治势力，其后三分为韩、赵、魏，势力进一步扩张至整个中原地区，其青铜文化也成为战国时期中原地区青铜文化的代表。

这一地区，发现的春秋时期的主要青铜文化遗存，在河南地区是东周王室及郑、卫两国的遗存，在山西地区主要是晋国的遗存。进入战国时代，晋国三分，这一地区发现的主要遗存即韩、赵、魏三国的遗存。

总体而言，中原地区青铜工艺的根基十分雄厚，对西周时期主流的器形纹饰等继承较多，另外，中原地区因其深厚的文化底蕴与交通四方的地理位置，也往往开风气之先，各种先进工艺技术相继出现，率先进入中国青铜时代发展的更新期。春秋中期偏早，中原地区的青铜礼器制度与青铜工艺开始出现明显的变化，并对整个春秋时代青铜礼器的发展起到了推陈出新的作用。春秋中期以后，随着人们认识水平、审美观念的变化，开始摆脱对神的崇拜而肯定人的地位和重要性，器物逐步趋向实用性，以方便人们生活需要为目的。中原地区青铜器由传统的西周青铜艺术风格转变为富有区域性和地方性的青铜艺术风格，并逐步形成以晋及韩、赵、魏为中心，包含其邻近的东周、郑、卫、虢、虞等区域的中原地区青铜文化类型，它明显地同南方楚器、北方燕器、西方秦器有了差异，而独具特色[①]。

（二）堪为典范的器物造型设计

西周时期，中原地区长期处于周人统治核心区。东周时期，虽然政治状况发生了剧烈的变动，但周王作为象征性的天下共主的地位仍然保留，这种深厚的政治文化传统及政治象征意味也反映在洛阳地区及周边的青铜器上。另外，晋国在春秋时期势力壮大，列为五霸之一，因其与周文化的密切关系，晋系铜器与河南王畿地区的铜器有较大共性，因此也将其归入中原文化圈之中。三家分晋之后，韩、魏因其地理位置，已经与中原核心区的文化面貌基本一致，而赵国因其地处北部，其南部与韩、魏无

---

① 陶正刚：《晋及韩、赵、魏青铜器概述》，《中国青铜器全集8》，文物出版社，1995年，第7页。

异，而北部边界地区已与北方草原文化圈接壤，受到相当的影响，因此学界也有将赵国北部排除出中原文化圈的看法[1]。

从整个东周时期青铜文化的面貌来看，各个区域的青铜文化自有其不同的特征，但其铜器体系有一个共同的特点，就是对中原王畿地区青铜器的继承与模仿。可以说，中原地区的青铜器为我们研究东周各区域青铜器树立了一个标杆，是一个非常重要的参照系。因此，我们在介绍这一地区的器物造型时，主要是从其对西周铜器的继承与变革来看，为与其他地区作为参照，此处的信息将会尽可能的完整。

1. 圆鼎的变化趋势

东周时期，中原地区的鼎，仍保持了圆鼎三足两耳的基本形制。其形制的演变，主要表现在耳、足、盖及体形的高矮、宽窄的变化上。从总体的变化趋势来看，耳的变化是：立耳→附耳→铺首衔环耳；足的变化是：柱足→蹄足；盖的变化是：无盖→有盖。这几种关键要素交叉组合，构成了多种形式的圆鼎造型，如春秋早期体形瘦长、有越式鼎风格的立耳柱足鼎（图4-51）和体形渐趋横宽的立耳蹄足鼎（图4-52），春秋中期偏晚深腹高足的附耳有盖蹄足鼎（图4-53），春秋晚期铺首衔环耳鼎（图4-54），战国时期体形渐趋矮胖肥硕的附耳圆盖联裆鼎（图4-55）。此外，还有一种特殊造型的异形鼎，即附耳匜形鼎（有流鼎）（图4-56），其造型融合了附耳有盖蹄足鼎与匜的特征，属于一种杂交式的器型。

图4-51 立耳柱足鼎[2]　　　　图4-52 立耳蹄足鼎[3]

[1] 李学勤：《东周与秦代文明》，文物出版社，1984年，第59页。

[2] 朱凤瀚：《中国青铜器综论》，上海古籍出版社，2009年，第1570页，图一二·一一，上村岭M1714：9。

[3] 蟠蛇纹鼎，春秋早期，中国青铜器全集编辑委员会：《中国青铜器全集7》，文物出版社，1998年，图18。

图4-53　附耳有盖蹄足鼎①　　　　　　　图4-54　铺首衔环耳鼎②

图4-55　附耳圆盖联裆鼎③　　　　　　　图4-56　附耳匜形鼎④

2. 敦

敦是春秋中期中原地区新出现的器形，其来源主要是由簋派生而来，间或受到盆的影响⑤。中原地区敦的基本形制，出现之初以扁圆体居多，盖腹扣合，鼓腹扁圆，学界或称为盒形敦或盆形敦（图4-57）。战国早期出现球形敦（图4-58），盖腹扣合后呈圆球状，与楚式敦相近。

---

① 蟠蛇纹鼎，春秋中期，中国青铜器全集编辑委员会：《中国青铜器全集8》，文物出版社，1995年，图11。
② 卧牛龙纹鼎，春秋晚期，中国青铜器全集编辑委员会：《中国青铜器全集8》，文物出版社，1995年，图26。
③ 绚索纹鼎，战国早期，中国青铜器全集编辑委员会：《中国青铜器全集8》，文物出版社，1995年，图194。
④ 变形兽纹流鼎，春秋早期，中国青铜器全集编辑委员会：《中国青铜器全集8》，文物出版社，1995年，图5。
⑤ 张懋镕：《青铜敦：非仿陶青铜器产生、演进的典型代表》，《中国古代青铜器整理与研究：青铜敦卷》，科学出版社，2017年，第iii、iv页。

图4-57 盒形敦① 　　　图4-58 球形敦②

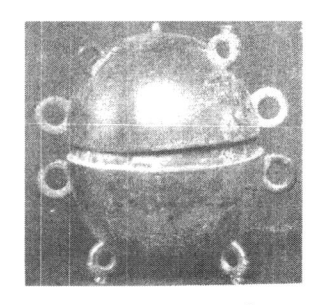

3. 豆

春秋中期以后，豆在中原地区随葬器物组合中的地位迅速上升，其数量激增，类型也开始多样化。从其造型来看，主要变化要素是腹部造型的浅平或深圆，豆柄的粗、细、高、矮，有盖或无盖。依其形制，首先可以分为两大类，即浅盘豆和深腹豆。浅盘豆，西周晚期已出现，又名为铺，其流行时间较短，流行范围也较小。深腹豆，是东周时期豆的主流形制。春秋中期以后，特别是春秋晚期，在浅盘豆和深腹豆的基础上，豆的造型发展出四种形制：高柄盖豆（图4-59）、矮柄盖豆（图4-60）、方座豆（图4-61）、浅盘高柄豆（图4-62）。其中矮柄盖豆数量最多，其与高柄盖豆造型相似，仅豆柄高矮不同。方座豆是在矮柄豆下接方形座，在战国中期即已消失。

图4-59 高柄盖豆③ 　　　图4-60 矮柄盖豆④

① 几何纹敦，西周晚期春秋早期，中国青铜器全集编辑委员会：《中国青铜器全集8》，文物出版社，1995年，图44。

② 山西省文物管理委员会：《山西长治市分水岭古墓的清理》，《考古学报》1957年第1期，图版3。

③ 几何纹盖豆，战国早期，中国青铜器全集编辑委员会：《中国青铜器全集8》，文物出版社，1995年，图197。

④ 错金云纹豆，战国早期，中国青铜器全集编辑委员会：《中国青铜器全集8》，文物出版社，1995年，图135。

图4-61　方座豆① 　　　　　　　图4-62　浅盘高柄豆②

4. 壶

壶是东周时期最为流行、形制也最为多样的酒器。中原地区作为这一时期青铜文化的代表和典型区域，发现的青铜壶基本覆盖了各种壶的器形。

方壶，有椭方壶（图4-63）和钫（图4-64）两类。椭方壶，腹部横截面为椭方形，流行于西周中晚期和春秋时期。钫，横截面为正方形，四壁交接处棱角分明，自战国晚期出现，一直流行到汉代。

图4-63　方壶③ 　　　　　　　图4-64　钫④

---

① 夔凤纹方座豆，战国早期，中国青铜器全集编辑委员会：《中国青铜器全集8》，文物出版社，1995年，图136。

② 夔凤纹豆，春秋晚期，中国青铜器全集编辑委员会：《中国青铜器全集8》，文物出版社，1995年，图43。

③ 蟠龙纹华盖方壶，春秋晚期，中国青铜器全集编辑委员会：《中国青铜器全集8》，文物出版社，1995年，图71。

④ 狩猎纹方壶，春秋晚期，中国青铜器全集编辑委员会：《中国青铜器全集8》，文物出版社，1995年，图78。

春秋中期以后，圆壶（图4-65）逐渐取代方壶的地位，成为最流行的壶的类型，其基本形制为，腹部横截面为圆形，壶盖多为华盖或隆盖，龙形耳或铺首衔环，或有提梁，矮圈足。

中原地区发现的扁壶有两类，一类如后世的行军水壶，壶的主体如侧立的圆鼓造型，两侧肩有铺首衔环（图4-66）。另一类侧视如圆壶压扁，腹壁正背两面如圆壶的轮廓（图4-67），朱凤瀚先生称其为钟[1]。

瓠壶（图4-68），其基本造型如瓠瓜，整个造型向一侧倾斜，肩腹一侧多有提梁，用链与盖相连接。相对其他类型的壶来看，瓠壶一般仅出于较大的墓中，总体数量也不多。

图4-65　圆壶[2]

图4-66　扁壶[3]

图4-67　钟[4]

图4-68　瓠壶[5]

---

[1] 朱凤瀚：《中国青铜器综论》，上海古籍出版社，2009年，240页。
[2] 蟠龙纹壶，春秋晚期，中国青铜器全集编辑委员会：《中国青铜器全集8》，文物出版社，1995年，图74。
[3] 镶嵌红铜扁壶，战国中晚期，中国青铜器全集编辑委员会：《中国青铜器全集8》，文物出版社，1995年，图143。
[4] 陈公孙疧父旅壶，西周晚期春秋早期，中国青铜器全集编辑委员会：《中国青铜器全集8》，文物出版社，1995年，图60。
[5] 蟠蛇纹瓠壶，春秋晚期，中国青铜器全集编辑委员会：《中国青铜器全集8》，文物出版社，1995年，图81。

5. 盉（鎣、鐎）

西周中期至战国早期，中原地区盉的数量一直较少。这一时期有两种器类，或可视为盉的变体。其一为鎣（图4-69），西周中晚期已出现，中原地区春秋早期仍有发现，其基本形制为：敛口，短直颈，圆肩或折肩，浅腹，短小的袋足。其二为鐎（图4-70），出现于春秋中期，其基本形制为扁圆腹，小口，短直颈，隆盖，腹部有向上斜出的流，四足，兽形鋬。

图4-69　鎣[①] 　　　　　　　图4-70　鐎[②]

6. 铜

铜（图4-71）为饮酒器，亦称为舟，是春秋中期以后出现的新器型，一直沿用至战国时期，一般每墓必出。铜的基本形制为：体呈敛口椭圆形，腹部设一对兽首环形耳，平底或矮圈足。

图4-71　铜[③]

[①] 龙纹鎣，春秋早期，中国青铜器全集编辑委员会：《中国青铜器全集8》，文物出版社，1995年，图126。

[②] 兽形弦纹盉，春秋中期，中国青铜器全集编辑委员会：《中国青铜器全集8》，文物出版社，1995年，图51。

[③] 云纹舟，战国早期，中国青铜器全集编辑委员会：《中国青铜器全集8》，文物出版社，1995年，图202。

（三）纹饰题材的变化与创新

春秋中期是一个变革时代的开端，反映在青铜器的装饰方面，从纹饰题材到装饰工艺，都有着与前代不同的鲜明特点。就各个区域的发展来看，中原地区的核心地位和表率意义仍不容忽视。商代庄严且具威慑力的兽面纹和西周时期流行的窃曲纹、垂鳞纹、重环纹等均已退居次要位置，代之而起的是由交龙纹演绎而来的蟠螭纹、蟠虺纹等更为复杂细密的形象，这种复杂的纹饰日渐细致，同时其表面的起伏也日渐平缓，因而在视觉效果方面更倾向形成一种肌理化的总体印象。同时，附件装饰继续发展，独立的高浮雕或圆雕形式的附件，与主体构成一个有机的整体。从整体作风来看，器形从厚重到轻盈、灵巧，纹饰则追求新颖、细腻、繁复多变。从青铜器的铸造及装饰工艺来看，这一时期出现的技术进步，也进一步为艺术风格的实现创造了条件。

1. 想象动物纹

东周时期，中原地区的青铜器上，兽面纹虽然还有出现，但在春秋中期以后就失去了昔日的中心地位，往往仅作局部纹样装饰，如鼎的足根、铺首、匜流或盘的耳部等。这一时期最重要的纹饰题材，是从交龙纹演化而来的蟠螭纹和蟠虺纹。战国时期蟠螭纹与蟠虺纹进一步简化，发展出似卷云的散螭纹。

晋国晚期除以蟠龙纹和蟠蛇纹作为青铜器的主要纹饰外，最典型的纹饰还有饕餮衔龙纹（图4-72、图4-73）、饕餮衔凤纹（图4-74），其形式奇特，纹饰构图为饕餮衔龙或凤，龙、凤又往往互相缠绕。这两种纹饰为春秋晚期晋文化所独有[1]，多用于铜钟鼓部装饰，亦有多组重复构成纹饰带，有时还被排列成紧密的方块形，用于鼎、鉴、壶的腹部。

图4-72　饕餮衔龙纹[2]

---

[1] 李夏廷、李劭轩：《晋国青铜艺术图鉴》，文物出版社，2009年，第85页。
[2] 李夏廷、李劭轩：《晋国青铜艺术图鉴》，文物出版社，2009年，第85页。

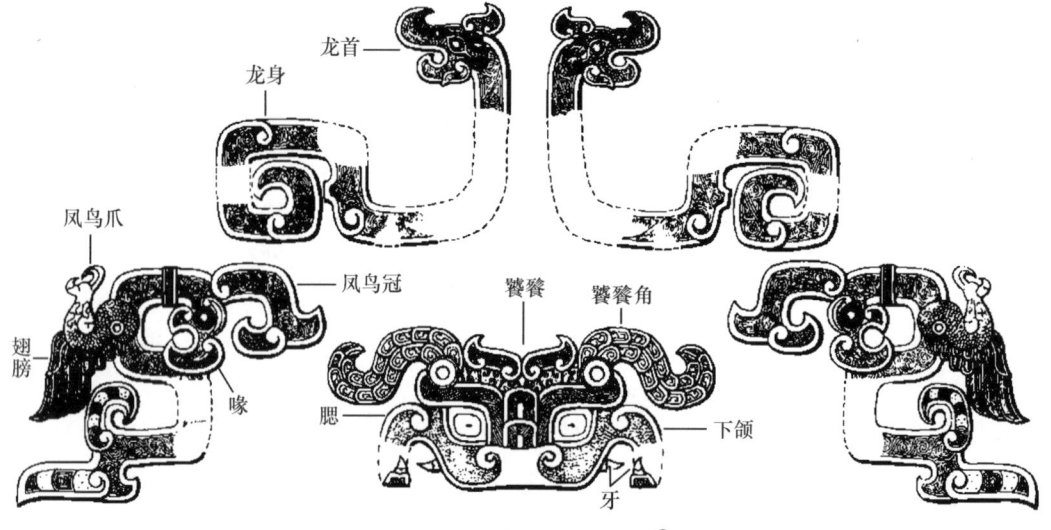

图4-73 饕餮衔龙纹分解图[①]

图4-74 饕餮衔凤纹[②]

东周时期中原地区的想象动物纹，还有夔凤纹、人面鸟身纹。夔凤纹的造型为头顶凤冠，双目圆睁，钩喙，桃形耳，身形修长，多只凤鸟相互纠合组成纹带，或以相背的二鸟构成垂叶纹。人面鸟身纹，面部扁平，似鸟的尖喙、双眼和双耳凸出，仿佛人面，浑源李峪村所出鸟兽龙纹壶上就有这种人面鸟身的纹饰。

2. 写实动物纹

东周时期中原地区的青铜器上，常见有鸟、虎、鱼、蛇、龟、牛、羊、鸭、鹰、蛙和犀牛等形象，其中虎、鸟、鹰、牛的形象应用最广泛。鹰多用于瓠壶盖（图4-75）、盉嘴。牛多用于鼎盖上的纽（图4-77）。虎多用于器物的錾、耳、足和钟纽、

---

① 李夏廷、李劭轩：《晋国青铜艺术图鉴》，文物出版社，2009年，第85页。
② 李夏廷、李劭轩：《晋国青铜艺术图鉴》，文物出版社，2009年，第93页。

钟枚上（图4-76）。鹰、牛的形象也往往被做成整器造型。在纹饰的构成上，动物与动物、动物与人搏击的纹饰很多，如虎攫鹰、虎鹰相击、虎噬人、熊食蜥、鹰抓蛇等，成为晋及韩赵魏青铜器的特征之一[①]。

图4-75　瓠壶盖所饰鹰形[②] 　　图4-76　虎头匜鼎[③] 　　图4-77　鼎盖所饰牛形纽[④]

3. 莲花纹

西周晚期至春秋时期流行，主要是以立体镂空的手法在青铜壶的器盖上作以装饰，因其装饰效果极为华丽，亦称华盖（图4-78）。这种采用莲瓣装饰的造型盛行一时，成为时代观念和艺术精神的象征。战国时期，平面造型的莲花纹也有发现，如河南汲县山彪镇M1出土的鼎，其盖面中心饰有莲花纹（图4-79）。

图4-78　壶盖上的莲瓣形透雕[⑤] 　　图4-79　山彪镇M1鼎盖所饰莲花纹[⑥]

---

① 陶正刚：《晋及韩、赵、魏青铜器概述》，《中国青铜器全集8》，文物出版社，1995年，第23页。

② 蟠蛇纹瓠壶，春秋晚期，中国青铜器全集编辑委员会：《中国青铜器全集8》，文物出版社，1995年，图81。

③ 虎头匜鼎，春秋，山西省博物馆：《山西省博物馆馆藏文物精华》，山西人民出版社，1999年，第27页。

④ 卧牛龙纹鼎，春秋晚期，中国青铜器全集编辑委员会：《中国青铜器全集8》，文物出版社，1995年，图25。

⑤ 蟠龙纹华盖方壶，春秋晚期，中国青铜器全集编辑委员会：《中国青铜器全集8》，文物出版社，1995年，图71。

⑥ 山彪镇M1鼎，郭宝钧：《山彪镇与琉璃阁》，科学出版社，1959年，图版四十。

4. 人物画像纹

人物画像纹是出现于春秋晚期的新型纹饰，中原地区青铜器中屡有所见。这种纹饰描绘的内容是当时人们的社会生活，包括宴乐、战斗、采桑、狩猎以及与人们的生活密切相关的其他场面及环境。构成纹饰的手法有镶嵌，有镂刻，画面往往采用多层布局，有着很强的层次感与叙事性。比较典型的有山西长治分水岭所出的刻纹盆、潞城潞河所出攻战纹匜、河南汲县山彪镇所出水陆攻战纹鉴（图4-80）。

图4-80 水陆攻战纹[①]

（四）铸作工艺的变化

东周时期，青铜器铸造工艺最为发达的地区首推中原地区。目前已经发现的侯马晋国遗址铸铜作坊，为比较稳定的官办手工业作坊区，作坊的面积较大，使用时间也较长，制作、刻花、翻模、成型、铸造等环节已经形成较细的分工，实现了生产的规模化、专业化，生产效率大大提升，产品的质量和精密度也很高。同时，产品的商品化也很高，在晋及韩、赵、魏势力范围内出土的很多青铜礼乐器都能在侯马铸铜作坊中找到其铸造用的范模，反映了成品流通的情况[②]。

从青铜器的铸造和装饰工艺来看，中原地区在东周时期走在了技术革新的前列，比较重要的技术变革如下。

1. 分模制范法

东周时期，块范法有所改进，出现分模制范法，亦有学者称其为"分型制模"[③]。

---

① 山彪镇一号墓水陆攻战纹鉴，李学勤：《东周与秦代文明》，文物出版社，1984年，第55页。
② 陶正刚：《晋及韩、赵、魏青铜器概述》，《中国青铜器全集8》，文物出版社，1995年，第24、25页。
③ 何薇、董亚巍、万全文、王昌燧：《商前期青铜斝的制模工艺初步研究》，《江汉考古》2008年第2期，第101页；杨欢：《从侯马鼎模看东周青铜器分型制模工艺》，《中原文物》2017年第2期，第112页。

分型制模和分模制范工艺在春秋中期以前并非占据主流地位。春秋中期以后因分铸法的流行和纹饰范拼兑技术的产生，分型制模和分模制范工艺才逐渐流行。侯马新田古城铸铜遗址中发现许多陶母模，一模可翻多块外范和内范，提高了生产效率[1]。更重要的是，根据铸件的形制、纹饰将陶模分成若干组，再反复印制在范上，合成整器的陶范。这种分工提高了生产效率，适合大批量的铜器生产。这种工艺亦是此期青铜器批量化、标准化生产的反映。

2. 模印法与单元纹饰范拼兑技术

模印法在春秋中晚期达到很高水平，在侯马铸铜遗址中比较常见。这种方法是用事先制作好的刻有纹饰的陶质或木质的规格化小印模，制范时在范模上拍打、连续压印，制作出二方连续或四方连续的纹饰泥片，再将其拼装到外范的底托上面，合成一件完整的青铜器外范。这种拼装纹饰块的技术也被称为单元纹饰范拼兑技术[2]，其技术特征表现为，纹饰在铜器的表面被分隔成若干规整的单元，相邻单元的纹饰互相衔接，有些还完全相同。采用模印法和单元纹饰范拼兑技术，使青铜器制模雕刻的繁难工序变得比较容易，纹饰的准确性也得到了保证。

3. 金属细加工

东周时期中原地区青铜器的金属细加工工艺已经比较发达。金属细加工，指的是在铜器表面进一步装饰的工艺，大致可分为镶嵌红铜与黑色涂料、错金银、包金银、鎏金、镶嵌宝石、线刻等。镶嵌红铜和黑色涂料以及错金银工艺，多用于容器上。如太原赵卿墓高柄方壶，壶身和柄就有用黑矿物料涂底填充的图案；太原金胜村圆壶，壶身有用红铜片镶嵌的鸟和夔龙纹饰；长治分水岭错金豆以及栾书缶上的错金铭文，则采用了错金工艺。包金银、鎏金、镶嵌宝石等工艺，主要用于带钩一类小件物品或车辆配件上。此外，尚有利用锻压、镂刻工艺制成的薄胎铜器，如太原赵卿墓线刻匜、辉县赵固村宴乐纹鉴、长治分水岭宴乐射礼盘等。

（五）中原地区青铜器的艺术风格及成因

1. 中原地区青铜器作为区域青铜文化中心地位的确立

西周时期，洛邑为三都之一，晋国也是地理及血缘极近的姬姓大国，因此中原地区长期处于周人统治核心区之中。东周时期，虽然政治状况发生了剧烈的变动，王室

---

[1] 山西省考古研究所：《侯马铸铜遗址（上）》，文物出版社，1993年，第284~290页。
[2] 董亚巍、周卫荣、马俊才等：《商周铜器纹饰技术的三个发展历程》，《中国历史文物》2007年第1期，第87页。

衰微，控制力急剧萎缩，但周王作为象征性的天下共主的地位仍然保留，这种深厚的政治文化传统及政治象征意味也反映在洛阳地区及周边的青铜器上。东周时期的中原青铜器延续了西周时期的发展脉络，并借此树立了自己在各区域青铜文化中的正统地位，其影响力遍及各个文化区域，成为领天下之风骚的代表。

2. 文化交流与沟通的便捷条件催生出求新求奇的面貌

春秋战国时期是我国历史上大变革、大动荡的时期，思想的活跃带来科学技术和生产力的巨大发展。随着东周时期社会经济及商业的迅速发展，中原地区交通四方的位置使其处于一个青铜文化辐射与交流的中心。先进的铸造及装饰技术可以传遍天下，而四方的独特文化因素在与中原青铜文化接触的过程中也会被中原地区青铜文化所吸收，成为下一阶段变革的因素。中原地区青铜器在此基础上高度发展，它以新颖的器型、精巧富丽的装饰风格和卓越的范铸技术，反映出当时中国青铜器新风格的崛起。如为学界所熟知的新郑莲鹤方壶，往往被作为春秋中期青铜文化变革的代表，其装饰的精巧与复杂，气质的灵动与清丽，堪称这一时期中原铜器艺术的典型代表。

3. 区域内部的次区域化与文化因素的复杂性

本书所指的中原地区，包括今之河南与山西。从总体的文化面貌来看，有较大的共性。但若再细分，我们又可发现山西地区与河南地区存在着不同。尤其是在山西中部与北部，夏商之时就处在北方的农牧分界线一带，其文化面貌受到北方草原文化的影响较多。至两周时期，姬姓晋国在此虽经营历久，但这种影响仍然表现较多，也正是因为这个原因，我们并未把赵国北部地区划入中原文化圈的范围，而是认为其更接近于北方燕及中山的文化面貌。而从晋器的整体面貌来看，也有着较为浓厚的地方风格。

二、齐鲁文化圈

（一）概况

今之山东地区最大的诸侯国是齐国和鲁国。齐国位于山东地区北部，鲁国则在山东地区西南部。鲁国始封君为周公旦，其子孙一脉相承，一直到春秋时期仍保存有较多的周文化传统。同时，因为鲁国文化相对较为特殊的地位，其在山东地区影响一直较大。齐国始封君为太公望，属于东方的大国。在齐桓公时，国力强盛，桓公得以列为春秋五霸之一。春秋末年，齐国发生政权更替，即所谓田氏代齐，但这仅为齐国公室更替，对齐文化的总体面貌并无根本性的影响。在齐鲁周围，还有一些小国，如齐国之东有纪国、莱国，鲁国之南自东向西，有郯国、莒国、邾国、滕国、薛国、曹国等①。

山东地区诸国相争不断，势力范围不稳定，地理关系邻近，属地已有犬牙交错之势，彼此之间互相影响，使青铜文化的面貌也较为相似，器物的国别也难以断定。不过，从大的地理区域来看，山东地区北部、东部主要为齐文化区，西南部为鲁文化区，东南诸小国则地处古史所谓东夷地区，具有更多的地方土著文化因素。进入战国时代以后，齐国势力始终较为强盛，为七雄之一。战国中期齐威王曾称王，并与秦国形成东西对峙的局面。在战国列国中，齐也是最后为秦所灭的国家。而鲁国则日渐衰弱。山东地区传统的齐鲁文化，此时基本上已经由齐文化代表。

鲁国青铜器主要出土于鲁国的都城所在②，即今之曲阜及邻近地区，其时代主要在春秋初期至中期偏早。鲁国因其历史渊源，保持了较多的姬周旧制，其铜器与中原铜器也保持着较多的一致性，器物的类别、组合、形制、纹饰、铭文与中原铜器都基本相同。当然，在长期的发展演变中，鲁国铜器在铜器的器类、组合及造型等方面也产生了一定的自身特点。

齐国青铜器，春秋时期器物主要出土于齐临淄故城，即之今淄博市临淄区及附近地区，战国时期器物出土范围进一步扩大。齐国青铜器与鲁国相比，自身特点更为明显。春秋早、中期时，山东地区诸国青铜器与中原地区青铜器在器类、形制及组合方面都较为接近，但接近程度不同，其中以鲁国与中原器制最为接近，齐国等次之③。春秋晚期后，齐国的强大，使其在青铜礼器器制方面的自身影响加大，地方性特征进一步加强，至战国早期，齐青铜文化因素基本统一了山东全境。在此基础上，战国后期随着列国间交流的日益频繁，山东青铜文化与中原青铜文化面貌逐渐趋于一致，形成山东青铜文化与中原青铜文化合流的局面④。

（二）独创性的器物造型特征

1. 典型器类

山东地区诸国由于地理位置的接近与土著文化的互相影响，产生了一些不见或少见于中原地区的特殊器形。西周晚期至春秋中期前段，山东地区东南部产生了新的器类铺和一些新的器型如兽首流鼎、尖足鬲、卵形壶、提链罐、人形足盘、环耳盘、圜底匜、平底匜等。春秋中、晚期时，鲁国以外的列国，以齐国青铜器为代表，特色器物主要有：春秋晚期至战国早期通身饰乳钉纹的三足铺、三足敦及鼎，平盖浅腹平底鼎，盖豆，以及战国中晚期的方座簋、鹰首壶、杯形壶、鹰首匜、长方形平盖铺、高

---

① 朱凤瀚：《中国青铜器综论》，上海古籍出版社，2009年，第1537页。
② 山东省文物考古研究所、山东省博物馆、济宁地区文物组等：《曲阜鲁国故城》，齐鲁书社，1982年。
③ 朱凤瀚：《中国青铜器综论》，上海古籍出版社，2009年，第1720页。
④ 毕经纬：《海岱地区商周青铜器研究》，陕西师范大学博士学位论文，2013年，第274页。

柄浅盘豆等①。

齐鼎的造型与中原鼎制相比，共同的特征是附耳蹄足有盖，其不同之处表现在：蹄足较高，除隆盖外，平盖也很流行，盖上有三矩形纽，除圜底外，尚有近平底式样（图4-81、图4-82）。

弧裆鬲（图4-83），其形制为侈口沿、深袋足、外壁斜直、高弧裆，很有特点。

图4-81　平盖矩形纽鼎②　　　图4-82　高蹄足弧盖鼎③　　　图4-83　弧裆鬲④

齐鲁地区的豆，在战国早期偏早与中原地区相同，为矮柄、圈足状捉手的盖豆。战国早期中叶开始，流行高柄豆，多以两种高柄豆器型，即高柄、器盖合成圆球形（渐发展为椭方状）的球腹豆（图4-84）与高柄浅盘形豆（图4-85）并存。有学者认为齐豆的高柄可能受到了燕豆的影响⑤。

齐鲁地区的敦，可分为盒形敦（图4-86）与球形敦（图4-87）。盒形敦主要在春秋晚期流行，其基本特征为扁椭圆形腹，小蹄足，盖上以三小蹄足为纽，遍施乳钉纹。球形敦，春秋晚期后段开始出现，流行至战国中期，主要集中在莱芜、济南、阳信、昌乐、平度、长岛、威海等齐文化区⑥。其基本形制为：器盖合成球形、双环耳、三环盖纽，三环足。器盖相合作球状的敦，最早见于春秋晚期的寿县蔡侯墓及楚国墓（如湖北襄阳山湾M33），在中原地区约在战国晚期才出现，如分水岭M12所出球形敦。齐国在战国早期中叶已经有球形敦，似乎表明此型敦在齐地流行早于中原⑦。

---

① 毕经纬：《海岱地区商周青铜器研究》，陕西师范大学博士学位论文，2013年，第292页。
② 平盖矩形纽鼎，中国青铜器全集编辑委员会：《中国青铜器全集9》，文物出版社，1997年，图5。
③ 弧盖鼎，战国，齐国故城遗址博物馆：《齐国故城遗址博物馆馆藏青铜器精品》，文物出版社，2015年，第20页。
④ 变形兽体纹鬲，春秋中期，中国青铜器全集编辑委员会：《中国青铜器全集9》，文物出版社，1997年，图69。
⑤ 朱凤瀚：《中国青铜器综论》，上海古籍出版社，2009年，第2012页。
⑥ 毕经纬：《海岱地区商周青铜器研究》，陕西师范大学博士学位论文，2013年，第267页。
⑦ 朱凤瀚：《中国青铜器综论》，上海古籍出版社，2009年，第2015页。

第四章　两周青铜艺术的地域风格　·165·

图4-84　球腹豆①

图4-85　高柄浅盘形豆②

图4-86　盒形敦③

图4-87　球形敦④

战国中期偏早，铺为齐式椭方形、盖口带直边的形制，盖上的鸟首环形纽，则可能是受到燕式器的影响，但也可能是春秋以来山东地区流行的盖上饰鸟兽风格的承继（图4-88、图4-89）。战国晚期偏晚，所出椭方形深腹、盖有直边的铺，仍是传统齐式铺。

齐鲁地区的壶，除中原地区常见式样外，本地特色的壶主要有卵形壶（图4-90）、扁壶（鈚）（图4-91）和鹰嘴壶（图4-92）。卵形壶，不见于其他地区，是山东地区的特色器物，其基本形制为：颈腹一体，腹部丰满，整体近似卵形。其沿用时间为西周晚期至春秋早期的墓葬，最早发现于西周晚期的莱阳前河前墓及日照河崖，

---

① 镶嵌几何纹豆，战国早期，中国青铜器全集编辑委员会：《中国青铜器全集9》，文物出版社，1997年，图19。

② 国子豆，春秋晚期，中国青铜器全集编辑委员会：《中国青铜器全集9》，文物出版社，1997年，图18。

③ 盒形敦，春秋晚期，中国青铜器全集编辑委员会：《中国青铜器全集9》，文物出版社，1997年，图71。

④ 陈侯午敦，战国中期，中国青铜器全集编辑委员会：《中国青铜器全集9》，文物出版社，1997年，图15。

主要分布在山东地区东部和东南部,南部曲阜鲁故城也有发现[1]。鉒,或称为扁壶,侧视如圆壶压扁,腹壁正背两面如圆壶的轮廓,直口,直颈,溜肩,平底无圈足,肩部一对环形耳,下腹部的一侧正中也设一环形耳。朱凤瀚先生未将其列入壶的类别之中,而是单列一类,称为鉒[2]。此类器春秋时期在今之山东地区较为流行。

图4-88 平底鉒[3]

图4-89 有小足的鉒[4]

图 4-90 卵形壶[5]

图 4-91 提链鉒[6]

图 4-92 鹰首提梁壶[7]

---

[1] 毕经纬:《海岱地区商周青铜器研究》,陕西师范大学博士学位论文,2013年,第239页。
[2] 朱凤瀚:《中国青铜器综论》,上海古籍出版社,2009年,第240页。
[3] 凤鸟纽鉒,战国晚期,中国青铜器全集编辑委员会:《中国青铜器全集9》,文物出版社,1997年,图32。
[4] 乳钉纹鉒,春秋晚期,中国青铜器全集编辑委员会:《中国青铜器全集9》,文物出版社,1997年,图31。
[5] 侯母壶,西周晚期,中国青铜器全集编辑委员会:《中国青铜器全集6》,文物出版社,1997年,图69。
[6] 薛侯行壶,春秋早期,中国青铜器全集编辑委员会:《中国青铜器全集9》,文物出版社,1997年,图86。
[7] 鹰首提梁壶,战国早期,中国青铜器全集编辑委员会:《中国青铜器全集9》,文物出版社,1997年,图27。

2. 局部造型的特殊细节

齐鲁地区的青铜壶，多喜用提链。

鼎、簋、敦、铺等有盖器，盖上喜用三纽或四纽，多为矩形、环形或鸟兽首形（图4-93）。

鹰嘴形的装饰，有鹰嘴壶与鹰首匜（图4-94）。西周晚期的鹰嘴壶大多发现于齐文化区，如诸城臧家庄和临淄相家庄、商王村都有出土。此型壶的产生可能受到北方草原文化的影响，但其产生地可能是齐文化区[①]。齐国故城所见战国鹰首匜，口沿一侧有鹰首形流，鹰首钩喙，有耳，圆珠形目。

铜器有用裸体人形为足或纽的装饰（图4-95），多出于海岱莒文化区，有着明显的夷文化特征，时代也多在西周晚期至春秋早期[②]。

图4-93　鸟首环形纽[③]　　　图4-94　鹰首形流[④]　　　图4-95　裸人纽及足[⑤]

3. 典型纹饰与构图

齐国铜器纹饰与中原地区基本一致，特别是战国时期素面铜器占据多数，加上其间齐文化的大范围扩张，各区纹饰的趋同性较强，因此，较有特点的时期是春秋晚期，仅少量纹饰或纹饰组合较有特色。

乳钉纹，流行于商代晚期至西周早期，西周中期后已较为少见。但春秋晚期齐地在敦、铺等器类上出现了乳钉纹复苏的现象（图4-96），此后迅速流行，一直沿用至战国中期方才逐渐消失。

---

① 毕经纬：《海岱地区商周青铜器研究》，陕西师范大学博士学位论文，2013年，第239页。
② 方辉：《试论周代的铜匜》，《收藏家》2009年第6期，第68页。
③ 凤鸟纽铺，战国晚期，中国青铜器全集编辑委员会：《中国青铜器全集9》，文物出版社，1997年，图32。
④ 鹰首匜，战国，齐国故城遗址博物馆：《齐国故城遗址博物馆馆藏青铜器精品》，文物出版社，2015年，第90页。
⑤ 方奁（方辉文中称其为耦像铜匮），西周，山东省博物馆：《山东省博物馆藏品选》，山东友谊书社，1991年，第50页。

齐器的装饰相对来说比较简素，因而弦纹往往成为器物的主纹。如齐式高柄豆的豆柄，常饰有两至三组平行的凹弦纹（图4-97）。附耳平盖蹄足鼎，多为素面，中腹仅饰一道凸弦纹。

齐国故城所见春秋方壶，器身纹饰自口沿至底共有四层（图4-98）：最上层为口沿处，饰对称夔龙纹；第二层为颈部，中间饰"工"字纹，两侧对饰凤鸟；第三层为中腹部，饰对称的勾连云纹；最下层为下腹部，中间饰舞蹈状的羽人，两侧对饰鸟纹[①]。从纹饰的构图与布局来看，已经开始具备人物画像纹的一些基本特征，但明显处于萌芽状态，整体画面仍较为简单、粗率。同时，以铸纹方式来表现人物动态，也属于较罕见的形式。

图4-96　乳钉纹[②]　　　图4-97　凹弦纹[③]　　　图4-98　羽人与凤鸟纹[④]

（三）齐鲁青铜器的风格特征

齐鲁之地，土著文化复杂多样，同时鲁国又保留旧制最多，因此这一地区的青铜器，有着明显的复古倾向与土著文化因素的交融，创造出许多独特的样式。

1. 复杂的文化因素

齐鲁之地为东夷故地，北临燕地，南接江淮，西靠中原，其文化因素的来源多而复杂。从地理环境来看，北面有济水和黄河的天然阻隔，交通较为便利的主要是南

---

① 齐国故城遗址博物馆：《齐国故城遗址博物馆馆藏青铜器精品》，文物出版社，2015年，第56页。

② 乳钉纹敦，春秋晚期，中国青铜器全集编辑委员会：《中国青铜器全集9》，文物出版社，1997年，图14。

③ 国子豆，春秋晚期，中国青铜器全集编辑委员会：《中国青铜器全集9》，文物出版社，1997年，图18。

④ 铜方壶，春秋，齐国故城遗址博物馆：《齐国故城遗址博物馆馆藏青铜器精品》，文物出版社，2015年，第57页。

面的江淮及西南方的中原,这就使得山东地区南部受到外来文化因素影响更多。从历史传统来看,山东地区又是东夷故地,固有传统和习俗保留较多,这种地方文化的影响也反映在青铜器的造型之中。具体来说,山东地区青铜容器中,中原文化因素是主体,其次是本土文化因素,再次是楚文化因素,最后是微量的越、燕文化因素[①]。

2. 夷礼回潮的现象

前文所述,山东地区青铜容器中,中原文化因素是主体,本土文化因素次之。但自西周后期开始,山东铜器中的本土因素出现了急剧增长的局面,春秋晚期达到顶峰,尽管其总量仍然略少于中原文化因素,但相对而言,这个时期山东地区的本土文化因素已经形成了对中原文化因素的挑战,甚至更进一步影响到周边地区,形成一种文化上的回潮现象,有学者称之为"夷礼回潮"[②]。

"夷礼回潮"的原因,主要是西周后期以后周王室的统治力衰弱,地方势力增强,山东地区的东夷文化特别是东部、东南部以莒国为首的东夷故国仍然有较大的影响力所致。因此,这种文化上的分流首先出现于东部(包括东南部)夷人文化区,随着时间的推移,逐渐遍及全境,并对周边地区特别是中原一带产生了一定影响,形成山东青铜文化对中原地区的回潮现象[③]。

夷人原有的文化传统与周人存在较大差异,而周文化的强大地位又难以撼动,因此尽管出现了"夷礼回潮"的现象,但并未彻底改变山东地区青铜文化的面貌,而是与中原地区周文化相结合,在接受周文化元素的同时进行一定程度的改变,表现在青铜器上就是新元素如器类、组合、形制、纹饰等的出现。具体来看,这些具有本地特色的新形式,有新器类如铒,有新器形如环形系纽盘、卵形壶、裸人足盘、浅腹高足鼎等。

"夷礼回潮"的现象在春秋晚期达到顶峰,此后逐渐回落,至战国中期以后,中原文化因素恢复了绝对优势的地位。这一变化,与春秋晚期兴起的会盟、朝聘、联姻、人才流动、商业贸易等区域间的交流与融合密切相关,特别是战国时期,山东地区基本形成齐国独霸的局面,政治上的统一进一步加强了整个区域内部物质、文化的交流与融合,使青铜文化逐渐形成统一的面貌[④]。

---

① 毕经纬:《海岱地区商周青铜器研究》,陕西师范大学博士学位论文,2013年,第244页。
② 高广仁:《莒国在东周夷夏融合大势中的地位和作用》,《考古学集刊(第18辑)》,科学出版社,2010年,第298~305页。
③ 毕经纬:《海岱地区商周青铜器研究》,陕西师范大学博士学位论文,2013年,第264页。
④ 毕经纬:《海岱地区商周青铜器研究》,陕西师范大学博士学位论文,2013年,第271页。

3. 纹饰的"复古"现象

山东地区的青铜纹饰存在一定程度的"复古"现象，部分商及西周时期流行的纹饰，在春秋战国时期的山东地区又再次出现，这种"复古"现象也是山东地区青铜艺术的一个特点。如兽面纹，西周后期以后基本不作主体纹饰使用，但山东地区东周时期的部分器物上仍然可见作为主体纹饰的兽面纹，如春秋后期的沂水刘家店子M1出土的2件镬鼎腹部纹饰，此外，本地春秋至战国时期的铜鼎足根部位装饰兽面纹的现象也比其他地区普遍。又如乳钉纹，传统的乳钉纹流行于商代晚期至西周早期，西周中期以后已较为少见，但山东地区在春秋晚期至战国中期，乳钉纹复出并流行。这种"复古"现象的原因，可能与当地的地理环境有关，因其地貌复杂，与外界的交流较少，故而还保留着中原地区早已不用的纹饰。同时，还可能与当时青铜纹饰风格转向素朴明快有关，乳钉纹与当时齐地流行的三角纹、弦纹等，都属于几何化的纹饰，适应当时流行的素朴风格。

三、燕文化圈

（一）概况

西周初年，燕国始封，都城为蓟，即今之北京房山琉璃河。战国中期燕昭王时，在今易县修建了武阳城，作为下都，以蓟作为上都。燕国是周朝在北方最重要的封国，对于周在北方的统治非常重要。根据考古学提供的资料，燕国的影响在西周前期已深入河北省北部和辽宁省西部。东周时期燕的统治地域进一步向北扩张。但春秋时为少数民族戎狄阻绝，与中原华夏各诸侯国较少往来。战国时，燕国有较大发展，特别是在辽东取得了广阔的领域，不过在当时的七雄之间，仍是最弱的一个。其统治所及之地，最大范围大致包括今之河北中部、北部，京津地区，辽宁西南部和内蒙古东南部地区，其中以北京及其周围地区最为重要[①]。

能确定为东周时代的燕国青铜器数量不多，具铭者也罕见，故确定燕国铜器主要靠原燕国范围内以及其他地区考古发现的青铜遗物，综合考察可确定为燕国铜器者[②]。根据地理位置来看，东周时期燕国出土青铜容器遗址主要集中于北京及其周围地区和辽宁西南部地区。

此外，可以并入北方燕系文化圈的，还有中山国及赵国北部原代国的遗存。

---

① 李学勤：《东周与秦代文明》，文物出版社，1984年，第86、95页；杜廼松：《论东周燕国青铜器》，《文物春秋》1994年第2期，第45页。

② 杜廼松：《论东周燕国青铜器》，《文物春秋》1994年第2期，第46页。

中山国在今之河北省西南部，即石家庄一带及保定以南、以西地区，位于太行山山脉之东，这一区域在战国时期是中山国所在。中山国文化遗存最重要的发现，是河北平山三汲乡中山王陵。中山国因其地处中原与燕的中间地带，其青铜器物也兼具了这两者的特点，既有与中原相类似者，也有与燕器风格相近者。如鼎、鬲等盖上的三环角纽，在战国燕器中较为多见。

山西北部浑源李峪村墓葬，李学勤先生认为是浑源一带春秋晚期北戎代国灭后赵人的墓葬[1]。浑源铜器从其形制与纹饰来看，包括三种类型的器物，即晋式器、燕式器和仅见于李峪的独特形式器[2]，特别是第三类器物，有不少具有北方青铜文化的特点。

燕、代及中山，各有其不同的文化特性，但也存在着较为明显的共性，即以中原文化为主同时融合了北方草原文化的部分因素，可以将其并入一个统一的燕文化圈来讨论。当然，燕文化在其中居于核心地位，而中山国及浑源地区则是处在中原文化圈与燕文化圈的交界地带，多种文化因素并存的特点比较明显。

西周早期的燕国青铜器，仍以中原类型青铜器为基础，同时吸收并接纳了少量土著文化因素。东周时期，燕器中纯粹的中原形制青铜容器以及土著文化类型青铜器都在减少乃至消失，而兼具中原与土著两种因素融合而形成的具有燕国特色的青铜器逐渐增多，这类青铜器有的仅是在中原类型的基础上做某些细节的调整，如器耳、器纽、柄部等的变化，有的则更具独创性。

（二）独创性的器物造型特征

东周燕器虽具有战国青铜器较明显的共性，但也长时间地保留着浓厚的地域特征，器形方面的特点十分突出。从容器造型来看，普遍性的特点是体形修长，特别是细而高的蹄足，更为典型。从具体器类看，典型的器型主要有深腹高足外侈耳鼎、深腹高足环耳鼎、扁圆腹长柄豆、球形腹长柄豆、环耳深腹有盖圈足簋、长圆形敦、凤首流高足匜等。

1. 典型器类

燕式鼎（图4-99），均为细高蹄足圜底有盖鼎，盖上有三纽，为环形、兽首形或鸟首形，或曲折附耳高于盖沿而外侈、鼓腹，或双环耳、深圆腹。

燕式簋（图4-100），典型造型为深腹环耳簋，腹部横截面为椭圆形，腹下收近半圆形，隆盖，盖上多作三兽首或鸟首形纽，高坡状圈足，流行于战国早中期。

---

[1] 李学勤：《东周与秦代文明》，文物出版社，1984年，第59页。
[2] 李夏廷：《浑源彝器研究》，《文物》1992年第10期，第61~75页。

图4-99　燕式鼎①　　　　　　　　图4-100　燕式簋②

青铜敦中的球形敦，以战国时的齐、楚与燕最发达，而在形制上有一定区别，楚国的铜敦多作圆球形，齐国的铜敦多作扁圆形，燕国的铜敦则多作长圆形（图4-101）③。另一类型的敦，高蹄足与同时期的燕鼎相似，而器身、耳、盖及盖上三纽，又与同时期的深腹环耳簋极为相似（图4-102）。

图4-101　燕式敦④　　　　　　　　图4-102　燕式敦⑤

① 龙纹鼎，战国早期，中国青铜器全集编辑委员会：《中国青铜器全集9》，文物出版社，1997年，图97。
② 镶嵌兽纹敦，春秋晚期，中国青铜器全集编辑委员会：《中国青铜器全集8》，文物出版社，1995年，图46。
③ 杜迺松：《论东周燕国青铜器》，《文物春秋》1994年第2期，第47页。
④ 变形蟠龙纹敦，战国早期，中国青铜器全集编辑委员会：《中国青铜器全集9》，文物出版社，1997年，图109。
⑤ 鸟纽蛇纹高足敦，战国早期，中国青铜器全集编辑委员会：《中国青铜器全集9》，文物出版社，1997年，图105。

燕器中的豆较为发达，有长柄和短柄之分，而以长柄豆最为独特。其基本形制与中原式圆腹盖豆相似，而豆柄极高极细，盖上有圈形捉手或三纽（图4-103）。这种类型的燕国铜豆，分布较广，从现有材料看，出现于战国早期，燕国仿铜陶礼器中也常可见到这种高柄豆，但不见于中原①。如通县中赵甫、唐山贾各庄出土的铜豆，即此形状。通县中赵甫出土的豆高度达到50.2厘米，盖上有三个倒置的高蹄足形纽，造型十分奇特（图4-104）。

图4-103　燕式长柄豆②　　图4-104　燕式长柄豆③

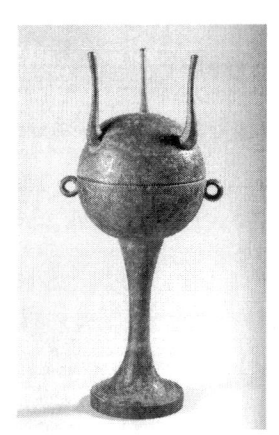

2. 典型装饰

燕器的盖上喜用高浮雕的鸟兽形纽（图4-105），如鼎、簋、敦等器类均有这种装饰。

战国中期的中山王𰯲方壶，肩部四角分别饰有双目圆睁、张口昂首、蜿蜒上攀的圆雕翼龙（图4-106）。

夸张而华丽的透雕装饰也有出现，如江苏盱眙南窑庄出土的战国中期金银错铜丝网套壶（图4-107），其铭文"陈璋伐匽（燕）之获"可证其为燕器。壶的肩、腹所饰铜丝网套，由96条卷曲的龙和576枚梅花钉交错套扣而成，网套中部有错金云纹铜箍，箍上有相间兽首衔环和倒垂的浮雕兽各四个，环与立兽上有错金银纹饰，壶颈和圈足上、网套下面的肩与腹部，分别饰错金银斜方格云纹，整体造型玲珑剔透，精巧华美④。

---

① 朱凤瀚：《中国青铜器综论》，上海古籍出版社，2009年，第1983页。
② 嵌绿松石蟠龙纹豆，战国早期，中国青铜器全集编辑委员会：《中国青铜器全集9》，文物出版社，1997年，图115。
③ 几何纹长柄豆，战国早期，中国青铜器全集编辑委员会：《中国青铜器全集9》，文物出版社，1997年，图116。
④ 杜廼松：《论东周燕国青铜器》，《文物春秋》1994年第2期，第46、47页。

图4-105 高浮雕的盖纽①　　图4-106 圆雕攀龙②　　图4-107 金银错铜丝网套壶③

燕器特别流行东周以来常见的绳络纹（图4-108），在铜器的腹、足、柄、纽等部位上都有表现。以绳络纹为界格的格形构图也比较流行。还有腹部装饰的十字形绳络纹，在装饰较为简素的铜器上也比较多见。

以红铜镶嵌的狩猎纹与兽纹也较发达，如河北唐山贾各庄出土的镶嵌狩猎纹壶（图4-109）和兽纹细柄豆等。浑源李峪铜器及中山国铜器也流行红铜镶嵌的这种纹饰。

图4-108 绳络纹④　　图4-109 嵌红铜狩猎纹⑤

---

① 交龙纹敦，春秋晚期，中国青铜器全集编辑委员会：《中国青铜器全集8》，文物出版社，1995年，图47。

② 中山王䰙方壶，战国中期，中国青铜器全集编辑委员会：《中国青铜器全集9》，文物出版社，1997年，图154。

③ 金银错铜丝网套壶，战国中期，中国青铜器全集编辑委员会：《中国青铜器全集9》，文物出版社，1997年，图122。

④ 络纹簋，战国早期，中国青铜器全集编辑委员会：《中国青铜器全集9》，文物出版社，1997年，图103。

⑤ 嵌红铜狩猎纹壶，战国早期，中国青铜器全集编辑委员会：《中国青铜器全集9》，文物出版社，1997年，图119。

（三）燕文化圈青铜器的艺术风格

1. 农牧文化交界地带的文化融合特征十分明显

燕、中山及浑源地区，其地理位置基本在中国北方农耕区域与草原游牧区域的交界地带。燕、赵以北有许多少数民族分布，其影响较大者，春秋时以山戎为大，战国时则以肃慎、东胡、匈奴三者为大[①]。因此，多种文化之间的交互影响在这里就成为必然。从总体来看，草原文化因素不仅在饰物及兵器上有非常典型的表现，也直接影响到青铜容器的造型及装饰风格。从纹饰来说，这一地区流行的人物画像纹，主要题材是狩猎纹和动物纹，这反映了草原游牧文化的特色。此地特别流行的绳络纹，已有学者指出很可能是受到北方草原文化的影响而形成，在战国时期，绳络纹在各个区域都比较流行，但此地仍然有较高的应用比例。

2. 保持西周以来中原礼器旧制的特点较明显

燕文化圈的青铜容器，东周时期的器类组合与中原诸国基本一致，都为鼎、豆、簋、壶、盘、匜，其纹饰也继承了中原地区西周时期的作风，如兽面纹长期、大量的应用。这种保持旧制的原因，应该与其族属及地理位置有关。燕国为周初分封的北方姬姓大国，"以藩屏周"的地位十分重要，同时又远离周文化的核心区域，处在异族文化的包围之中，为保持自身的政治正统地位以及文化上的属性，坚持遵循姬周旧制就具有了特别重要的意义。当然，从现实情况来看，这种坚持仍然无法完全阻隔周边土著文化的渗透与侵蚀，因此也使燕文化器物具有了中原文化与北方草原文化的双重特征。

3. 战国前期盛行以成套的仿铜陶器随葬，反映出对礼制变通的特点

战国前期的燕国墓葬中多出土整套的彩绘仿铜陶器，构成完整的礼乐器，如易县燕下都九女台M16[②]、北京昌平松园的两座墓[③]、河北承德滦河镇墓葬[④]等。

燕墓中流行随葬这种成套仿铜陶器，其原因应当是多方面的。首先，燕国为姬姓大国，屏卫北方，这就使得其对自身的政治与文化的正统地位十分重视，前述燕器长期保持西周旧制的特点也说明了这一点。其次，燕国地处偏远，远离中原，社会经济

---

① 杨宽：《战国史》，上海人民出版社，1980年，第266页。

② 河北省文化局文物工作队：《河北易县燕下都第十六号墓发掘》，《考古学报》1965年第2期，第79~102、166~175、178、179页。

③ 苏天钧：《北京昌平区松园村战国墓葬发掘记略》，《文物》1959年第9期，第53~55页。

④ 承德离宫博物馆：《承德市滦河镇的一座战国墓》，《考古》1961年第5期，第244页、图版7。

及技术的发展程度相对较低，铜料来源也不可知，贵族阶层很可能不具备雄厚的财力或者难以取得大量铜料以支撑大规模铸造青铜器的要求，不得已的情况下，采用模仿青铜礼器的成套陶器以作随葬。就我们所见的这些仿铜陶器来看，其精美与复杂程度已远远超越了一般陶器的概念，完全可以作为燕国青铜礼器的补充资料来作以参考，也足以反映此时燕地器物的艺术风格。

四、秦文化圈

（一）概况

秦文化圈主要是指今陕西及甘肃东部地区，亦称关西地区。

秦人早期是居住在甘肃东部的嬴姓部族，秦先祖非子为周王养马，得赐秦邑（约在今宝鸡东），始称秦。平王东迁时，秦襄公护送有功，始封为诸侯，得赐岐山以西之地。自此时起，秦人在周人故地兴起，并迅速向东、西扩张。春秋中期秦穆公时，西伐犬戎，东败晋人，使秦人的势力扩张至自黄河以西直至甘肃东部的广大地区。战国中期，商鞅变法之后，秦人的强大更是所向披靡，走上了一统天下的道路。

秦人崛起的历史，也决定了其青铜文化的独特面貌。秦人早期的活动范围主要在甘肃东部地区，其青铜文化受戎人文化影响较深。春秋之时，秦人已居周人故地，春秋早期其青铜文化继承西周器制颇多，至春秋中期，逐渐形成自身的独特面貌，开始表现出典型的秦式风格，所谓秦式器已经出现，如粗大蹄足高接于腹部的秦式鼎，簋、壶、盉等器物上接铸的各种活泼的鸟兽形附饰[1]。春秋晚期至战国早期，秦器退化衰败的倾向明显，器物普遍矮小，胎薄，明器化，同时大量地出现了仿铜陶器，素面无纹饰的铜容器数量急剧增加。战国中期，秦器突然出现全面的新旧交替，春秋型秦器群里最基本、最重要的一批典型器物，如立耳无盖、三足鼓张的鼎，双耳高圈足、平盖直唇、近乎直腹的簋，甑鬲套接的方甗，大帽压顶、侈口束腰、高圈足的方壶，被作风全然不同的另外一路器物取代，这些器物包括敛口、三纽隆盖、鼓腹附耳蹄足的扁球形鼎，称之为"钫"的方壶，称之为"锤"的圆壶，釜甑套接的圆甗，小口卷沿的鍪，造型奇特的蒜头壶等[2]。战国晚期，秦器的铜陶互补现象依然存在，鍪、蒜头壶、蒜头扁壶及共存陶器中的茧形壶这一批带有浓郁的西北地区特色的新器类、器形的突然涌现及广泛流行，是本期的最大特点，也是战国型秦铜容器进入全盛阶段的重

---

[1] 朱凤瀚：《中国青铜器综论》，上海古籍出版社，2009年，第1858页。
[2] 陈平：《试论关中秦墓青铜容器的分期问题（下）》，《考古与文物》1984年第4期，第65页。

要标志[1]，此外还有一种通称为釜的炊食器，其用途当与鍪同。素面无纹饰的铜器已成为主流。

与列国铜器相比，秦器的风格更为质朴、刚健，也更加强调器物的实用性，这与秦文化整体的面貌也是比较一致的。战国中晚期，随着秦人势力的不断扩张，具有秦人风格的青铜器也在更广泛的地区有所发现。

总的来看，秦器地域风格的形成有两个值得注意的时间段，即春秋中期和战国中期。春秋中期出现了典型的秦式器。战国中期则出现了更为彻底而全面的风格转变。这两个时期恰恰也是秦人实力增长迅猛、大力向外扩张的时期。春秋中期有秦穆公位列春秋五霸，战国中期有商鞅变法，更是将秦国推向强盛的巅峰。政治与军事上的强大与自信也反过来影响秦国的青铜文化，使秦人在汲取各种传统或外来文化因素的基础上，构建了独属于秦人的青铜文化风貌。

（二）独创性的器物造型特征

秦国地处西隅，其发展状况长期落后于中原诸国，至战国中期，秦人实力大增，与中原地区的文化交流程度也迅速提升。反映在青铜器的器类、器型上，秦器的春秋与战国两个阶段都具有鲜明的特点。春秋阶段的秦器，其典型特点是在沿袭西周传统的基础上作以局部变化，典型的器型主要有秦式鼎、秦式簋以及秦式甗。战国阶段的秦器，在主流器类上已全面接受中原文化的影响，但同时也产生了极具地方特色的新的器类与器型，如蒜头壶、鍪以及上甑下釜式的圆甗。

1. 典型器类

秦式鼎。秦器中的鼎可分为春秋型与战国型两大类。春秋型秦鼎，属于典型秦器，或称"秦式鼎"（图4-110），其基本形制是，立耳无盖，浅腹，圜底趋平，腹形如盘，粗大鼓张的蹄足高接于下腹部以至腹中部。从其造型特点来看，基本沿袭了西周晚期立耳无盖鼎的传统形式，尽管中原地区此时附耳鼎已成为鼎制主流，但始终未能影响到秦器，立耳鼎基本上可以说是春秋时期秦国铜鼎唯一的器制[2]。在继承西周器制的基础上，典型的变化主要在鼎足，三足自腹底渐移向腹外侧，足根处逐渐上移接近腹中部，渐成鼓弩开张之势。

蒜头壶（图4-111），属于典型的秦器，出现于战国晚期。其基本形制为：细长颈，圆鼓腹，腹底带圈足，特别是口沿似蒜头形，因而得名。其变化趋势是：颈由短变长，壶口的束箍弦纹逐渐下移至颈中部，纹路层次加多，口部蒜头形由短细内收变为长粗外展，壶腹由高长而趋扁鼓，重心下移，圈足逐渐升高。蒜头壶出现在秦器组

---

[1] 陈平：《试论关中秦墓青铜容器的分期问题（下）》，《考古与文物》1984年第4期，第65页。

[2] 朱凤瀚：《中国青铜器综论》，上海古籍出版社，2009年，第1868页。

合中非常突然，其形制来源难以明确界定，学者推测其有可能是秦以外的我国西北某些少数民族文化突然传入秦地的结果[1]。蒜头扁壶（图4-112），是秦式蒜头壶与中原地区流行的扁壶融合而成的新样式，除口部作蒜头形、腹部纹饰不同外，造型与战国中晚期的中原扁壶并无太大区别。

图4-110　秦式鼎[2]　　　图4-111　蒜头壶[3]　　　图4-112　蒜头扁壶[4]

鍪的造型朴素简单，基本作为日常炊具使用。其基本形制为：整体似罐，侈口，束颈，圆肩，鼓腹，圜底，肩、腹交界处有单或双的环状耳（也有无耳的）（图4-113）。鍪的形制总体变化并不明显，主要在器体的高矮及耳部的变化上，早期个高、腹深，晚期个矮、腹浅，耳的变化则是从单环耳到一大一小的双环耳再到大小一致的双环耳。秦器中的鍪源自巴蜀青铜器，最初出现于战国早期；战国中期，秦灭巴蜀，鍪开始传入关中地区；随着秦灭六国的进程，鍪逐渐向各地扩散[5]；此后，一直沿用至东汉时期。鍪自巴蜀流出即首先被秦人采用，反映了秦文化中强烈的实用色彩[6]，其流行的地域自巴蜀扩散至更广大的地区，也反映了战国中期之后青铜器整体向实用器转化的趋势。

2. 典型装饰

总体来看，秦器的装饰是较为朴素平实的，缺少楚器或中原铜器那种极其华丽多变的造型。比较有特点的是秦式蟠螭纹。

---

[1] 陈平：《试论关中秦墓青铜容器的分期问题（下）》，《考古与文物》1984年第4期，第65页。
[2] 蟠蛇纹鼎，春秋中期，中国青铜器全集编辑委员会：《中国青铜器全集7》，文物出版社，1998年，图35。
[3] 湖北省文物考古研究所、襄樊市考古队、襄阳区文物管理处：《襄阳王坡东周秦汉墓》，科学出版社，2005年，彩版一二。
[4] 湖北省文物考古研究所、襄樊市考古队、襄阳区文物管理处：《襄阳王坡东周秦汉墓》，科学出版社，2005年，彩版一二。
[5] 陈文领博：《铜鍪研究》，《考古与文物》1994年第1期，第66~76页。
[6] 张懋镕：《铜鍪小议》，《四川文物》2009年第2期，第53、54页。

第四章　两周青铜艺术的地域风格

图4-113　铜鍪①

秦式蟠螭纹（图4-114），自春秋中期中叶开始流行，是在中原地区流行的蟠螭纹基础上加以变化而来，标志着春秋秦国青铜器典型文化特征的全面显现。其基本造型为：以数条变形的小龙躯干相互密集地直角缠绕、勾连形成一个纹饰单元，每个纹饰单元两边的小龙躯干也是斜出伸张、相互交叉，形成难以分割的完整图案，各个单元横向连续展开，形成较宽的纹饰带，如礼县圆顶山M2、M1、M4，陇县边家庄M1，八旗屯M27所出之器②。与中原诸国相比，秦式蟠螭纹小龙的头、目保留较多，轮廓线作双钩封闭式，上下两线间距极小，线条细密匀丽而流畅，其纹饰布局、图案风格也有明显差异③。此外，秦式蟠螭纹与波带纹较为固定的搭配，也是秦器不同于中原诸国的典型特征。

春秋晚期偏早至晚期中叶，秦式蟠螭纹仍流行，稍有变化的是小龙龙首多已不见，如宝鸡阳平秦家沟M1、M2，长武上孟村M27，眉县水泥厂墓，礼县圆顶山M3所出之器。

图4-114　秦式直角蟠螭纹④

此外，秦人所居之地僻处西隅，长期与戎人杂居，其所造之器不可避免地汲取了戎人文化的因素。这种"戎化"的面貌，不仅在秦人发展的早期有所体现，甚至一直延续到秦人势力逐渐攀至巅峰之时。如甘肃泾川战国中期秦墓所出翼兽形提梁盉（图4-115），其造型与中原器物有着明显的差异，具有更多异域风格。

---

① 陕西省考古研究院：《西安尤家庄秦墓》，陕西科学技术出版社，2008年，彩版一。
② 朱凤瀚：《中国青铜器综论》，上海古籍出版社，2009年，第1864、1865页。
③ 陈平：《试论关中秦墓青铜容器的分期问题（下）》，《考古与文物》1984年第4期，第69页。
④ 交龙波曲纹鼎，春秋早期，陈佩芬：《夏商周青铜器研究（东周篇·上）》，上海古籍出版社，2004年，第13页。

图4-115　翼兽形提梁盉[1]

（三）秦器的艺术风格及形成原因

从秦人历史的发展来看，早期有西戎文化的影响，春秋时深受西周传统的影响，战国中期随着秦人社会的变革又发生剧变。多种文化来源的影响，特别是春秋中期与战国中期的社会剧变，也深刻反映在秦器的艺术风格上，自"戎化"，而"周化"，而具有完全独立的面貌。在此基础上，有别于东方诸国质朴敦厚的风格和强烈的实用主义倾向，也成为秦器独具一格的特点。

1. 秦文化的不断变革对秦器艺术风格的影响

（1）"戎化"时期

秦人的起源，学界多认为来自东夷。黄留珠先生将秦文化的渊源概括为"源于东而兴于西"，"源于东"，指的是秦人、秦文化的原始发祥地在东方，"兴于西"，指的是秦人、秦文化的复兴之地在西方。自东而西，秦人经历了一个漫长的迁居过程。迁居之后，秦人深受西方戎人文化的影响，黄留珠先生把这种影响称为"戎化"[2]。秦文化中的游牧文化因素，包括秦人与中原诸国不同的精神气质，与这种长期的"戎化"有很大关系。

（2）"周化"时期

公元前770年，东迁洛邑的周平王封秦襄公为诸侯，赐以"岐以西之地"，秦人就此立国。自此直至战国中期之前，秦文化基本以全面吸收、继承周文化为特征，包括官制、文字、礼乐法度到农业、手工业生产等方面，可以称为"周化"时期。这种对周文化的学习和借鉴，使秦国迅速强盛起来，步入春秋霸主的行列，史称"开地千里，遂霸西戎"。但这一时期的强盛并不持久，春秋后期至战国初期，秦国一度衰

---

[1] 翼兽形提梁盉，战国中期，甘肃省博物馆：《甘肃省博物馆文物精品图集》，三秦出版社，2006年，第92页。

[2] 黄留珠：《秦文化二源说》，《西北大学学报（哲学社会科学版）》1995年第3期，第30页。

落①。因其僻处西陲的地理位置以及比较落后的发展程度，特别是在对外扩张遭受挫折之后，秦文化与中原地区的交流也遇到较多的障碍，这种相对封闭的状态使秦文化不得不走上一条相对独立的发展道路，反映在青铜器上，就是春秋秦器与中原铜器发展状况的脱节，中原诸国铜器上发生的多次重要进化，在秦铜容器上几乎皆未发生，所谓"秦式器"，就是这种脱节状况的直接表现。当然，在这一阶段中，秦人与中原诸国间的交流并未完全断绝，如秦式蟠螭纹就是在中原流行的蟠螭纹基础上发展而来的，但这种微弱的程度远不足以完全彻底地改变秦文化的面貌。

（3）突变与独立面貌的形成

秦文化的突变，主要在战国早、中期之交。秦孝公时，商鞅变法，秦文化因法家思想的注入发生了质的飞跃，国力也有了突飞猛进的发展，秦国逐步成为当时政治与军事上的头号强国。秦的强大伴随着一步步的向外扩张，过去的封闭状态被迅速打破，与中原诸国的交往空前增加，中原地区铸造精美的器物以及发达的铸造技术也源源不断地流入秦地，对相当封闭而落后的秦器形成了巨大的冲击，面对这种文化上的巨大落差，秦人采取了拿来主义的做法，迅速汲取了中原文化的营养，从而彻底改变了秦器的面貌。在较短的时间内，秦人淘汰了一大批春秋型重要器物，而以新型的中原式和秦式铜器取而代之，如前述的蒜头壶、鍪等即是直接的表现。这种全面而迅速的新旧交替，也为中原诸国所未见，随着秦人一统天下的战争进程，这些新式的器物也随之扩散至更广大的区域，"与当地文化融合并存，或取而代之，余风所及，直至两汉之际"②。

2. 质朴敦厚的风格和强烈的实用主义倾向

从考古发现来看，秦器普遍器形较小，纹饰简单，铸造也较为粗糙，其数量和质量都与中原诸国存在明显的差距。这种差距形成的原因，在春秋时期尚可说是秦人的社会发展程度较中原诸国更为落后，铸造技术、物质财富等都有不足。但到战国中期之后，秦人的势力急剧增长，已经有横扫天下之势，随着秦国社会内部的改革、对外战争的不断胜利，这一时期的青铜铸造业在前期的基础上有了飞跃发展，雍城遗址出土的大型青铜建筑构件、秦都咸阳发现的占地面积达900平方米的冶铜作坊遗址，都反映出秦人青铜铸造的技术发展和宏大规模③。在这种情况下，秦器仍未出现大量装饰华丽、铸造精良的青铜器，整个社会对青铜制品的使用不进反退，朴素无华的实用器物成为主流，如前述的蒜头壶、鍪、釜、上甑下釜的圆甗等，这种质朴敦厚的风格和强烈的实用主义倾向，原因何在？简单来说，主要有以下三个方面。

---

① 黄留珠：《秦文化概说》，《秦文化论丛（第一辑）》，西北大学出版社，1993年，第74页。
② 陈平：《试论关中秦墓青铜容器的分期问题（下）》，《考古与文物》1984年第4期，第69页。
③ 黄留珠：《秦文化概说》，《秦文化论丛（第一辑）》，西北大学出版社，1993年，第76页。

（1）原料来源的限制

秦国的属地，长期仅在陕甘之地，可获得的铜料来源较为稀少。同时，长期处在战争状态，又使秦人必须集中资源，优先满足战争需求，有限的铜料必须首先用于兵器铸造，在礼、乐器方面的需求必然要受到挤压。考古发现的秦器中，铜兵器有一定的数量，而大型礼、乐器较少，诸多墓主身份较高的秦墓内只随葬了铜明器，有的更用仿铜陶礼器来代替铜器，这也可以说明秦器的简朴并不仅仅缘于技术的落后，更可能是为了节省用铜的缘故[①]。

（2）政治因素的影响

秦国在商鞅变法之后，已完全转向以法家思想治国，其高度的集权思想也影响到对青铜铸造业的管理。秦的统治者为了加强和维护中央集权，防止威胁统治的因素如地方铸造的金属兵器大量出现，对地方青铜铸造业采取了严格的抑制政策。这也使得秦青铜容器尽管在装饰工艺的技术上已经有了很好的表现，但采用这些装饰工艺的铜器数量不多，大量出现的主要是素面器或装饰简单的铜器。

（3）文化倾向的影响

秦文化具有很强的功利主义倾向，这是商鞅变法后引入法家思想的结果。变法在秦人社会中形成了"贪狠强力，寡义趋利"的倾向。而且，秦人这种追求功利的行为是非常坦率直接、毫无遮掩的，"它既没有蒙上道德的幕纱，也没有披上仁义的外装，更没有涂上浪漫的色彩。这就是秦文化的功利主义与其他文化的功利主义的区别之所在"[②]。这种功利主义的精神特质，使秦人在采用青铜器时，更为注重器物的实用意义，而较为忽略器物的装饰效果和审美价值，因此而造成秦器中普遍存在的轻装饰、重功用的倾向。总体而言，秦器的风格是朴素、简洁、明快、敦实，"在这里实用同艺术是统一的，但实用是第一性的，艺术则以实用为自己的前提"[③]。

五、楚文化圈

（一）概况

长江中游包括汉水、淮水流域，从文化属性的角度，基本可以划为一个统一的楚文化圈。这个范围中，自西周至战国末期，政治上总体的形式是不断地兼并与集中。

楚国的建立可追溯到商末周初，当时的楚国只是一个处于蛮夷之间的小国，周文王时归附于周。西周时期，楚已经成为南方长江中游较大的势力，即所谓荆蛮。西周

---

① 王学理、尚志儒、呼林贵：《秦物质文化史》，三秦出版社，1994年，第29页。
② 黄留珠：《秦文化概说》，《秦文化论丛（第一辑）》，西北大学出版社，1993年，第93页。
③ 王学理、尚志儒、呼林贵：《秦物质文化史》，三秦出版社，1994年，第360页。

晚期至春秋初年，中原周王朝逐渐衰落，而楚国则实力不断增长，并不断向外扩张。楚人的扩张方向，先向北后向东，至楚文王时，先后征服和灭掉了汉阳诸姬，势力从丹阳至江陵一带扩张到了汉水流域。春秋早期，楚国已控制了长江中游地区，成为一个强大的诸侯国。进入战国时期，楚国继续发展，其疆域为列国最大，包括现在的湖北、湖南等省的大部分和河南、陕西、四川、江西、安徽、浙江、山东等省的一部分，广东、广西、云南、贵州等地也是其势力范围。这些地区的文化交流融汇，最后都合并于楚，形成了一个范围广大的楚文化圈。同时，这一地区长期存在的各民族错居的状态，又使其文化因素兼有中原影响与土著文化的地方特色，从而形成了普遍的文化杂交的特征[1]。

目前这些地区发现的青铜时代遗存日渐增多，比较有代表性的、数量较多的发现，除楚国遗存外，主要是曾国和蔡国的遗存。

楚国青铜器的发现遍及长江中下游，是东周诸侯列国青铜文化内涵最为丰富的部分，其数量、规模及制作工艺，都达到了极高的水平。

曾，即史籍记载之随，其地在今之湖北随县，始封于西周初年[2]。春秋早期，曾国的疆域大致在今天的湖北枣阳、随州、京山到河南西南部的新野一带。公元前400年左右，楚国逐渐征服汉阳诸姬，曾国也被并入楚国的版图。曾国为汉阳诸姬之一，其文化具有明显的周文化的影响。同时，又因为临近的楚国日渐强大，对曾国的文化也产生了明显的影响。楚灭曾之后，曾国成为楚国附庸，曾国的文化也成为楚文化的一部分[3]。

曾国青铜器的形制在春秋早、中期仍与中原器物有密切关系，至春秋晚期，如鼎、盏等器类已经与楚国青铜器有较多的共同点，表现出与楚文化的交融。战国时期，曾侯乙墓铜器除较多地吸收楚器制度外，还在组合上一定程度地糅合了中原的制度，同时在形制、纹饰上又保留了自己的一些特征[4]。

蔡，是西周初年分封的姬姓诸侯国。从春秋早期开始，蔡之国势日衰，沦为霸主附庸，国都一再迁移，自河南上蔡，迁至新蔡，又迁至州来，即今安徽寿县。公元前453年，蔡灭于楚。蔡虽然迁至被南淮夷和群舒包围的地区，但仍保持中原文化传统，同时又与吴、楚频繁交际，深受其影响[5]。

---

[1] 熊传薪：《楚、曾诸侯国的青铜艺术》，《中国青铜器全集10》，文物出版社，1998年，第1页。
[2] 蔡靖泉：《曾国考古发现与曾随历史问题》，《湖北社会科学》2018年第9期，第184页。
[3] 熊传薪：《楚、曾诸侯国的青铜艺术》，《中国青铜器全集10》，文物出版社，1998年，第5、6页。
[4] 朱凤瀚：《中国青铜器综论》，上海古籍出版社，2009年，第1729、2092页。
[5] 郝本性：《虢、郑、秦、蔡、黄等国青铜器概述》，《中国青铜器全集7》，文物出版社，1998年，第8页。

蔡国青铜器，较少见春秋晚期以前的器物。目前具代表性的发现，是春秋晚期的安徽寿县蔡侯墓铜器群。蔡侯墓铜器在食器组合上更接近中原铜器组合形式，但在鼎的类型上已经接近楚国鼎制；在酒器组合上，蔡侯墓的组合形式更具有自身的独特之处；在水器组合上，蔡侯墓的某些器类如缶、盆等，更接近楚器的特征。从器物的组合形式和器类特征来看，蔡国铜器除继续保持与中原的联系之外，也呈现出楚文化影响的某些特征[①]。

楚、曾、蔡的器物，具有各自不同的特点，同时也具有共同的楚文化特征。学界一般将其都归入楚式青铜器或楚系青铜器。

从与其他文化系统器类的关系来说，楚式青铜器可划分为四个有差异的类别[②]：第一类是中原传统型，基本上继承西周以来的周式器形，与同时期中原地区同类器形没有太大的差异，如鼎类器中的折沿鼎、子口鼎，周式鬲、甗、簋、簠、豆、壶、盘、匜等；第二类是周楚结合型，在周式器类的基础上对形态做了革新，如束腰平底升鼎、箍口鼎、楚式鬲，装饰华丽的禁、盘尊、浴缶等；第三类是楚地独创型，在周式器类中未见，如被楚人称为"盏"的敦；第四类是楚人吸收中原地区以外的其他文化铜器因素的器型，如小口鼎、越式鼎。

从青铜器发展的角度来看，以上几种类型的楚器也呈现出不断趋向集中和统一的特征。在本区域内部，不同国别的青铜器具有各自的特点，又呈现出逐渐统一的文化面貌。与外部的其他区域相比，本区域的特色又表现出越来越鲜明的总体的地方特征。这种地方特征，与直至今日在中国文化中表现出来的南北之别颇有相似之处，呈现出南方文化所共有的浪漫、绮丽的风格。

（二）独创性的器物造型特征

楚系青铜器，在继承中原商周因素的基础上又展现出浓烈的地方文化的影响，在器物造型设计、纹饰题材与构图、装饰手法及工艺上，都不同程度地表现了楚文化自身的发展特点及特有风格。其独特的艺术风格和高超的艺术成就，不仅影响了周边的巴蜀、百越，同时也影响了周边的中原青铜文化。

1. 典型器类

楚式青铜器中，地域特色最浓厚的、最具代表性的器类、器型，主要是楚式束腰平底升鼎和球形敦。

（1）束腰平底升鼎

鼎是楚系青铜器中发现最多的器类，按其形态可分为折沿侈耳鼎、附耳折沿束颈

---

① 朱凤瀚：《中国青铜器综论》，上海古籍出版社，2009年，第1753页。
② 刘彬徽：《楚系青铜器研究》，湖北教育出版社，1995年，第584、585页。

鼎、子母口盖鼎、平底升鼎、小口鼎、匜鼎、越式鼎七大类。除匜鼎和越式鼎这两种类型之外，其余的五类鼎①都或多或少地体现出楚文化的地域特征，其中最具代表性的独创性器型，首推束腰平底鼎。

束腰平底鼎（图4-116），亦称升鼎。其基本造型为束腰、平底、侈口，三粗壮的兽蹄足，腹周多饰有附兽。外撇的耳、足与内收的腰线形成外张的弧线，整个轮廓造型充满张力和动感。此类鼎在楚墓中出现于春秋中晚期，一直到战国晚期，形制早晚变化不明显，仅附饰、纹样等有所变化。就目前已发现的考古材料来看，其分布范围仍只限于楚文化区域内，被公认为是显示楚文化考古学特征的一种重要器型②。淅川下寺楚墓出土的王子午升鼎，是已知的春秋中晚期楚式升鼎中较有代表性的典型器物。它在造型和装饰方面所呈现的特征，是楚文化艺术趣味的典型代表。与传统的鼎制不同，楚式升鼎在造型上大胆突破了旧有的程式，呈现出强烈的创新特征，这主要表现在以下三个方面③。

图4-116　束腰平底鼎④

第一，束腰收腹。圆鼎的造型，产生于原始社会，沿袭夏商周千年之久，其腹部的造型有鼓腹、垂腹、近乎直壁等各种尝试的形式，但在楚式升鼎出现之前，始终未见有束腰的造型。勉强可说是较为接近的造型，是商代的平底斝，其器身如桶，中腰略收，平底，局部特征与楚式升鼎有相近处。有学者认为，楚式升鼎做成束腰形状，有可能与楚地以细腰为美的风俗有关⑤。史书记载，楚以细腰为美，楚灵王所好尤甚，不仅是女子，且更以男子细腰为美⑥。这种审美倾向不仅施于人，也可能施之于器物，楚式升鼎为束腰，或许就是楚人风俗在器物形态方面的表现。

---

① 高崇文：《东周楚式鼎形态分析》，《江汉考古》1983年第1期，第2~7页。
② 刘彬徽：《楚系青铜器研究》，湖北教育出版社，1995年，第119页。
③ 皮道坚：《楚艺术史》，湖北教育出版社，1995年，第40、41页。
④ 铸客鼎，战国晚期，中国青铜器全集编辑委员会：《中国青铜器全集10》，文物出版社，1998年，图10。
⑤ 刘彬徽：《楚系青铜器研究》，湖北教育出版社，1995年，第124页。
⑥ 张正明：《楚文化史》，湖北教育出版社，2018年，第130页。

第二，平底。商周以来的传统鼎制，只有方鼎有过平底的造型，而圆鼎一般都以圜底为主，整体造型始终保持柔和的曲线。楚式升鼎则改变了这种柔和秀丽的整体气质，引入了硬朗的水平横线，不但将腹底由圜底变为平底，而且特别强调外轮廓平直方硬的转折。其方折的口沿、底沿和耳沿，与外撇耳、蹄形足和内收的腰线等部位的弧线形成对比，整体造型刚柔相济，具有了鲜明的节奏感。

第三，极度夸张的外撇耳。耳部外撇的造型在春秋战国之际颇为流行，是普遍出现的一种造型特征。但楚式升鼎外撇的耳部与收束的腰线、同样外撇的足部构成了两个相背的"C"形结构，两两相背、向外延伸的弧线造型，恰似张弓欲射，其刚健挺拔的造型，极具张力的外部轮廓，使原本沉重巨大的青铜器物奇妙地具有了动态的视觉效果。

（2）球形敦

春秋时期新出的楚系铜器中，球形敦最具符号意味。

敦为食器，楚人或称其为"盏"，自春秋晚期至战国中晚期，流行甚广。根据其基本形态，可以分为形态稍异而前后衔接的两个基本类型，前一类型为盒形敦，后一类型为球形敦。球形敦（图4-117），亦称西瓜敦，或直接称其为标准敦。其典型特征为盖、器同形，纽、足同形，盖与器各为半球或近于半球，合之则为球形或长椭球形，盖上耳与器身足基本对称。

图4-117 球形敦[①]

球形敦最早出现于春秋中期，一直流行至战国时期。据谷朝旭统计，球形敦虽然在各地都有出土，但长江中下游地区所出数量远超其他区域，其在楚地的盛行程度可见一斑[②]。北方齐鲁地区球形敦也较为流行，但楚式敦器纽、足多为弯曲成"S"形的龙形，而齐式敦纽、足多为环形。从其出现的时间早晚及分布区域来看，学界有认为球形敦可能为楚人创制，而后扩散到更广泛的区域[③]，因此，这类球形敦也属于楚式青

---

① 镶嵌几何纹敦，战国中期，中国青铜器全集编辑委员会：《中国青铜器全集10》，文物出版社，1998年，图28。

② 谷朝旭：《中国古代青铜器整理与研究·青铜敦卷》，科学出版社，2016年，第74页。

③ 刘彬徽：《楚系青铜器研究》，湖北教育出版社，1995年，第585页。

铜器的典型代表，是楚人在春秋时期革新精神的体现，其造型与装饰独具特色，反映了楚文化的风格与发展水平。皮道坚先生更进一步从楚人的哲学观念来分析楚式敦的精神意象，认为楚式敦的"S"形纽和足如云状、托起如天体的球形主体，这种造型样式很容易让我们联想起楚艺术中浓厚的宇宙苍穹意识，从而赋予楚式敦更多的审美内涵[①]。

2. 奇诡的轮廓线：圆雕与透雕装饰的充分发展

楚系青铜器在造型上的一个典型特点，就是附件装饰尽其所能地加以修饰，在整体厚重庄严的器物上，通过极为繁缛的附件装饰，营造出浮华与秀丽兼容的视觉效果。这种附件装饰，主要用在作为器体构件的耳、纽、足等部位，除了必要的起到实际作用的附件外，往往还有附加的装饰，如鼎腹上攀附的蟠绕纠结的龙形，其气质怪诞而神秘，通过圆雕或透雕的造型手法，强化了龙的形态本身就具有的蜿蜒游动、交错纵横的立体视觉效果，构筑了一个灵动、深邃的想象空间。

圆雕附饰，如淅川下寺出土铜升鼎上攀龙上的附饰、铜盏上圈顶耳的附饰、铜禁四面的攀龙附饰（图4-118）等。透雕附饰，如淅川下寺楚墓的禁，以及曾侯乙墓的盘尊（图4-119）。曾侯乙墓盘尊，尊体、盘体附加的构件、装饰，繁缛精巧程度无与伦比。这几件代表性器物的铸造方法，目前主要认为是失蜡法，但学界也存在争论。但无论是失蜡法还是组合范铸，其铸造的成品都展现了极为精湛的工艺水准。这种透雕的装饰手法，在曾侯乙墓铜器中有大量应用，如方鉴缶、联禁大壶等器上的装饰。这种透雕纹饰与大面积使用的肌理化的散螭纹相配合，使整个器物的造型呈现出华丽乃至奢靡的视觉效果。总的来说，以透雕手法装饰青铜器，是楚系风格的重要特征，这种审美上的倾向，反映了楚文化尚空灵、喜雕饰的艺术趣味[②]。

3. 典型纹饰：散螭纹、侧行龙纹

就纹饰而言，楚系青铜器总体来说还是承继了西周以来青铜纹饰发展的脉络，与同时期中原铜器的纹饰发展状况大致相近。但在总体面貌统一的前提下，楚系青铜器也发展出了自身独有的一些典型纹饰。

散螭纹，亦称羽翅纹、尖浮龙纹，春秋中期偏晚出现，一直流行至战国晚期，是楚系青铜器最主要的纹饰之一。散螭纹是蟠螭纹的简省、变形和进一步抽象化的结果，与蟠螭纹的繁复细密相比更为疏朗清新。其基本形态为密布、弯卷的短线段以及附着在线段上的零散的蝌蚪形或粗圆点形凸起，也有的无线段，仅有点状凸起。从视觉效果看，散螭纹如同密布于器面上的斑点，有不少尖刺形凸起，触之有棘手之感，因其形态已相当细密，远观则呈现出表面浑然一体又凹凸不平的肌理效果。

---

① 皮道坚：《楚艺术史》，湖北教育出版社，1995年，第56页。
② 皮道坚：《楚艺术史》，湖北教育出版社，1995年，第66页。

图4-118 淅川下寺铜禁的攀龙附饰[①]　　图4-119 曾侯乙盘尊[②]

楚系青铜器上的散螭纹，目前所见最早的是河南淅川下寺二号墓出土的王孙诰钟，在甬、午、篆部均饰有散螭纹。战国早期的曾侯乙墓青铜礼器上也饰有较多的散螭纹，其形态与淅川下寺王孙诰钟比较，凸起的小圆点更为密集和突出，凸点多呈较高的尖刺状（图4-120）。如曾侯乙鉴缶的腹部，器表密布着蟠伏的龙形，龙首有双眼，有的还有双身、细长的躯体，身躯上密布凸起于器表的浪花式的尖形涡云纹，有的在体躯间还点缀圆涡纹，给人以蛟龙戏水、波浪起伏的动态美感。战国晚期楚幽王墓的器物上，散螭纹的形式已相当简化，龙躯消失，仅有龙纹上凸点纹的遗留，尖刺也变得较平，即一般称之为粟纹或谷纹的、状如标点符号"，"的式样[③]。

侧行龙纹（图4-121），是曾侯乙墓内龙纹最多最精的一类，具有强烈的地方特色。其基本形态为，龙侧视有足，足为"C"形或半月形，仰首或后顾做腾跃状。澳大利亚学者巴纳认为楚人是"C"形脚的始创者[④]，因此这种纹饰又被称为"C"形脚龙纹。早期的侧行龙纹身躯较粗，有尾，颇似兽形，因此也被称为兽形纹，如淅川下寺M2所出春秋晚期器上的纹饰。晚期的侧行龙纹体躯蟠曲较长，身侧或有翼形饰。曾侯乙墓青铜器上应用极多的就是晚期形态的侧行龙纹，形态变化极多，均为红铜铸镶而成。战国中晚期，这种纹饰已不多见。

---

① 透雕云纹禁，春秋晚期，中国青铜器全集编辑委员会：《中国青铜器全集10》，文物出版社，1998年，图77。
② 曾侯乙尊盘，战国早期，中国青铜器全集编辑委员会：《中国青铜器全集10》，文物出版社，1998年，图137。
③ 刘彬徽：《楚系青铜器研究》，湖北教育出版社，1995年，第257页。
④ 巴纳：《楚艺术的起源与性质》，转引自刘彬徽：《楚系青铜器研究》，湖北教育出版社，1995年，第255页。

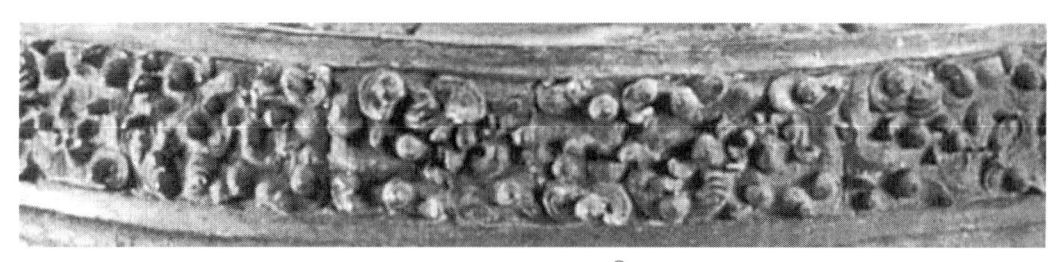

图4-120　散螭纹①

图4-121　侧行龙纹②

4. 文字的装饰化：鸟虫书

楚文字的装饰化倾向主要表现在两个方面：一是美术字体，二是艺术化的鸟虫书。其发展趋向，是日渐强调文字的视觉美感，并进一步将其发展为器物的装饰元素之一。

从春秋中晚期开始，楚文字的美术化倾向就已经有所表现，字体趋向修长，笔画富于变化，多波折弯曲。美术字体的进一步发展就是鸟虫书。鸟虫书（图4-122），亦称鸟篆文，属于篆书的变体，是一种装饰性极强的美术字，在字体上多用回环盘曲的蛇虫形或鸟形图案作为附饰。其形式变化多样，或简或繁，无定式，体现出活泼自由的想象力和强烈的装饰意识。其风格华美绚烂，使整体与夸饰的书风走向了极端③。鸟虫书在南方诸国一度流行，刘彬徽先生认为楚国应当就是鸟虫书的首创者④，而肖梦龙先生则认为越、楚、蔡、宋诸国兵器上流行的这种文字，当仿自吴器⑤。无论如何，鸟

---

① 曾侯乙长枚甬钟，战国早期，中国青铜器全集编辑委员会：《中国青铜器全集10》，文物出版社，1998年，图161。

② 铜盏，春秋，宜城市博物馆：《楚风汉韵：宜城地区出土楚汉文物陈列》，文物出版社，2011年，第33页。

③ 李国梁：《吴、越、徐青铜器概述》，《中国青铜器全集11》，文物出版社，1997年，第13页。

④ 刘彬徽：《楚系青铜器研究》，湖北教育出版社，1995年，第589页。

⑤ 肖梦龙：《吴国青铜器研究》，《吴国青铜器综合研究》，科学出版社，2004年，第16页。

虫书产生于南方诸国是无疑的。淅川下寺二号墓王子午升鼎铭文，"用"字下面就有鸟形饰笔，正介于美术字体向鸟虫书转变的过渡阶段。战国早期，楚文字仍为修长多波曲的作风，战国中期以后，铭文字体趋向方正和扁平。

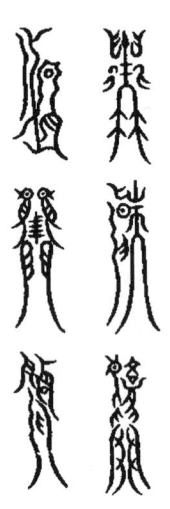

图4-122　蔡侯产戈铭文[①]

（三）楚系青铜器的艺术风格

1. 繁饰

楚系青铜器特别盛行复杂的装饰，其鼎盛时期的器物施用纹饰极为普遍，素面无纹者罕见；而同时期的中原地区，素面器的比例明显较楚器更多，南北的文化差异十分明显。从审美倾向来看，楚系青铜器的装饰可以说是尽其所能地追求浮华奢靡的效果。反映在器物上，从密布器物表面的肌理化纹饰到附件乃至器身外挂的各种圆雕、透雕装饰，其装饰要素的叠加、累积、复杂化的程度，远超这一时代其他区域的青铜文化，如曾侯乙盘尊，其器表装饰的龙形总数不下千条，为中原地区和吴越地区的青铜尊上纹饰所望尘莫及。屈原在《离骚》中写道："佩缤纷其繁饰兮，芳菲菲分其弥章。"汉代与楚文化一脉相承的大赋，作为一种文学体裁，其豪华铺排、恣意繁饰的特征也极为典型。由此，我们似乎可以认为，楚系青铜器的"繁饰"，也是楚文化的审美喜好在青铜器造型艺术方面的反映。

2. 以龙为主题的装饰题材盛行

在春秋战国时期各个区域的流行纹饰中，楚系青铜器以龙为主题的纹饰特别盛行。其表现方式多种多样，远甚于中原地区，其中又以透雕、圆雕的龙纹附饰以及器

---

① 容庚：《鸟书考》，《中山大学学报（哲学社会科学版）》1964年第1期，第103页。

表极为流行的散螭纹最富代表性，并往往集中在一些典型器物上，如淅川下寺楚墓的王子午升鼎和铜禁、铜盏等，曾侯乙墓的编钟、盘尊、鉴缶等。

楚系青铜器上这些以龙为主题的纹饰，主要特点有三个[①]。

第一，龙形多样化，有的全形似龙，如下寺方壶的龙耳、曾侯乙墓的楚王镈钟的龙钮和鉴缶、方壶的龙耳等；有的为鸟头龙身，如曾侯乙簠耳；有的体似兽形，如曾侯乙升鼎腹的攀龙；有的体表为镂空形，如曾侯乙盘尊上的攀龙。

第二，龙上又附着小龙，有的一条上多达8条或更多，如淅川下寺铜升鼎、战国早期的曾侯乙盘尊上的龙形附饰等，这些众多的龙集于一身，各有不同的姿态，其立体感、动态感均很强烈。

第三，立雕或透雕的龙相互穿插、纠结，构成复杂而蜿蜒游动的造型，如曾侯乙盘尊的龙形附饰。

楚系青铜器上龙纹的流行，反映了楚人对龙的特别重视与爱好。屈原的作品里，关于龙的诗句远多于《诗经》。"钩以写龙，凿以写龙，屋室雕文以写龙"的叶公，据说也是楚人[②]。

3. 神秘浪漫的想象空间

两周时期，楚国长期被视为蛮夷之邦，而游离于中原文化的核心之外。从其统治区域来看，东、南、西三面又与更具特色的不同土著文化相邻，这种相对于中原地区高度发达的文明而言的相对落后的存在状态，反而使楚文化中保留了相当多的艺术气质与浪漫的想象力。如张正明先生所言："楚人的精神生活仍然散发出浓烈的神秘气息，对于自己生活在其中的世界，他们感到又熟悉又陌生，又亲近又疏远，天与地之间，神鬼与人之间，山川与人之间，乃至禽兽与人之间，都有某种奇特的联系，似乎不难洞悉，而又不可思议。"[③]这种神秘与浪漫的色彩，放纵情感和想象的艺术思维方式，很多人习惯用"巫文化"来指代，其对楚系青铜器的造型与装饰风格也有着深刻而长久的影响。

4. 流畅而富于节律的运动感

以流畅而富于节律感的曲线为主导的造型因素，是楚系器物典型的风格特征[④]。这一点在漆器上表现得最为突出，在青铜器纹饰上也有比较充分的体现。楚系青铜器纹饰，大量应用了非对称式的构图，通过往复穿插、复杂多变的线性构成，呈现出行云

---

① 刘彬徽：《楚系青铜器研究》，湖北教育出版社，1995年，第260页
② 刘彬徽：《楚系青铜器研究》，湖北教育出版社，1995年，第587页。
③ 张正明：《楚文化史》，湖北教育出版社，2018年，第91页。
④ 皮道坚：《楚艺术史》，湖北教育出版社，1995年，第176、178页。

流水般自由而多变的面貌。同时，这种运动与变化，又通过整体造型设计加以平衡，使青铜器的庄重肃穆与装饰风格的轻灵秀丽巧妙地结合在一起。这种非对称式的构图、曲线式的造型，与北方各区域青铜器的造型风格有着很大的不同，更具原始而浪漫的魅力。"大气雄浑，又不失轻盈飘逸。旋涡卷曲的纹样骨式，精致华丽的单元符号，具象事物的生动造型与抽象符号的巧妙概括，达到完美的融合。"[1]

六、吴越文化圈

（一）概况

吴、越两国地处长江下游地区，新石器时代晚期，这里已经有了高度发达的文化，至春秋时期，农业经济十分发达，手工业如青铜冶铸、原始瓷器、纺织、编织等也有较高水平，特别是青铜兵器、原始瓷器更是驰名各国[2]。

吴国为姬姓，一般认为史籍中所载"太伯奔吴"事件即为其之源起。太伯为先周时期古公亶父之长子，与其弟仲雍奔江南，收服当地土著而建国，国号"勾吴"，简称吴。至春秋时期吴越争霸而亡国，有700多年的历史。考古学资料表明，西周时期吴国的中心在宁镇地区，春秋扩展至太湖流域。吴王寿梦时"益疆称王"，达于巅峰，其地大致包括今之江苏全境以及浙江、江西、安徽等省部分地区，北达今山东、河南部分县境。吴楚、吴越之间多次发生战争，吴国强盛时，曾西破强楚，北威齐晋，南服越人，一度成为称霸中原的盟主[3]。

越国为当地土著。越王勾践时，先为吴所败，后又卧薪尝胆，发愤图强，灭了吴国，并向北发展，称霸一时。后败于楚，公元前4世纪初，被楚所灭[4]。

按典籍记载，西周时期吴国都城在今苏州一带。宁镇与皖南地区出土的西周铜器，可能属于吴国早期文化遗存，现已发现的无锡、苏州一带太湖流域的、应属于吴国的青铜文化遗存多为春秋时期[5]。

吴越青铜器被世人所知始于青铜器上的铭文。自清代以来，陆续发现了一批有铭吴、越青铜器，但出土地点大多不明，许多也去向成谜。20世纪以来，特别是中华人

---

[1] 王琥：《中国传统器具设计研究（首卷）》，凤凰出版传媒集团，江苏美术出版社，2004年，第103页。

[2] 李国梁：《吴、越、徐青铜器概述》，《中国青铜器全集11》，文物出版社，1997年，第1页。

[3] 肖梦龙：《吴国青铜器研究》，《吴国青铜器综合研究》，科学出版社，2004年，第1页。

[4] 李国梁：《吴、越、徐青铜器概述》，《中国青铜器全集11》，文物出版社，1997年，第2页。

[5] 镇江博物馆：《试论江南吴国青铜器》，《东南文化》1986年第1期，第98页。

民共和国成立后，有了更多的考古发现，已知的吴国青铜器遗存大多集中在长江下游南岸丹徒谏壁到大港一带，如母子墩、磨盘墩、粮山、王家山、北山顶，丹阳司徒、溧水乌山等地。越国青铜器遗存，主要集中在皖南屯溪及浙江绍兴、长兴，江苏吴县等地[①]。

吴国是姬周上层贵族统治者与当地土著民族结合而形成的诸侯国，越国虽为土著，但长期与吴国相邻，文化因素相互渗透，因此就青铜器的文化面貌来说，尽管有细微的差异，但仍保持着较为统一的区域文化的面貌。从其特征来看，吴越青铜器两重性的特点极为明显，一方面保持着对中原周文化的继承和模仿，另一方面又表现出显著的地方文化特色。

从吴越青铜器的发展状况来看，自商周之际太伯奔吴后，带来了中原先进的农业生产和科学技术，为进一步开发江南地区的社会经济起到了巨大的推动作用，随着吴越地区几何印纹硬陶和原始瓷器的繁荣，青铜器铸造也出现飞跃的发展，在数量、种类与制作质量上都有了长足进步。至西周晚期春秋早期，吴越青铜器尽管还保留着中原青铜文化的因素，但已经逐步形成比较独立的地方风格，进入了它的成熟发展期。

吴越青铜器的造型，相对于中原铜器来说，可以分为模仿、变形和创新三种类型。进入春秋时期后，中原铸造铜器已绝迹。仿造中原型铜器虽然继续流行，但其仿造完全根据本地化的喜好需求进行取舍，中原西周中期以后新流行的一些典型器型在吴越地区完全不见。吴越铜器中还有受到楚器影响而制作的器型，如尊缶以及圆圈形提手的附耳盖鼎，晚期末叶时，鼎的蹄足极度外撇的作风可能也是受楚鼎的影响。地方特色明显的独创型铜器则有了很大发展，如春秋早期不同型式的浅腹束颈簋，双附耳不高出口沿的深腹盘，扁圆腹的双环耳瓿，春秋晚期的浅腹三足外撇的越式鼎，甑、釜结合（带流注）的甗，附耳高弧裆细长蹄足鬲，深腹无颈三小蹄足罍，平底环耳衔环盘，平底横长带环形錾的匜等[②]。这些地方独创型铜器造型生动活泼、不拘一格的地方变化形式，已成为这一时期吴越青铜器的鲜明特色。

不过，吴越青铜铸造业最为各国所瞩目的领先技术，主要是在青铜兵器的铸造上，其高超于中原诸国之处，史籍中多有记载。因本书主要讨论青铜容器的装饰艺术，因此关于吴越兵器的内容，此处暂且搁置不议。

吴越青铜器的纹饰，与器型相似，也可以分为模仿、变形和创新三种类型。同时，也存在着一个融合与发展的进程。春秋早期时，吴越铜器纹饰多沿袭中原西周晚期纹饰，只略加变形，也出现了与中原及其他地区铜器不同的纹样，如由变形夔纹相勾连形

---

① 李国梁：《吴、越、徐青铜器概述》，《中国青铜器全集11》，文物出版社，1997年，第2、3页。

② 肖梦龙：《吴国青铜器研究》，《吴国青铜器综合研究》，科学出版社，2004年，第15页；朱凤瀚：《中国青铜器综论》，上海古籍出版社，2009年，第1821页。

成的"云形夔纹"等。春秋晚期时,吴越特色的纹饰是细密双线"S"纹,传统的几何纹以及创新的薄胎铜器上的刻纹图像,其他纹饰与列国渐趋一致,主要流行构图繁密华丽的蟠螭纹、蟠虺纹,或细密的"S"形小龙纹,纹饰上的地方特点已经不强[①]。

(二)独创性的器物造型特征

1. 典型器类

春秋时期,吴越地区独特的鼎型有两种,即越式鼎和矮足鼎。

越式鼎(图4-123),其基本形制为小方形直耳、浅盆腹、细高足外撇,整个器型显得非常轻盈。此类鼎自西周早期在吴越地区出现,一直流行至春秋、战国之际吴国灭亡,战国时期其影响地域已扩及南方百越地区,在今之浙、赣、湘、闽出土犹多。

矮足鼎(图4-124),圆鼎和方鼎皆有,其典型特征为形制特殊的矮足,有的足横断面作外圆内空的半环状,有的呈圆凸尖状,如丹阳司徒窖藏鼎。

图4-123 越式鼎[②]　　　　　图4-124 矮足鼎[③]

异形簋是春秋战国时期吴越地区一种独特的器物[④]。其一,亦称为盒(图4-125)。其基本形制为:弧形盖,扁葫芦形双层鼓腹,盖顶立一鸟状凹形捉手,上腹两小耳。其二,形如浅盘的变形簋(图4-126),出现于西周晚期至春秋早期。其基本形制为:体矮、敞口、卷沿、颈微束,口径为器高的3倍左右,腹浅而鼓,腹两侧多为兽耳、环耳、镂空耳,少数的簋耳有垂珥或镂空花脊,此耳不能受力,仅有装饰作用,矮圈足下带三扁足。

---

① 肖梦龙:《吴国青铜器研究》,《吴国青铜器综合研究》,科学出版社,2004年,第16页;朱凤瀚:《中国青铜器综论》,上海古籍出版社,2009年,第1821页。

② 龙纹鼎,春秋晚期,中国青铜器全集编辑委员会:《中国青铜器全集11》,文物出版社,1997年,图84。

③ 凤纹方鼎,春秋晚期,中国青铜器全集编辑委员会:《中国青铜器全集11》,文物出版社,1997年,图80。

④ 毛颖:《吴国青铜器之南方特征》,《南方文物》2009年第2期,第66页。

图4-125　乳钉纹盒[①]　　　　　图4-126　浅盘形簋[②]

假附耳盘。吴越地区的盘，其独有的形制主要在于盘耳的不同。吴越式盘的附耳多贴近器身，耳高仅及器口，或者干脆做成假附耳（图4-127）。从使用效果来看，这种耳难以抓握，仅具造型装饰意义，应处于高附耳向无耳的变化之间。

西周中期开始，吴国铜尊主要流行高筒形三段式扁腹尊（图4-128），其造型在继承商周觚形尊造型的基础上，重新设计改制而成为吴国中期的典型器物之一。其基本形制为：颈、腹、足三段式结构，侈口，高颈，扁圆鼓腹，高圈足，口沿下或有单耳或双龙形耳。这种造型模仿了西周觚形尊的样式，但又有显著区别。西周的觚形尊，颈根、腹、圈足上部的直径接近，鼓腹不明显；吴越地区的觚形尊，腹部有明显的鼓出，如较突出的扁球形。

2. 圆雕或高浮雕的附件装饰

吴越青铜器的装饰题材中，除大量应用几何纹饰外，还有南方自然环境中常见的蛙、蛇和鸟的形象。这些装饰题材不仅用于器表装饰，也较多以圆雕或高浮雕的造型用于附件装饰（图4-129）。特别是鸟纹，在器物的盖顶、柱首、器口等处多有圆雕的鸟形装饰，造型生动形象，富有写实性，充满浓郁的生活气息。母子墩墓一件飞鸟盖双耳壶（图4-130）的造型装饰更是标新立异、自成一体，从生动别致的飞鸟盖设计到整个壶体形态，与中原流行的圈盖、细长颈、贯耳壶均呈现完全不同的式样[③]。

[①] 乳钉纹盒，春秋晚期，中国青铜器全集编辑委员会：《中国青铜器全集11》，文物出版社，1997年，图39。

[②] 几何纹簋，春秋晚期，中国青铜器全集编辑委员会：《中国青铜器全集11》，文物出版社，1997年，图16。

[③] 肖梦龙：《吴国青铜器研究》，《吴国青铜器综合研究》，科学出版社，2004年，第9页。

图4-127　假附耳盘[①]　　　　　图4-128　棘刺纹尊[②]

图4-129　龙耳尊[③]　　　　　图4-130　鸟盖变形兽纹壶[④]

3. 典型纹饰

吴越青铜器在模仿中原器物时比较随意，特别在纹饰方面，自由肆意，不拘泥于一定的程式，与中原铜器庄重、严谨的作风明显不同。这些纹饰主要有饕餮纹、夔龙纹、鸟纹、窃曲纹、重环纹、乳钉纹、鳞纹、圈点纹、云雷纹等。其与中原不同之处，主要是：构图粗率松散，强调线条而弱化立体造型，喜用单线刻划，多不施地纹，整体风格简洁明朗。雷纹（图4-131）多为采用圆形单线的螺旋形。乳钉纹（图

[①] 交连纹三足盘，春秋，中国青铜器全集编辑委员会：《中国青铜器全集11》，文物出版社，1997年，图58。

[②] 棘刺纹尊，春秋，中国青铜器全集编辑委员会：《中国青铜器全集11》，文物出版社，1997年，图30。

[③] 龙耳尊，春秋中期，中国青铜器全集编辑委员会：《中国青铜器全集11》，文物出版社，1997年，图21。

[④] 鸟盖变形兽纹壶，春秋，中国青铜器全集编辑委员会：《中国青铜器全集11》，文物出版社，1997年，图33。

4-132、图4-133）多小而偏矮，形似泡钉，有的还是空心。鳞纹（图4-134）多为细密短线，线条纤弱随意，遍体密布的细小鳞纹，与真实的鱼鳞更为相似，富有形象化的写实性。圈点纹圆圈内均有一个实点，除作为界栏外，也可作主纹和地纹。

图4-131 雷纹[1]

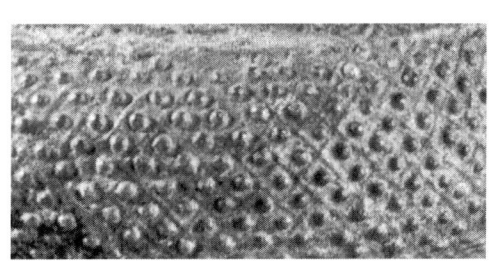

图4-132 乳钉纹[2]

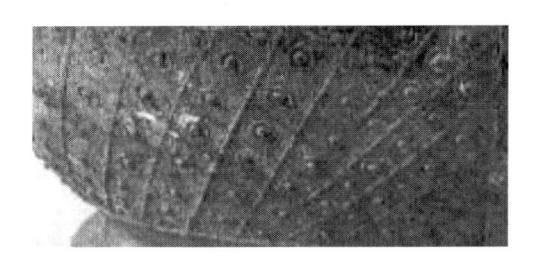

图4-133 乳钉雷纹[3]

图4-134 垂鳞纹[4]

吴越地区的几何印纹陶文化相当发达，这种陶器上流行的大量几何纹饰为青铜器装饰所吸收，创制出许多独特的几何形纹饰，如棘刺纹、锯齿纹、交连纹、方格纹、折线纹等（图4-135）。棘刺纹，其结构类似交连纹，但结构更为复杂细密，在非常细小的方格内，以横直线条为地纹，每一格内有一枚细如针尖的青铜长刺，整体效果如棘刺丛生，极富地方特色。锯齿纹，如锯齿排列为带状，多用作界栏，或饰于主纹上下，或饰于器物颈、足的上下，上下的锯齿尖相向而立，这种纹饰在东周时期仅见于吴越地区和南方越人地区，到汉代，中原地区的青铜镜上始见此种纹饰。交连纹，以相似的单位纹饰构成，结构为横向带状展开，纵向为二层、三层或更多层的平行交连，其造型有或繁或简的变化，但均有以下特点：基本线条为横向的钩形分歧；

---

[1] 雷纹鬲，春秋中期，中国青铜器全集编辑委员会：《中国青铜器全集11》，文物出版社，1997年，图9。

[2] 乳钉纹盒，春秋晚期，中国青铜器全集编辑委员会：《中国青铜器全集11》，文物出版社，1997年，图39。

[3] 乳钉雷纹簋，春秋，中国青铜器全集编辑委员会：《中国青铜器全集11》，文物出版社，1997年，图12。

[4] 垂鳞纹鬲，春秋早期，中国青铜器全集编辑委员会：《中国青铜器全集11》，文物出版社，1997年，图8。

单位纹饰必上下交连；单位纹饰之间有界栏，或简单，或复杂；有疣状或长或短的凸出物，并处于固定的位置，这种纹饰其他地区不见，应为吴越地区的特有纹饰。方格纹，由多条较长的横竖单线条，加上较短的曲线组成，线条极细，四边不连，整体纹饰为方形或长方形格状，如微缩网格，多见于吴越地区的一种体形较矮的簋腹，也是吴越地区的特有纹饰。折线纹，是将一条较短的直线经过弯折或再折，变成矩形或重叠的"人"字形纹样[①]。

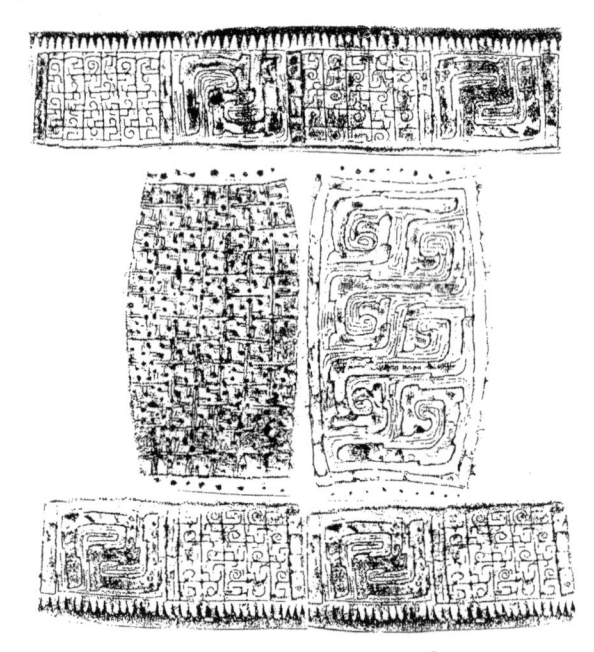

图4-135　棘刺纹和锯齿纹[②]

4. 文字的装饰化：鸟虫书

前文在谈到楚系青铜器的艺术特征时已述及，极度装饰化的鸟虫书在南方诸国一度流行，刘彬徽先生认为楚国应当就是鸟虫书的首创者[③]，而肖梦龙先生则认为越、楚、蔡、宋诸国兵器上流行的这种文字，当仿自吴器[④]。鸟虫书多见于兵器之铭文（图4-136），吴、越、楚、蔡、宋诸国兵器均有采用，而以越国兵器上最为多见，兵器的数量和鸟虫书图形的丰富程度都为列国之冠[⑤]。

---

① 李国梁：《吴、越、徐青铜器概述》，《中国青铜器全集11》，文物出版社，1997年，第10、11页。

② 棘刺变形兽纹尊，春秋晚期，陈佩芬：《夏商周青铜器研究（东周篇）》，上海古籍出版社，2004年，第170页。

③ 刘彬徽：《楚系青铜器研究》，湖北教育出版社，1995年，第589页。

④ 肖梦龙：《吴国青铜器研究》，《吴国青铜器综合研究》，科学出版社，2004年，第16页。

⑤ 李国梁：《吴、越、徐青铜器概述》，《中国青铜器全集11》，文物出版社，1997年，第13页。

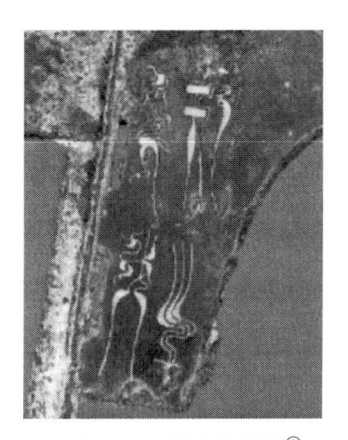

图4-136 错金鸟虫书[1]

（三）吴越青铜器的艺术风格

吴越青铜器的总体风格，是轻松活泼、不拘一格，有很强的开放性与独立性，善于模仿而力求创新，并在文化融合中保持自己的特色。具体来说，吴越青铜器的独有特色主要表现在以下方面。

1. 模仿基础上的强烈创新意识

吴越青铜器对中原器物造型及纹饰的模仿始终存在，但一个鲜明的特点是，这种模仿始终伴随着自由奔放的变革。模仿的对象以中原器物为主，同时还包括相邻地区的器物如楚器，以及本地长期流行的几何印纹陶及原始瓷器。这些要素在吴越青铜器的造型装饰中都有所体现，但其表现的方式，基本上是本土化的、自由化的。对模仿对象的选择，并不完全照搬原有的组合系列，而是以本地的需求及喜好作为选择标准，这就导致在中原盛行的器类，有的完全不见于吴越地区。对已经列入选择名单的对象，在模仿时也并非完全照搬，而是以本地化的风格加以改变。这样，在模仿的基础上就产生了极具地方色彩的器型，如越式鼎、附耳盘、盘形簋等。在纹饰方面，除大量源于几何印纹陶的纹饰外，模仿中原纹饰造型的如凤鸟纹、鳞纹、云雷纹等，其线条结构、组合方式、纹饰布局、整体气质也与中原纹饰大相径庭，从造型角度来看，多有粗率简单之感，但这种表现也从另一方面反映出吴越文化的不拘一格、自由活泼的精神风貌。

2. 青铜器与陶器的密切关系

青铜器与陶器之间的互相影响，是中国青铜时代的一个普遍现象，但影响达至极

---

[1] 王子孜戈，春秋晚期，中国青铜器全集编辑委员会：《中国青铜器全集11》，文物出版社，1997年，图76。

深极广者，吴越青铜器当居其一。吴越青铜器中本地独创的装饰造型，大量地来自本地的几何印纹陶与原始瓷器的传统。

在黄河流域龙山文化发展的同时，长江以南地区还逐渐成熟了一种用印模在陶坯上压印出几何纹的装饰工艺，由此烧成的陶器称为几何印纹陶。开始时火候较低为几何印纹软陶，后增加火候烧成几何印纹硬陶。主要分布于江苏、浙江、江西、福建、湖南、湖北、广东和台湾等省，多为黑褐色和棕黑色胎底，器形有碗、盆、鼎、尊、簋、豆、盘、杯、盂、瓿、罐等，其盛行时间向下可贯穿整个商周时期。其纹饰主要有米字纹、方格纹、回纹、菱形纹、水波纹、绳纹、折线纹、叶脉纹、栉齿纹、圆珠纹、篦纹、波纹、编织纹、布纹、筛孔纹等（图4-137）。在器物的肩部常划出细密的波浪纹。总体看，小件细密，大件粗犷[①]。

商周时期原始瓷器在黄河流域和长江流域的广大地区都有发现，尤以长江以南地区发现为多，发展也较快。原始瓷器的形制主要有尊、罍、钵、罐、盆、簋、瓮、豆、瓿等。装饰除少数素面外，多饰有方格纹、叶脉纹、锯齿纹、篮纹、弦纹、云雷纹、乳钉纹、网纹、圆点纹等[②]。

吴越青铜器上的各种几何纹饰如梯格纹、折线纹、米筛纹、棘刺纹、尖叶勾连纹、矩形纹、云雷纹等，可以看出与当地所出的几何印纹陶及原始瓷器有着直接或间接的关系。

圆雕的附件装饰也同样受到陶器或原始瓷器的影响，如母子墩卣的小鸟形盖捉手，与原始瓷器的小鸟形盖捉手十分相似。吴越青铜器的腹下多接矮足，而该地域的原始瓷器也呈现出同样的特征[③]。

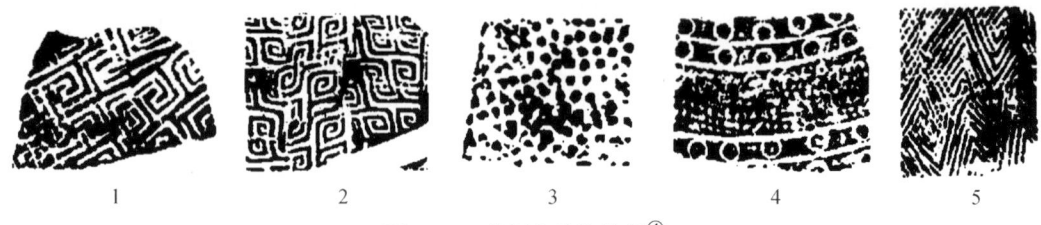

图4-137　几何印纹陶纹饰[④]

1.雷纹：南京东怀村陶片　2.云纹：南京锁金村遗址陶片　3.圈点纹：丹徒蒋家山遗址陶片　4.绳纹、圈点纹：江西吴城遗址陶片　5.折线纹：南京北阴阳营遗址陶片

---

① 卞宗舜、周旭、史玉琢：《中国工艺美术史》，中国轻工业出版社，1993年，第39、40、88、89、169、170页。
② 卞宗舜、周旭、史玉琢：《中国工艺美术史》，中国轻工业出版社，1993年，第88页。
③ 毛颖：《吴国青铜器之南方特征》，《南方文物》2009年第2期，第66页。
④ 肖梦龙：《母子墩墓青铜器及有关问题探索》，《文物》1984年第5期，第13页。

3. 装饰艺术高度还原的自然气息

吴越青铜器的纹饰，多以人们日常生活和自然界中习见的事物作为装饰题材。即使是与中原纹饰相同的题材，在吴越青铜器上，也往往是以一种非常写实而生动的造型呈现出来的。这种自由生动、高度还原的艺术造型，与吴越文化中浓厚的土著色彩有着莫大的关系。尽管在文化的发展程度上，吴越地区可能落后于中原核心地区，但在艺术的天性上，此地之人受到的各种人为的束缚也相对较少，而更多保留了人类审美本原和直觉的部分，对于各种自然形象的亲近也直接表现在青铜艺术的装饰风格上。

4. 纹饰构图与布局的南北融合与自由随意

吴越青铜器的纹饰布局，有明显的南北融合特点。同一器物上往往会出现中原纹饰与地方纹饰并存的状态，如无锡北周巷二号簠所饰细密规整的几何形纹中间，附加中原风格的两组四枚乳钉纹，再如皖南铜陵地区出土Ⅶ式鼎，腹饰重环纹在一周连接处突然改为折线纹[1]。这种突然的变化也反映出南方土著文化尽管吸收了中原文化，但在具体的造型与布局设计上有着强烈的随意性和自由性，如重环纹和垂鳞纹，中原地区的通常鳞片宽大，布局规整，多用于鼎、簠、盘、匜器物上的主体纹饰；而吴国铜器上的垂鳞纹则更加自由随意，如溧水宽广墩铜盉和高淳漆桥圆球卣所饰垂鳞纹，除口颈和圈足外，遍体通饰密密麻麻的细小鳞片，与真实的鱼鳞极为相似，更富形象化的写实性，亦有人称其为鱼鳞纹[2]。

5. 独创的薄胎刻纹铜器

薄胎刻纹铜器（图4-138），一般为槌打而非铸作，朱凤瀚先生因这种青铜器制器方式亦称之为槌制铜器[3]。目前发现的这种薄胎铜器基本都有锐器刻划而成的纹饰，且多为画像纹。它的器形和青铜铸器相仿，初期的图案也模仿自青铜铸器。刻技最早见的是由楔形点连续成线的錾凿法，而后发展为细如发丝的连续线刻[4]。

刻纹铜器萌芽于春秋晚期，成熟并流行于战国早、中期[5]。迄今所见刻纹画像纹铜器的出土地点相对比较集中，主要出自吴楚地区，其次是三晋地区，此外，还散见于湖南、山东等地。从其分布来看，春秋晚期薄胎刻纹铜器几乎都出自吴墓中，如六

---

[1] 张国茂：《安徽铜陵地区先秦青铜文化简论》，《东南文化》1991年第2期，第142页。
[2] 肖梦龙：《吴国青铜器研究》，《吴国青铜器综合研究》，科学出版社，2004年，第14页。
[3] 朱凤瀚：《中国青铜器综论》，上海古籍出版社，2009年，第803页。
[4] 叶小燕：《我国古代青铜器上的装饰工艺》，《考古与文物》1983年第4期，第164页。
[5] 叶小燕：《东周刻纹铜器》，《考古》1983年第2期，第164页。

图4-138 刻纹宴乐图杯[1]

合程桥、王家山等墓葬均出土薄胎刻纹的盘、匜等器[2]；战国时期，长江下游此类铜器发现仍然较多，如淮阴高庄战国墓即出土20多件[3]。高庄墓葬的最晚时期不超过战国中期，此地虽已纳入楚国的势力范围，但吴越文化的影响保存仍比较完整，因此我们仍可将其视为吴越文化的遗存。杜廼松先生认为，刻纹铜器的发源地应当在东南地区[4]，高庄墓葬进一步证实了这种可能性。高庄墓刻纹铜器技法已经比较纯熟，刻纹造型基本摆脱了传统的较为规整抽象的几何化图案的模式，开始进入以生动写实的绘画性手法表现社会生活和自然景色的成熟阶段。这种艺术创作手法的突破，也反映在同时期的漆器等其他工艺形式的创作之中。

---

[1] 刻纹宴乐图杯，战国晚期，陈佩芬：《夏商周青铜器研究（东周篇）》，上海古籍出版社，2004年，第410页。
[2] 肖梦龙：《吴国青铜器研究》，《吴国青铜器综合研究》，科学出版社，2004年，第17页。
[3] 淮阴市博物馆：《淮阴高庄战国墓》，《考古学报》1988年第2期，第189～232页。
[4] 杜廼松：《谈江苏地区商周青铜器的风格和特征》，《考古》1987年第2期，第173页。

第五章 两周青铜艺术审美观念与装饰风格的嬗变

第一节 两个变革的时代

两周时期，社会的政治、经济制度、思想观念和文化形态均发生了重大改变。这种改变并非匀速而缓慢地前进，而是波浪式地向前发展。从社会历史的进程来看，商周更替是第一个大的变革时期；东周时期，王室倾颓，诸侯争霸，区域文化的发展伴随着百家争鸣时代的来临，则是第二个大变革时期。时代和环境的变更导致人们思想观念的变化，也推动着两周青铜艺术发生了重大的改变。当然，与政治格局的剧烈变化不同，文化面貌的变革往往是更为缓慢而深刻的渐进过程，这也反映在青铜艺术的风格演变上。因此，两周青铜艺术的变革基本都是在政治变革滞后一点的时间段发生。西周时期，这个变革是自早期前段开始，中期全面展开，而其影响一直延续到西周后期。春秋战国时期，变革基本在春秋中期开始，一直延续到战国中晚期。两个变革的时代也是青铜艺术发展的高峰时期，从青铜文化整体的发展脉络来看，有着一脉相承的内在联系。其在青铜艺术方面的创新和发展已经在历史上写下浓彩重墨的一笔，但从其器形、器制的各个方面来看，又各有其截然不同的风格和特点。

两个时期这种剧烈的风格变化，当然不可能骤然发生，因此，两者之间存在着较长的过渡期也就成为必然。新旧交替，旧事物的湮灭与新事物的萌生，则是过渡时期明显的特征。新风格演化的开端，基本可以追溯到西周中期。想象动物纹的变形与解构，纹饰构图的几何化风格，器表视觉中心的变化，这些新的因素预示着新风格的开端。这种风格上清晰可辨的变化，其根本原因，被诸多学者归结为周文化完全代替商文化，特别是西周礼制定型对青铜艺术的影响。对这种变革的考察，也有助于我们更好地把握两周青铜艺术的整体面貌和发展趋势。

一、西周时期青铜艺术的变革：礼乐文化的成型

西周时期，通常被视为中国传统儒家文化的奠基时期，虽然它与商文化有相承关系，但其有别于商文化的独特面貌也不容否认。作为青铜文化承上启下的时代，西周中期青铜艺术的新特征也预示着新时代的来临。艺术风格与社会政治模式、意识形态

的变迁有着深刻联系。周公"制礼作乐",奠定了西周文化的基本模式,从而推动着这一时期青铜艺术向世俗化、理性化的方向转变。

(一)周公"制礼作乐"与西周政治、文化模式转型的开端

周公,文王子,武王同母弟,名旦,亦称文公、叔旦。周公一生经历了文王、武王、成王三个时期。还政于成王后,又以太师身份辅政三年,后"老于丰"(《尚书大传》)。成王时,周公摄政当国,已处于政治中心位置,举凡东征平叛、营建洛邑、封建诸侯、制礼作乐,以及周初统治思想、策略、政策的制定等,大都是周公主持进行或直接、间接与他有关的。《左传·文公十八年》季文子使太史克对鲁宣公说:"先君周公制周礼。"《礼记·明堂位》:"武王崩,成王幼弱,周公践天子之位以治天下。六年,朝诸侯于明堂,制礼作乐,颁度量而天下大服。"

今人但凡言及周公,必言其"制礼作乐",其内容当然不只是字面上的意思。所谓礼,实际是包括上层建筑和经济基础在内的一系列政治的、社会的制度,而以政治的制度为主。商国君先生说得十分详细:"周公所制之礼,内容非常广泛,包括政治、经济、军事、宗教、婚姻家庭、伦理道德等各方面的规章制度和行为规范,以及吉、凶、军、宾、嘉礼等不同的礼节仪式,其中有许多是用国家强制力保证执行的,具有法律效应。主要制度有分封制、嫡长子继承制、宗法制、井田制、畿服制、爵谥制等。"[①]

以上都说明,周公"制礼"的主要贡献在政治制度建构和意识形态形成方面,而非仅是细节化的礼仪问题。在制度层面,如商国君先生所言,周公所制之礼,"包括政治、经济、军事、宗教、婚姻家庭、伦理道德等各方面的规章制度和行为规范"。在建构制度的基础上,周公在政治思想方面,进一步提出"敬天""保民""明德""慎罚"的一整套统治思想。其中所包含的意义,如陈来先生所言:"天的神性的渐趋淡化和'人与民'相对于'神'地位的上升,是周代思想发展的大方向。"[②]从制度到思想的变革,意味着西周文化逐渐摆脱商文化的影响,开始具备自身独立、独特的面貌。具体而言,在制度层面,以宗法制、分封制为基础,确立等级化的血缘政治制度,强调尊卑之别;在文化思想层面,强调"敬天""保民""以德配天",淡化神权至上的色彩,转向以现实政治为中心的方向。人的因素、现实的因素,占据了越来越多的分量。

当然,西周礼乐文明的建构,并非一人之力所能完成。詹子庆言:"西周的典

---

① 商国君:《略论周公对历史的贡献》,《松辽学刊(社会科学版)》1994年第2期,第19页。

② 陈来:《古代宗教与伦理——儒家思想的根源》,生活·读书·新知三联书店,1996年,第168页。

章制度非一时一人所作,从文、武王开始创制,由周公总其成,后又经历代充实完善。"[1]张广志也认为,礼起源甚早,周公在制定周王朝的礼制之时,既参照、继承前人的制度,又有自己的创新,他在此过程中发挥了重要作用,但也并非一人之功[2]。由此,我们似可认为,周公是西周王朝礼制形成过程中,起到关键作用的群体之代表,他是一个历史人物,更是一个时代群体的象征。

(二)礼制变迁与西周青铜艺术的风格转向

青铜器在夏商周三代历史上,扮演着极其重要的角色。所谓"国之大事,在祀与戎",在这个时代,祭祀与战争代表着国家政治生活的主要方面,而其中,青铜器可谓是绝对的主角。作为器物,实际已超越了现实的"物"的层面,而具有了更抽象的意义。"青铜就是政治的权力",因此,政治的变迁,文化的转向,也必然会投影到全面参与国家政治生活的青铜器身上,从而导致青铜器的风格与面貌跟随政治与意识形态变迁发生重大改变。

对于西周时期而言,制度和文化的转变来得较早,上文已述及,周公"制礼作乐"可以说是制度、文化变迁的一个重要标志。周公历经文、武、成三王。以青铜器的习惯分期而言,西周分为三期,武王、成王、康王、昭王为早期,穆王、恭王、懿王、孝王、夷王为中期,厉王、宣王、幽王为晚期。周公时尚在早期前段,但众所周知,文化的转向到定型尚需时日,而这种变化影响到更深广的社会生活层面则需要更长的时间。也就是说,这种影响有一个"滞后效应",因此,反映在青铜器上,这一变化基本在穆王以后,也就是西周中期开始日趋明显。

新石器时代末期,青铜开始进入人类的视野。就中国青铜艺术的发展而言,二里头文化时期,即通常所说的夏代晚期,青铜器的装饰已经有相当水准,镶嵌与浮雕,这两种后来渐次绽放异彩的装饰手法,此时均已出现。商代晚期,中国青铜艺术的第一个高峰来临,典型的商式风格发展成熟,浑厚大气的器型、威严凝重的气质、精美又不失雄浑的三层花的浮雕装饰,共同造就了商代晚期具有强烈震撼力的艺术风格,宗教与神灵的威严尽在其中。这种艺术风格的模式,一方面令人高山仰止,后来人难以超越;另一方面却也逐渐凝固定型,成为进一步发展变革的束缚。

周人灭商之后,早期的青铜艺术虽然也注入了周文化的一些特质因素,但总体风格仍然没有脱出商代晚期已经定型的大轮廓。直到西周中期穆王之时,气象为之一变。此时出现的青铜艺术的新变化,可谓是即将到来的大变革时代的最早信号。西周青铜艺术的变革,或者说彻底消除商代青铜艺术影响的过程,始于穆王时期,而在恭

---

[1] 詹子庆:《周公——我国古代第一位大政治家、大思想家》,《东北师大学报(哲学社会科学版)》1984年第1期,第110页。

[2] 张广志:《西周史与西周文明》,上海科学技术文献出版社,2007年,第261页。

王、懿王时期加快了进程，最后完成周人青铜礼器具有独立风格的新体制①。

郭沫若先生在其《彝器形象学试探》一文中，提出青铜器发展的五个时期。他把第三个阶段称为"开放期"，时间在恭懿以后至春秋中叶，正处于我们所说的两个发展高峰之间②。1964年出版的《上海博物馆藏青铜器》一书序言中，根据当时的研究状况，对郭沫若五期说的时间界限有所调整，第三个阶段称为"转变期"，时间在西周穆王以后至春秋早期，比郭氏的说法略有提前，并且明确指出青铜艺术的转变抽象是这一阶段的主要特征③。要指明的是，这两种分期都属于美术考古范畴，主要的分期依据都是青铜艺术风格特征的变化。近年来对西周青铜器的研究表明，穆王之世不但在礼制方面，而且在青铜艺术发展方面，确实是一个重要的转折时期。上述两者对于中国青铜器分期的划分，也反映了这一点。

（三）西周青铜艺术的风格特征

西周青铜艺术不同于商代青铜艺术的面貌，其主要特征在西周中期逐渐显露。详论之，则有列鼎制度、器物造型、装饰题材与风格、素器流行与金文大兴等几个方面。

1. 列鼎制度形成，以外在礼仪强调社会政治的等级化秩序

礼乐制度的实质，是周代宗法社会的等级制度。礼，把贵族分成若干等级，对各个等级在社会生活中的地位和行为作出严格而具体的区别和规范。乐，则是体现这种等级制度的最重要的手段。《周礼·春官·小胥》载编钟之制："正乐悬之位。王宫悬，诸侯轩悬，卿大夫判悬，士特悬，辨其声。"《论语·八佾》朱熹集注亦谈到乐舞之规定："佾，舞列也；天子八，诸侯六，大夫四，士二。"

至于青铜器所反映的礼制规定，则更为直接而鲜明。天子九鼎八簋，诸侯七鼎六簋，大夫五鼎四簋，士三鼎二簋。学者称之为"列鼎"制度。考古学方面的资料也足以与文献印证。郭宝钧先生在发掘河南汲县山彪镇墓葬后，第一次提出了"列鼎"的概念，即若干件"铜鼎的形状、花纹相似，只是尺寸大小，依次递减"（图5-1）④。杜迺松先生认为"在西周中期已有了反映'礼制'的列鼎制度"⑤。俞伟超、高明、宋

---

① 马承源：《中国古代的青铜艺术》，《中国青铜器研究》，上海古籍出版社，2002年，第27页。原载《上海博物馆：中国·美的名实（第一卷）》，上海人民美术出版社，1991年。

② 郭沫若：《两周全文辞大系图编序说——彝器形象学试探》，《两周金文辞大系图录考释》，科学出版社，1957年，第47~51页。

③ 上海博物馆：《上海博物馆藏青铜器》，上海人民美术出版社，1964年。

④ 郭宝钧：《山彪镇和琉璃阁》，科学出版社，1959年，第11页。

⑤ 杜迺松：《从列鼎制度看"克己复礼"的反动性》，《考古》1976年第1期，第17页。

建等先生均认为,列鼎制度形成基本在昭、穆之时[①]。邹衡先生亦认为,"从礼器制度来看,真正的'周礼'大概是从穆王时代才开始形成的"[②]。

列鼎制度的形成,标志着以外在礼仪强调社会政治的等级化秩序,这也反映出西周礼乐制度的精神实质,其目的是通过对人间现实政治的物化规定,加强社会等级观念,维持宗法制社会秩序,巩固统治。《礼记·表记》曰:"殷人尊神,率民以事神,先鬼而后礼。"与商代的神权至上相比,列鼎制度通过对不同社会等级的贵族可用鼎簋数量的规定,强化了现实中人的政治等级关系,其世俗色彩毋庸置疑。

图5-1 列鼎[③]

2. 器物造型形成典雅、简洁的风格,体现出更为成熟而内敛的审美倾向

周文化与商文化的青铜器器类,有着较为明显的区别。商人重酒,因此酒器为最大一类。周人重食,食器则取代了酒器的地位。整体器类的变化,自商至周,应该说存在着简化的倾向。从器物的体量来说,商器多厚重,屡有重器传世,周器则渐趋轻薄精巧。从器物的造型轮廓来说,商器整体粗犷豪壮,所谓的华美装饰,也主要是集中在器腹等大块面的视觉中心点上,而对于整器的线条细节等不加关注,包括其装饰纹样,也以雄壮粗犷野性而见长,因此李泽厚先生才有"狞厉之美"的评价。周器,以西周中期为代表,装饰面减少,纹饰也趋于简化,使视觉重点更多落于器身整体造型上。而且,整体外轮廓,从直线结构逐渐转向曲线结构。以圆鼎为例,西周的圆鼎,从口到腹到足,形成一段很有张力与弹性的曲线,整体线条优美流畅,隐含着动感和韵律。因此,把殷墟的圆鼎(图5-2)和西周中晚期的圆鼎(图5-3)放在一起比较,我们更能看出这种轮廓线条上的变化,质朴洗练,疏朗畅达,自有其含蓄典雅的气韵。

---

① 俞伟超、高明:《周代用鼎制度研究》,《北京大学学报(哲学社会科学版)》1978年第2期,第87页;宋建:《关于西周时期的用鼎问题》,《考古与文物》1983年第1期,第76~78页。

② 邹衡:《郭宝钧〈商周铜器群综合研究〉整理后记》,《夏商周考古学论文集》(续集),科学出版社,1998年,第342页。

③ 虢季列鼎(M2001),河南省文物考古研究所、三门峡市文物工作队:《三门峡虢国墓(第一卷)》(下册),文物出版社,1999年,彩版三。

图5-2　商代晚期妇好鼎①　　　　图5-3　西周晚期毛公鼎②

3. 器表装饰形成抽象与几何化的风格，预示着理性思维的进一步发展

自西周中期到春秋战国之交，青铜艺术呈现出日益明显的抽象化与几何化趋势。想象动物纹的变形与解构，纹饰构图的几何化风格，器表装饰视觉中心的变化，西周中期即出现的这些新的因素，预示着此后新风格的开端。从艺术思维的发展来看，这也反映出理性思维的逐渐成熟。

西周中期开始，随着社会观念的变化，青铜器纹饰发生了重大的变化。兽面纹、鸟纹、夔纹，商代晚期普遍用作主纹或重要辅纹，虽然与现实中的动物相比，它们已经过相当的抽象、概括、变形，但其形体特征仍然清晰可辨，也就是说，仍然属于比较具象的图形。而西周中期之后开始盛行的、由这些纹饰变形而来的窃曲纹、波曲纹、交龙纹等，其发展序列基本遵循了由具象到抽象的路线。经过变形、分解、重组的纹饰，以窃曲纹、波曲纹为典型代表，日渐脱离具体可辨的形态，其构形方式日益呈现出几何化的特征。这些几何化的特征，进一步消解了原本存在于想象动物纹身上的那种神秘与威慑的力量，而更多地反映出图案的装饰趣味。可以说，动物纹的变形乃至最后完全抽象化的几何纹占据主流，意味着动物纹本身的意识形态功能丧失殆尽。此外，西周中晚期大量用作主纹的直棱纹和瓦纹，属于典型的几何纹饰，它们在西周中、晚期的流行，也更直接地体现出这一时期对于抽象与几何化纹饰的审美偏好。直棱纹、瓦纹等以简单线条平行排列的纹饰具有典型的几何化特征，而窃曲纹、波曲纹对传统纹饰的分解、提炼、重组的过程，则更显示出这一时期艺术概括能力的提高与抽象思维的发展。凡此种种，都显示了西周艺术向着理性化发展的总体趋势。

---

① 妇好鼎，商代晚期，中国青铜器全集编辑委员会：《中国青铜器全集2》，文物出版社，1997年，图5。

② 毛公鼎，西周宣王，中国青铜器全集编辑委员会：《中国青铜器全集5》，文物出版社，1996年，图36。

第五章　两周青铜艺术审美观念与装饰风格的嬗变

器表装饰画面的分割或曰界格方式，实质是对器物装饰面的画面进行分割，也可以说是对器表纹饰布局进行设计。青铜容器器表装饰画面的界格方式可分为带状构图（图5-4）、格状构图（图5-5）、散点构图（图5-6）、无网格的连续构图（图5-7）四种。商周青铜器最主要的纹饰界格方式是带状构图。其演变规律基本是从有明确主纹、各纹饰带主次分明的带状构图，逐渐过渡到无主次区分、各纹饰带基本平均划分的带状构图。同时，从西周中、晚期开始，纵横交错的格状划分方式也开始出现并占据相当的比重。带状构图、格状构图虽然形式有所不同，但其变化的趋势却指向同一个方向，自商代以来一直沿用的、具有明确中心的轴对称的构图方式被打破，器表的装饰面被以几何化的方式重新分割。和过去的构图形式不同，新产生的构图形式中，各个纹饰块面基本均分了观者的注意力，这种分割画面的方式是几何化风格在画面布局上的表现，反映出这一时期创作者在纹饰设计方面抽象思维的能力进一步提高。而它造成的一个客观效果，则是在视觉焦点被分散之后，器物的造型反而更加突出，凸显出简洁优美、富有张力的轮廓线，也更加符合这一时期理性、内敛、简洁、典雅的审美取向。

图5-4　带状构图[①]　　　　　图5-5　格状构图[②]

4. 装饰面的缩小与素面铜器的增多，反映出素朴风格的逐渐主流化

西周早期虽然沿袭商代的作风较多，但也逐渐显露出周文化不同于商文化的特点。西周早期后段，自商代晚期沿袭而来的"满花"作风的器物比例逐渐降低，不少器物基本素面，只在上腹部或颈部饰以两道或一道弦纹，从而形成了一种清淡、简明的修饰风格。虽然中期前段的穆王时期，繁饰之风再度流行，但这个阶段结束后，器

[①]　几父壶，西周晚期，曹玮：《周原出土青铜器1》，巴蜀书社，2005年，第84页。
[②]　蟠龙络纹壶，战国早期，陈佩芬：《夏商周青铜器研究（东周篇）》，上海古籍出版社，2004年，第329页。

表装饰面的缩小已经成为绝对的主流。大量的器物仅以简单的带状纹饰作为装饰，与此同时，铭文的长度和内容的丰富程度不断上升。我们可以推测，周人选择的青铜礼器代表的政治、文化等功能的载体，已经从纹饰转移到了铭文上。这反过来也影响到铸作铜器时对器物装饰的投入多寡。装饰的减少使器物给人的观感更为简单、朴素，从而使素朴之风成为公认的西周中晚期周人铜器的风格特点（图5-8、图5-9）。

图5-6　散点构图[①]　　　　　　图5-7　无网格的连续构图[②]

图5-8　简素的西周铜器[③]　　　图5-9　简素的西周铜器[④]

5. 记事记功铭文的流行，反映出神权色彩的淡化和人间现实因素的上升

青铜器上的铭文亦称金文。目前所见的最早金文是传世的商代早期青铜器上的铭文，考古发现的青铜器铭文则以商代晚期为最早。殷墟所见的商代晚期金文，其内

[①] 镶嵌狩猎纹豆，春秋晚期，中国青铜器全集编辑委员会：《中国青铜器全集8》，文物出版社，1995年，图37。

[②] 错银鸟纹壶，战国中期，中国青铜器全集编辑委员会：《中国青铜器全集10》，文物出版社，1998年，图38。

[③] 仲南父壶，西周中期，曹玮：《周原出土青铜器》，巴蜀书社，2005年，第374页。

[④] 此簋，西周晚期，曹玮：《周原出土青铜器》，巴蜀书社，2005年，第402页。

容多为族氏铭文、日名等，一般只有几个字。较长的金文也有发现，如我方鼎铭文有41个字。这些较长的铭文，其内容多涉及商代晚期重要战事、王室祭祀活动、王室与贵族关系等。西周早期，长篇铭文渐多，内容涉及许多西周初期关于战争、政治、封赐的重要史实，以及当时的官制、军制等。西周中期，记录周王于宫廷进行册命之礼的铭文开始出现并逐渐形成模式，"子子孙孙万年永宝用"之类文辞开始流行。西周晚期，长篇铭文更多，字数也不断增加，其内容多为模式化的廷礼册命之辞，有关战争、土地狱讼等内容亦多见。宣王时，出现至今所见西周时期最长铭文，即毛公鼎的铭文，有499个字，记载宣王对毛公之诰命。这一时期，铭文结尾开始流行"万年无疆"之类的文辞[①]。

总之，西周金文最盛期是中晚期，字数渐多，字体亦日渐规范。从其内容来看，与商之甲骨颇有不同。甲骨为卜辞，其内容与鬼神相关颇多，字里行间随处可见人类对上天崇拜、畏惧、服从的状态，而西周金文很少涉及鬼神之事，尤其到中后期，其浓彩重墨之处，乃在记述作器者本人及其家族的丰功伟业，"子子孙孙永宝用""万年无疆"的结束语，犹如后世的纪念碑。到西周晚期，甚至出现了记录分产、交易等现实经济、法律事宜的内容，其生活化、世俗化的倾向日益明显。

从金文与甲骨文的内容对比，可以很明显地看到神权色彩的淡化、周人对现世功业的重视。这种以铭文记功业的风气，反过来又影响西周铜器的装饰风格。西周中期经过穆王时期短暂的华丽之风后，迅速转向简洁优美的素朴风格。器物的造型凝练但装饰简单，承载政治含义的主要部分已不再是神秘的纹饰，而是内容更加直接的铭文。大量的铭文涉及祖先的辉煌与现世的功业，而"子子孙孙永宝用"则寄托着对后世子孙的美好祈愿。凡此种种，同样反映出西周社会政治的重心，已经基本完成了从"神"到"人"的转向。

商器需以其纹饰展现神权至上的理念，周器则以文字来记载现世辉煌的功业。因此，周器的装饰，所承担的社会功能如政治、宗教等外在的负载实际减少，更多承担的是美的功能。而西周文化内敛、理性化的倾向，又使周人对美的感悟更为细致和含蓄，因此，周器理性、内敛的气质和简洁、典雅的风格在此时形成，也就成为必然。

二、春秋战国时期青铜艺术的变革：天道远，人道迩

东周时期，中国的青铜时代进入尾声，但是青铜艺术并未立即消失，而是迎来了又一个高峰。与上一个历史时期相比，此时的青铜艺术逐渐展现出前所未有的繁荣景象。区域文化的发展使得各个不同地域的青铜文化形成了各自不同的典型面貌，同

---

① 朱凤瀚：《中国青铜器综论》，上海古籍出版社，2009年，第622~634页。

时，在这种地域特征比较显著的状态下，中原文化的正统地位又始终保持着区域文化中的主体地位。而且，从青铜文化的总体面貌来看，中国历史时期的转型也反映在青铜文化的审美意识和发展趋向上，表现出前所未有的生命力与创造性。

（一）变革的时代背景和生成因素

1."礼崩乐坏"的大时代：政治的多中心化

公元前770年，平王东迁洛邑，东周开始。从此之后，东周王权持续衰微，而"齐、楚、秦、晋始大"①。这种王权衰微、地方诸侯的政治实力和经济实力日渐增长的局面，在西周晚期已有迹象，至此时王权旁落、地方坐大的情况进一步恶化，也反映出维系周王朝统治地位的宗法礼制的松动乃至崩溃。这种变化直接表现在周礼对诸侯的约束能力逐渐减弱，从而使各诸侯国频繁出现了僭越周礼的现象，这就是所谓的"礼崩乐坏"。这种对旧有礼制的逾越和冲击，实际反映出社会历史转型时期新旧政治势力之间的对抗和更替，如杨宽先生所言："代表地主阶级的卿大夫这样'僭礼'，实质上就是夺取政治权力的一种表现。这对奴隶主贵族来说，是'礼崩乐坏'，而对新兴地主阶级来说，就是大兴礼乐来巩固封建统治。"②"礼崩乐坏"的时代趋势，反映在青铜器上，是其作为政治权力和等级地位象征的意义不断下降，诸侯通过"僭越"青铜礼制来炫耀自身的实力和地位成为普遍现象，这使得青铜器的装饰华丽程度和使用的广泛程度都远远超越了以往的时代。社会历史的转型和政治力量的更替，也使意识形态、文化观念、审美喜好方面都发生了重大的变化，这就使青铜文化的面貌也随之而改变。同时，在这种旧有的中央权力不断丧失的状态下，地方势力迅速增长，随之而来的就是政治、文化等方面的多中心化的趋势，反映在青铜文化上，地域风格的兴起也是这一时期引人注目的鲜明特点。

2. 从"神"到"人"的变化与民本思潮的兴起

东周时期的政治环境与思想文化，虽然号称"礼崩乐坏"，与西周礼制盛行之时相去已远，但它与西周文化思想一脉相承的关系也是学界公认的。东周文化思想的来源或曰承袭关系，主要是周文化而非商文化。因此，西周中期开始的理性精神的抬头，神人关系中从神到人的转变，到春秋战国时期，不但没有减弱或消失，反而愈加发扬光大，影响到整个春秋战国时代思想文化领域的格局。西周以来的政治秩序和宗法秩序逐渐走向崩溃，重人轻神的观念不断发展。西周时期的"敬德保民"，仍是在天命第一的主导思想下提倡的，是用"保民"来顺应天命；春秋战国时的"民本"思

---

① （汉）司马迁：《史记·周本纪》，中华书局，1959年，第149页。
② 杨宽：《战国史》，上海人民出版社，1980年，第253页。

想，则反映出"人"的观念、"人"的价值的提高，促使"天"的权威、"神"的权威日益下降。所谓"天道远，人道迩"（《左传·昭公十八年》）[①]，标志着昔日崇高无比的神权，已经不再是完全威慑人们的精神主宰。与此同时，"人"的重要性不断上升，"祭祀以为人也。民，神之主也"（《左传·僖公十九年》）[②]，"先成民而后致力于神"（《左传·桓公六年》）[③]，反映的是先民后神、重人轻神的天道观与哲学观。这种思想观念上的变化，投射于政治生活与社会生活的各个层面，遂使得这个时代表现出前所未有的自由奔放与勃勃生机。反映在青铜艺术的发展与变化上，就是不再像过去以"娱神""飨神"为青铜器制作的主要目的，而是以满足现实中的人的需求为第一目标。繁华富丽的装饰是为了满足人的审美需要，奇思妙想的设计是为了满足人的使用要求。这种为"人"服务、以"人"为创作中心的倾向，也是东周青铜器非常典型的特征。

3. 经济社会的发展与技术的进步

"礼崩乐坏"的时代伴随着地方诸侯国力量的兼并与集中，强盛的政治力量也有更加强盛的对于青铜器的需求。"神""人"关系的转变也使这种需求更加膨胀而且毫无遮掩。从供求关系的角度来看，能够实现这种需求的条件，首先是要有供应的能力，这就涉及春秋战国时期经济社会的实力增长以及青铜铸造业的技术发展。

春秋战国时期，随着铁质农具的出现和牛耕的普遍推广，农业生产率得到大幅度提高，同时，各国不断为富国强兵实行变法，也推动着社会政治经济文化的发展。部分诸侯国的实力稳步上升，人口数量增长，手工业的技术水平不断提升，规模也逐渐扩大，各个地区之间的交通运输能力也不断提升，这一切共同造就了这样一个富庶繁华的时代。贵族势力的增长与财富的增加，也为他们满足自己的各种物质需求包括青铜器的需求方面提供了经济上的可能。

同时，这种经济的繁荣和活跃也反映在城市工商业的发展上。这一时期，城市数量空前增多，规模也十分宏大。这些城市除了作为传统的政治文化中心外，作为经济中心的功能增强，目前发现的各个城址中，城中有"市"，铸铜、冶铁、制陶、制骨等手工业作坊遗址广泛存在，也证明了当时工商业的发达。

从青铜铸造业的发展来看，这一时期无疑是一个迅猛发展的时代。考古发现也证明了这一点。目前已发掘的典型代表有侯马晋国遗址铸铜作坊（图5-10、图5-11），这个作坊区面积较大，使用时间也较长，是一个比较稳定的官办手工业作坊区。从发掘的情况来看，作坊的内部分工很细，陶范的制作、刻花、翻模、成型、铸造工艺要

---

① 杨伯峻：《春秋左传注》，中华书局，1990年，第1395页。
② 杨伯峻：《春秋左传注》，中华书局，1990年，第382页。
③ 杨伯峻：《春秋左传注》，中华书局，1990年，第111页。

求极高，产品的质量精密度也很高。内部分工的细化，使生产的规模化、专业化成为可能，从而提高了生产效率；各生产环节的严格要求也成为产品质量的关键保证。同时，这一时期商业的发展，也促进了产品的商品化。为适应各地贵族的生活要求，晋国铸铜作坊的生产规模空前，大批成品源源不断地供应晋国各地和周边地区的王公贵族。在晋及韩、赵、魏势力范围内出土的很多青铜礼乐器都能在侯马铸铜作坊中找到其铸造用的范模，反映了成品流通的情况[①]。

图5-10 侯马铸铜遗址出土单元纹饰模[②]　　图5-11 侯马铸铜遗址出土车马器范[③]

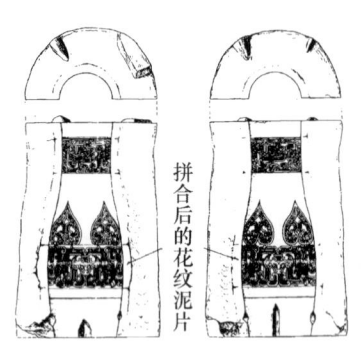

从青铜器的铸作技术来看，这一时期对青铜器豪华富丽的审美需求和批量化大生产的需要，也推动了技术方面如分铸法、失蜡法、青铜镶嵌工艺、分型制模与分模制范、模印法和单元纹饰范拼兑技术的发展。

分铸法的发展，包括焊接技术的进步，为青铜器的复杂造型设计提供了实现的可能，而失蜡法的出现则把这种可能推向极致。青铜镶嵌工艺的发展则为青铜器表面装饰的绘画性和色彩感的表现提供了更多的技术支持。铁器的出现使青铜器的刻纹图案成为一种新的艺术表现方式。这些技术的改良与进步，不仅使铸铜工艺得到改进，提高了生产效率，而且更便于制造形制复杂、装饰华丽的青铜器。这一时期普遍流行的华丽夸张的附件和色彩斑斓的器表装饰，其技术原因即根源于此。

分铸法的不断进步，分型制模工艺的不断发展，模印法和单元纹饰范拼兑技术的出现，都与当时青铜器日益商品化的趋势有关。这些铸作技术的应用，可以使复杂的制范阶段简化，进一步推动生产流程的标准化和规模化，提高生产效率，能够更快、更好地满足市场的需要。从技术进步和生产组织管理的角度而言，这几种技术都已具有某种流水线分工的特征，这种情况表明，青铜器铸造业已发展到一个新阶段。不

---

① 陶正刚：《晋及韩、赵、魏青铜器概述》，《中国青铜器全集8》，文物出版社，1995年，第25页。

② 董亚巍、周卫荣、马俊才等：《商周铜器纹饰技术的三个发展历程》，《中国历史文物》2007年第1期，第87页。

③ 陶正刚：《晋国青铜器铸造工艺中的两个问题》，《文物》1998年第11期，第73页。

过,流水线的生产方式,使产品趋于规格化,更加具备了商品的特征,同时也减少了制作者艺术创新的冲动,使青铜器作为艺术品的个性逐渐消失,从而使这一时期流行的精丽细密的浮雕纹饰发展到后期,走向了烦琐与靡弱的境地。

(二)春秋战国时期青铜艺术的风格特征

1. 区域化的时代:巫风盛行的南方世界与人间生活的北方景象

春秋战国时期,各个地区生产力的发展和经济状况并不均衡。随着政治、经济上的多中心化的趋势出现,以及各地不同的自然环境和土著文化传统的影响,这一时期的青铜器在共同的时代风格之中,也体现出了明显的地域文化特征,反映出审美观念的区域性差异。

前文我们已将这一时期的区域青铜文化划分为六个部分即中原文化圈、齐鲁文化圈、燕文化圈、秦文化圈、楚文化圈、吴越文化圈,并对各个地域的青铜文化特点做了较为详细的阐述,但为进一步从整体上认识这一时期青铜文化的面貌,我们把这六个区域进一步整合,分为两个大的部分,即以中原文化为中心的北方黄河流域文化区和以楚文化为中心的南方长江流域文化区。以中原文化为中心的北方黄河流域文化区,包括黄河上游的秦文化、中下游的中原文化、燕文化和齐鲁文化;以楚文化为中心的南方长江流域文化区,包括楚文化、吴越文化以及周边的其他南方文化。这两个大的区域内部尽管也有着次一级的区域划分和地方特点,但从总体而言,南北不同的面貌差异还是比较明确而清晰的。这种文化上的差异不仅在青铜艺术的表现上,还在更广泛的文化领域有所体现。如中国古代文学并称的"诗""骚"传统,其起源正是在春秋战国时期。"诗"所代表的北方中原文化的现实主义精神在这一时期青铜器的人物画像纹题材上有明显的表现,"骚"所代表的楚文化的浪漫主义精神在楚系青铜器各式各样的龙的形象上也有非常直接的体现。

南、北方青铜艺术的浪漫主义和现实主义的风格差异,正是由南、北不同的思想文化传统所决定的。中原地区,从周人取代商人的统治,提出"敬德保民"的思想开始,理性主义的思想倾向就逐渐成为思想史发展的主流。至春秋战国时期,诸子蜂起、百家争鸣,理性主义精神成为影响整个社会的总思潮、总倾向,这也使文化与艺术的各种形式都表现出了理性的现实主义倾向。从各种造型逼真的仿鸟兽青铜器的出现,到反映现实生活题材的人物画像纹(图5-12)在中原地区的流行,都一再显示出这种现实主义的艺术倾向。而在南方的楚文化区,在漫长的历史时期内始终被北方诸国视为蛮夷,其文化的原始因素与中原诸国相比,保存得也更为完整。正如李泽厚先生所言,南方的楚文化"由于原始社会结构有更多的保留和残存,便依旧强有力地保持和发展着绚烂鲜丽的远古传统"。"在意识形态各领域,仍然弥漫在一片奇异想象和炽热情感的图腾——神话世界之中。"①楚人的这种充满原始生命力的精神境界，使他们的文学和艺术都呈现出强烈的浪漫主义倾向，反映在楚系青铜器上，对龙这种想象中存在的具有强大神性的动物的迷恋，以及因之而创造的各式各样的龙的造型（图5-13），就成为楚系青铜艺术的一个典型特点，从楚系青铜器纹饰造型的特点来看，宛转流动、富有生命力的运动变化之美的线条也反映出楚人自由、狂放、飘逸、奇丽的浪漫主义作风。

图5-12 水陆攻战纹②

图5-13 楚系青铜器的侧行龙纹③

2. "天道远，人道迩"：享乐主义与实用主义的并行不悖

春秋战国时期，随着重人轻神思想的发展，满足人的欲望和需求成为青铜器制作的主要任务和目标。这种为"人"而非为"神"服务的价值取向，作用于青铜艺术的发展方面，造就了两个看似完全相反的发展趋势。一方面，豪华富丽的青铜器不断出现，各种技术的应用创造出了令人眼花缭乱的视觉效果（图5-14）；另一方面，素面青铜器的比例不断增加，青铜器作为生活用器的实用意义大大提升（图5-15）。两个

---

① 李泽厚：《美的历程》，《美学三书》，安徽文艺出版社，1999年，第72页。
② 山彪镇一号墓水陆攻战纹鉴，李学勤：《东周与秦代文明》，文物出版社，1984年，第55页。
③ 铜盏，春秋，宜城市博物馆：《楚风汉韵：宜城地区出土楚汉文物陈列》，文物出版社，2011年，第33页。

现象看似相反，实则并不矛盾，因为造就这种现象的正是这个时代在思想观念方面成为主流的享乐主义与实用主义精神。为"人"服务，首先取决于"人"的需求。豪华富丽、"以绚为美"的审美取向，源于各级贵族的政治诉求和审美取向。僭越礼制、夸富炫耀，其目的都是要一再证明自己实力的强大和地位的尊崇，满足自我的视觉感官享受也是应有之义。而素面铜器的流行，更是实用主义观念的直接表现。青铜器作为"器"的存在意义回归本源，在过去的历史时期所附加的各种政治、宗教、文化的含义逐渐淡化乃至消逝，仅仅是作为用器存在于人们的生活之中。

图5-14　错银扁壶[①]　　　　　图5-15　铜鍪[②]

第二节　两周时期青铜艺术风格演变的总体趋势

两周之时，中国的青铜时代虽然已开始告别它最辉煌的时期，但青铜艺术的发展并未就此停滞，而是在新的剧烈变化的历史条件下，经历了第二个发展高峰。

这一时期的青铜艺术，求新求变的倾向中已经孕育了下一个历史阶段的新的艺术形式与艺术趣味。青铜器的装饰手法、装饰主题等与其他艺术门类之间的关联也渐趋明显。此外，这一时代与以往时代不同的新的艺术趣味，也反映出时代审美风尚的变迁。从这一时期青铜器器表装饰风格的变化来看，有三个关键的变化值得我们注意。

一、抽象化与几何化风格的演进

西周青铜艺术的变革，或者说彻底消除商代青铜艺术影响的过程，始于穆王时期。在西周历史发展过程中，这是一个承前启后的时代。近年来对西周青铜器的研究表明，穆王之世不但在礼制方面，而且在青铜艺术的发展方面，确实是一个重要的转

[①] 错银几何纹扁壶，战国中期，中国青铜器全集编辑委员会：《中国青铜器全集7》，文物出版社，1998年，图144。

[②] 陕西省考古研究院：《西安尤家庄秦墓》，陕西科学技术出版社，2008年，彩版一。

折时期。草蛇灰线，伏迹千里，中国青铜器艺术在春秋中期之后产生的重大变化，有相当多的萌芽在西周中期已经产生。这一时期，青铜器器表装饰从纹饰题材到构图设计，抽象化与几何化的趋势逐渐明晰，显示出西周青铜艺术向着理性化发展的总体趋势。想象动物纹的变形与解构，纹饰构图的几何化风格，器表装饰视觉中心的变化，这些新的因素预示着新风格的开端。而这种抽象与几何化的风格，正是春秋战国之际青铜器装饰艺术的一个典型特征。从西周中期开始，至春秋战国之世，这种抽象化与几何化的风格不断演进，并表现在各个方面。

（一）几何化趋势的表现之一：器表纹饰布局的构图变化，主纹作为视觉中心地位的丧失

器表纹饰布局的构图变化，主要表现在对器表画面的界格方式上。青铜器纹饰的界格方式，实质是对器物装饰面的画面进行分割，也可以说是对器表纹饰布局进行设计。本书将青铜容器器表装饰画面的界格方式分为带状构图、格状构图、散点构图、无网格的连续构图四型。此外，三角纹虽然也被作为一种纹饰单独分类，但它的构图作用更为突出。

带状布局的纹饰出现很早，二里头时期和商代早期时，器物颈部或腹部的纹饰带是器身最主要的装饰。即使是在晚商，三层花的满花装饰盛行之时，在形体比较规则的器物上，纹饰的布局基本还是平行的条带状分割。不过，商代晚期的典型风格，是遍布器身的纹饰有非常明确的主纹，而且主纹基本都位于器身面积最大、最易于引起视觉关注的部位（图5-16）。以兽面纹为例，作为商代最重要的主纹，在绝大多数器物的装饰面上都占据了最主要的位置。轴对称的图案，以目、鼻、口构成图案中心，作为全器的主纹形成了整个器物的视觉中心。纹饰厚重大气，有充分的体量感。当观者看到器物时，注意力首先会被居于中心位置的主纹所吸引，而器物的轮廓、附件的装饰反而成为第二位被关注的要素。甚至可以说，器物在某种意义上，是为主纹提供了一个展示的背景。虽然对于兽面纹的含义，至今仍然众说纷纭，但它绝非毫无意义的存在，这一点是众所公认的。由此看来，兽面纹作为主纹的这种构图方式，与它所具有的象征意义的地位也是相称的。

西周早期，青铜器的装饰面构图延续了商代晚期的作风。但从西周中期开始，所谓的素朴之风开始流行。满花器罕见，大量器物上仅以带状纹饰装饰在器物的主要位置上。对于这种风格上的变化，通常的解释是，西周与商代相比，理性精神有所发展，崇尚素朴之风。此外，这一时期铭文大盛，青铜器所承载的社会内容，更多地通过铭文而非纹饰展现出来，这也使得周人对青铜器装饰的关注程度下降。无论做何解释，青铜容器装饰面积的缩小是不争的事实。但我们要注意的是，这只是较短时期的现象，当器表装饰面积重新开始增长时，纹饰的布局方式和过去相比，开始有了质的变化。明确的视觉中心消失了。或者更准确地说，纹饰的视觉焦点被分散了。这种消

失或分散是如何实现的？就此时来说，主要是通过器表装饰面的带状分割与方格状分割消解了纹饰的中心。

如前所述，带状布局的纹饰出现很早，二里头时期和商代早期时，器物颈部或腹部的纹饰带是器身最主要的装饰。即使是在晚商，三层花的满花装饰盛行之时，在形体比较规则的器物如外轮廓为圆形或方形的器物上，纹饰的布局基本还是平行的条带状分割。但是，在器表面积最大的地方，通常是腹部，毫无疑问是留给主纹的位置。因此，器表装饰图案的聚焦点明确无疑。

自西周中期开始，这种现象逐渐发生变化，仍然是平行的带状构图，但各个带状纹饰的比重逐渐均衡。此外，这一时期由大型的单体轴对称纹饰构成的主纹已逐渐减少，作为主纹的是有更多重复单元因此体量也较小的二方连续图形。两种因素共同作用之下，最大装饰面（一般是器腹）的纹饰所占的画面比例以及所能吸引的注意力逐渐下降。特别是此时出现的波曲纹青铜壶，自颈部到下腹部，平行布局着三到四行波曲纹，虽然腹部的纹饰体量和面积仍然较大，但是在它的上下两方，同样的波曲纹已经成功地分散了观者的注意力（图5-17）。

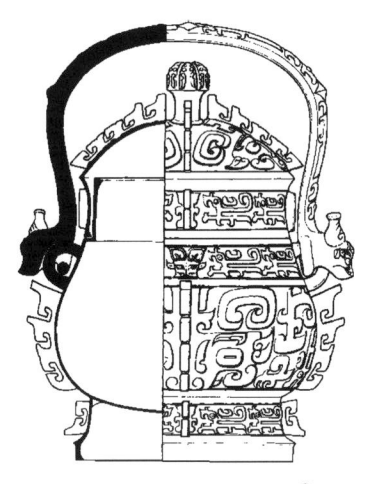

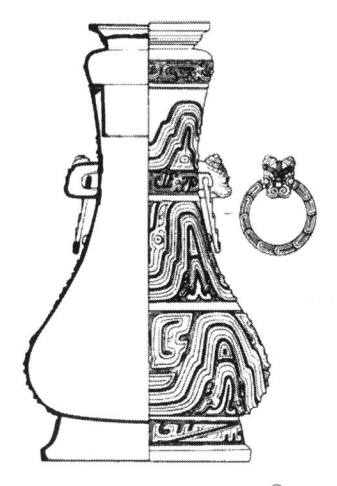

图5-16　西周早期商卣[①]　　图5-17　西周晚期几父壶[②]

进入春秋战国时期，这种平行带状的分割日渐变得均衡，器表各装饰带的宽度渐趋相等，装饰带内填充的纹饰形态也基本相同（图5-18）。何为主纹，何为辅纹，在此时已经失去了意义。从整体视觉感受而言，这种纹饰布局方式具有严整、均衡、单纯的几何效果。器表纹饰的单纯效果反过来更加强调了器物的整体造型轮廓。

和带状构图相比较，格状构图方式更具有打破传统的意味。目前所见时代最早的是河南浚县辛村卫侯墓地出土的洰伯返壶，此壶《中国青铜器全集》定为西周早期。

[①] 商卣，西周早期，曹玮：《周原出土青铜器》，巴蜀书社，2005年，第531页。

[②] 几父壶，西周晚期，曹玮：《周原出土青铜器》，巴蜀书社，2005年，第85页。

不过，这显然是个例。格状构图普遍应用是从西周中期开始，一直沿用到战国中晚期，西汉仍有发现。

从具体的形态而言，早期的方格状构图主要是以十字形宽带分割装饰面，而且主要用于自西周中期至春秋晚期一直流行的椭方形腹壶（图5-19）。在壶的腹部，十字形的条带把装饰面分割为格状。有学者认为这是模仿了绳索绑缚器物的模式，乃是原始社会生活方式的遗痕[1]。但青铜壶在商代就已出现，并未发现有这种十字分割的器表装饰形态，在其他器类上更无所见。此外，商代鼎的耳部、卣的提梁也屡见绹索状，但绹纹用于器身装饰，特别是由绹纹发展而来的绳络纹大量应用是在战国时代。因此，十字分割的装饰方式是否与古之习俗有关，尚有待商榷。或者说，即使这种构图方式受到了绳索绑缚器物的启发，但整个时代装饰艺术的变革之风对它产生的影响应当更为重要。

图5-18　春秋晚期蟠蛇纹瓠壶[2]　　　图5-19　西周中期方壶[3]

自春秋晚期开始，随着椭方形腹壶的逐渐消失，十字分割的方式让位于块面分割更多的方格以及菱格构图方式。单元块面的体量减小，器表以四方连续的方式被分割成更多单元。或许是为了更多体现这种连续展开的效果，此时的方格状构图方式更多用于矮胖的罍等有相对较大装饰面的器物上。

同时，称为绹络纹的纹饰开始大量应用，至战国时相当盛行。就装饰效果而论，这种绹络纹更主要的还是纹饰界格的作用（图5-20）。在由绹纹所构成的方格或菱格内，填满了这一时期流行的细密纹饰。

---

[1]　王朝闻总主编、李松主编：《中国美术史·夏商周卷》，齐鲁书社、明天出版社，2000年，第98页。

[2]　蟠蛇纹瓠壶，春秋晚期，中国青铜器全集编辑委员会：《中国青铜器全集8》，文物出版社，1995年，文前第13页。

[3]　鸟纹贯耳方壶，西周中期，曹玮：《周原出土青铜器》，巴蜀书社，2005年，第57页。

此外，更晚时较多出现的扁壶（图5-21），以及在战国时代开始盛行的镶嵌人物画像纹铜器，其画面的分割方式也较多地采取了方格状的划分方式。

图5-20　战国早期绳络纹罍[①]　　　图5-21　战国晚期扁壶[②]

和绚络纹相似，三角纹虽然也被作为一种纹饰单独分类，但它实际起到的作用更近于纹饰之间的界格，或者说，纹饰构图的一种格局（图5-22、图5-23）。三角纹出现很早。如果从广义来说，凡是近似三角形构图的都可以归入三角纹，那么诸如垂叶纹、仰叶纹、三角蝉纹等商代和西周早期流行的纹饰都可以并入三角纹之中。对这几种纹饰而言，三角形更多的只是一种构图方式，真正决定纹饰含义的是填在三角形框架内的纹饰。春秋战国之际，三角纹形制更为规整，特别在敦上十分盛行。

图5-22　三角纹的构图作用：垂叶纹[③]　　　图5-23　三角纹的构图作用：交错三角纹[④]

[①] 蟠蛇纹瓠壶，春秋晚期，中国青铜器全集编辑委员会：《中国青铜器全集8》，文物出版社，1995年，图138。

[②] 镶嵌羽翅纹扁壶，战国晚期，陈佩芬：《夏商周青铜器研究（东周篇）》，上海古籍出版社，2004年，第422页。

[③] 兽面纹鼎，商代晚期，陈佩芬：《夏商周青铜器研究（夏商篇）》，上海古籍出版社，2004年，第106页。

[④] 侯母壶，西周晚期，中国青铜器全集编辑委员会：《中国青铜器全集6》，文物出版社，1997年，图69。

从带状构图、方格状构图到散点构图和无网格的连续构图，虽然形式有所不同，但其变化的趋势却指向同一个方向。自商代以来一直沿用的、具有明确中心的轴对称的构图方式被打破。器表的装饰面被以几何化的方式重新分割。和过去的构图形式不同，新产生的构图形式中，没有明确的中心纹饰，视觉焦点不复存在。可以说，各个纹饰块面基本均分了观者的注意力，这种分割画面的方式是几何化风格在画面布局上的表现。而它造成的一个客观效果，则是在视觉焦点被分散之后，器物的造型反而更加突出，凸显出简洁优美、富有张力的轮廓线。平滑的器表与夸张华丽的附件形成鲜明的对比效果，进一步强调了器物的轮廓线。器物主体构图分割的变化，降低了观者对器身重点部位装饰图案的注意力，把视觉中心引向整个器物。

（二）几何化趋势的表现之二：纹饰题材与构形方式的变化，变形、抽象与几何化的浪潮

西周中期开始，随着社会观念的变化，青铜器纹饰的题材也产生了重大的变化。作为整个商代直至西周早期最重要纹饰的兽面纹，到此时其重要性逐渐降低。一方面，兽面纹在器表的位置由主纹变为辅纹，失去了器表装饰视觉中心的地位；另一方面，兽面纹的形态逐渐趋于解体，衍化为窃曲纹、波曲纹等抽象的纹饰。同样的变化也发生在鸟纹、夔纹这些过去时代较为重要的纹饰上。此外，西周中晚期大量用作主纹的直棱纹和瓦纹，也更直接地体现出这一时期对于抽象与几何化纹饰的审美偏好。它们显示了西周艺术向着理性化发展的总体趋势。

兽面纹、鸟纹、夔纹，商代晚期普遍用作主纹或重要辅纹，马承源先生将其统称为想象动物纹。虽然与现实中的动物相比，它们已经过相当的抽象、概括、变形，但其形体特征仍然清晰可辨，也就是说，仍然属于比较具象的图形。而西周中期之后开始盛行的、由这些纹饰变形而来的窃曲纹、波曲纹、交龙纹等，其发展序列基本遵循了由具象到抽象的路线。经过变形、分解、重组的纹饰，以窃曲纹、波曲纹为典型代表，日渐脱离具体可辨的形态，其构形方式日益呈现出几何化的特征。这种对传统纹饰的分解、提炼、重组的过程，也更显示出这一时期艺术概括能力的提高与抽象思维的发展。这些纹饰几何化的发展趋势，进一步消解了原本存在于想象动物纹身上那种神秘与威慑的力量，而更多地反映出图案的装饰趣味。从西周中期典型意义的交龙纹到最终细密之极的蟠虺纹，同样呈现出从具象到抽象的历程。

1. 瓦棱纹与直棱纹：风格变异的信号

瓦纹，亦称瓦棱纹，由平行的凹沟组成，有如房屋上并排的仰瓦，多施加于食器中的簋、盨，水器中的匜等器腹作圆形的器物上（图5-24）。这种纹饰自西周中期开始，一直流行到春秋早期。严格地说，它是器物造型上打破平面感觉的一种设计，而不同于一般的纹饰。施加瓦纹的部位主要是在器物装饰带以外，原先是留出光洁素面

的器盖、器腹部分。也有的器物，不加其他装饰，纯以瓦纹为饰。和商代晚期至西周早期的装饰风格相比较，它的简洁与明快一改过去的繁华之风。马承源先生认为，它是西周青铜器装饰风格转变的第一个信号①。

直棱纹，竖行的并排直线，也有的线条宽粗，断面呈半圆形，称为瓜棱纹（图5-25）。商代和西周早期个别器上已经出现这种纹饰，到西周中期时出现频率明显增加。

西周中期还出现了模仿陶器而来的由斜线构成的"人"字纹（图5-26）。

图5-24　瓦纹②　　　　图5-25　直棱纹③　　　　图5-26　"人"字纹④

瓦纹、直棱纹和"人"字纹，以简洁的直线按同一方向排列，属于典型的几何纹饰。它们在西周中、晚期的流行，预示着抽象与几何化风格的来临。但我们也看到，"人"字纹昙花一现，瓦纹和直棱纹到春秋战国之际也基本消失了。究其原因，或许因其太过规则与理性，形式也比较单调，在艺术表现方面丧失了更多的可能性，已不再适应战国时代豪华富丽的审美风尚。

2. 波曲纹与窃曲纹：兽面纹的湮灭

这一时期，更重要的变化发生在兽面纹身上。兽面纹逐渐从中心位置退却，被压缩到口沿等次要部位，降为附属的纹饰，完全失去了往昔威严神奇、雄踞器物中心的资格，兽面的各个部位也解体变形，变为波曲纹、窃曲纹或其他变形兽纹，马承源先生将其统称为兽体变形纹。西周中期之后，兽体变形纹特别是波曲纹和窃曲纹，成为最盛行的纹饰。因此，一旦提及西周中期开始的风格变化，几乎必然地会涉及波曲纹和窃曲纹在此时的重要地位。

---

① 马承源：《中国青铜器艺术总论》，《中国青铜器全集1》，文物出版社，1996年，第27页。
② 伯寛父盨，西周晚期，曹玮：《周原出土青铜器5》，巴蜀书社，2005年，第1002页。
③ 倗生簋，西周恭王，中国青铜器全集编辑委员会：《中国青铜器全集5》，文物出版社，1996年，图62。
④ 斜条纹鬲，西周中期，中国青铜器全集编辑委员会：《中国青铜器全集5》，文物出版社，1996年，图42。

波曲纹（图5-27），亦称环带纹。波曲纹的基本结构是连续的波浪形宽粗曲线，在波曲的中腰常有一兽目或近似兽头形的凸出物，波峰的中间填以两头龙纹、鸟纹、鳞片或其他简单的线条，为西周中、晚期到春秋早期青铜饪食器和酒器中主要纹饰之一。波曲纹是动物纹样的几何变形，波峰的相连处有的还残存有兽目。这个纹饰显示设计的成熟，筹划者充分掌握了图案的规律而能变化自如。由此可以推测，西周中期变形纹饰代替以往老式纹样，一部分是图案的变化规律所致，更主要是经过高水准的匠师们有意识精心设计的创作[①]。

在变形兽面纹出现不久，取其构图中的局部线条，做进一步变形而更加抽象的，则是传统称之为窃曲纹的纹饰（图5-28）。窃曲纹是由兽面纹、夔龙纹、鸟纹、云纹等多种形象综合、变化而来，在其两端一上一下的弯曲作"S"状的中间位置上保留的目形，正是其原始图像的遗痕。窃曲纹的类型十分多样，其共同特征为，每一种图案的主要母题皆为卷曲的细长条纹。这种纹饰在青铜器上往往连接成二方连续的带状图案。它始见于西周中期之初，一直盛行至春秋早期，春秋中期仍有所见。窃曲纹的出现使以往庄严神秘的动物纹解体，进一步促进了青铜器纹饰的抽象化与几何图案化[②]。

图5-27　波曲纹[③]　　　　　图5-28　窃曲纹[④]

宽阔而自由舒转的波曲纹，以及勾连宛转的窃曲纹，其构图的几何化特征已十分明显。作为重要的变形动物纹，这两种纹饰对旧有的纹饰分解重组，新构成的纹饰与其来源已相去甚远。而在其重组的过程中，多种想象动物纹逐渐解体，发展出更为抽象和程式化的图案造型，从而也使纹饰的神秘主义色彩大大削弱。有学者认为，动物纹的变形乃至最后完全抽象化的几何纹占据主流，意味着动物纹本身的意识形态功能丧失殆尽。对本书而言，从艺术风格方面的变化来看，这两种纹饰的出现，是此后青铜纹饰趋于抽象化与几何化风格的明确开端。

---

① 马承源：《中国青铜器艺术总论》，《中国青铜器全集1》，文物出版社，1996年，第27、28页。

② 容庚、张维持：《殷周青铜器通论》，文物出版社，1984年，第115页；王世民、陈公柔、张长寿：《西周青铜器分期断代研究》，文物出版社，1999年，第182页；朱凤瀚：《中国青铜器综论》，上海古籍出版社，2009年，第579页。

③ 史颂鼎腹部，西周宣王，陈佩芬：《夏商周青铜器研究（西周篇·下）》，上海古籍出版社，2004年，第409页。

④ 环带纹盂圈足，西周晚期，曹玮：《周原出土青铜器》，巴蜀书社，2005年，第18页。

3. 几何纹在较晚时期的流行

几何纹在原始社会的彩陶上早已出现。青铜器上的几何形纹样，是以最单纯的点、线及圆形、方形、三角形等几何形为基本要素，按照美的法则构成的图案。几何纹具有很强的抽象性，但其来源却常常是现实事物的变形和概括。根据题材的不同，青铜器上的几何纹可以分为对自然物的模仿和对人造物的模仿。对自然物的模仿包括云纹、雷纹、涡纹、圆圈纹、乳钉纹等，对人造物的模仿包括瓦纹、绹络纹、直棱纹等。此外，青铜器上还存在一些纯几何形式的纹饰，如直线、圆形、三角形、菱形、"V"形条纹（燕尾纹）等，它们常和其他的纹样组合，作为辅助纹饰出现，使复杂的纹样规整化，变化中有规律可循，装饰效果非常好。

在青铜器上，几何纹使用极为普遍，但大多作为辅助纹饰使用，作为主要纹饰的机会非常少。在想象动物纹盛行的时代里，几何纹通常只能作为主纹的陪衬或地纹使用，只有雷纹是个例外。在商代晚期西周早期，百乳雷纹、曲折雷纹和勾连雷纹经常被用作主纹，在鼎、簋上尤其多见。

自西周中期开始，抽象化与几何化的风格开始孕育、发展。形态清晰可辨的较为具象的动物纹也开始分解变形，向着更为规整也更为抽象的几何化形态演进。这种审美趣味上的变化，也反映在几何纹地位的变化上。直棱纹、瓦纹这几种以简单线条平行排列、具有典型的几何化特征的纹饰，作为器物装饰的主体纹饰盛行一时。

除了这几种可称为风格变化信号的纹饰之外，还有一些纹饰也需要引起注意。

重环纹和垂鳞纹（图5-29），属于变形动物纹但更有几何纹风格，在西周中、晚期也曾一度流行。重环纹属于带状鳞纹的变体，多用于带形装饰，上下以弦纹为栏。垂鳞纹，形似鱼鳞，多重交错排列，初出现于商代，盛行于西周后期至春秋时期，多施加于壶、盘、罐等盛水器上。从纹饰排列布局的角度来看，垂鳞纹已经开始打破传统的带状构图与二方连续图案的构图方式。

特别典型的是春秋战国之际令人耳目一新的云雷纹（图5-30）。云雷纹是青铜器中最多见的几何形纹饰。它是一种细密、连续的螺旋纹图案，有的形体圜转像篆文中的象形"云"字，有的结构方正像篆文"雷"字的下半部分，因而得名。云雷纹是一种富于装饰性而又适应性极强的纹饰，它可以独立地组成大面积的装饰面或装饰带，也可以配合主体花纹，作辅助纹饰。

云雷纹在商代和西周已经广泛使用，春秋战国之际，粗犷的兽面纹、龙纹的躯体上，也有各种云雷纹变形图案。除了大量作为地纹使用外，也作为主纹用于鼎、簋的装饰上，如百乳雷纹、勾连雷纹、曲折雷纹等。此外，还有菱形雷纹、方块雷纹、长方形雷纹，是在菱形、方形、长方形内填以雷纹，作连续式排列，并用金银丝和金银片镶嵌，盛行于战国时代。战国时期，云雷纹进一步发展为线条活泼的流云纹。由鸟兽体变形的三角云纹和长方块状的连续云纹，是图案设计几何形化更高水平的发展，它完全以虚实相间的直线和弧线蟠曲交织构成，具有绚丽变幻的特色[①]。

图5-29 重环纹与垂鳞纹的组合[②]　　　　图5-30 云雷纹[③]

4. 一个特例：交龙纹，龙从何处来，龙向何处去

交龙纹，从广义而言，指两条或两条以上龙相互交缠构成的纹饰，或称蛟龙纹。初见于西周早期，盛行于春秋战国。在青铜器纹饰中，交龙纹常以"X"和"∞"形结构为基础而变化出各种非常复杂的交龙形象，有两龙相交，也有群龙交缠，发展成为极其繁复的形式。群龙交缠，其躯体较粗大者，称为蟠龙纹、蟠螭纹或蟠夔纹；其躯体较细密者，称为蟠蛇纹或蟠虺纹。基本上，较细密的蟠虺纹都可以找到与它们相同或相近的祖型。

综合马承源先生与朱凤瀚先生对交龙纹的研究，以及前文所做的简单分析，我们基本可以将交龙纹的发展归纳出一条比较明确的线索。从西周中期较为粗大的、正面的、轴对称的交龙纹（图5-31）开始，然后是单体或二方连续的交龙纹（图5-32），一直发展到蟠螭纹（图5-33）、蟠虺纹（图5-34）和散螭纹（亦称羽翅纹）。交龙纹的基本图案变化规律是：图案的构成单元，其构图方式从轴对称发展到中心对称；器表整体图形的构成方式，从单体图案发展到二方连续图案再到四方连续图案。从纹饰表现

---

① 马承源：《中国青铜器的发展阶段》，《中国青铜器研究》，上海古籍出版社，2002年，第9页。原载《上海博物馆藏青铜器》，上海人民美术出版社，1964年。

② 仲义父鬲，西周中期，陈佩芬：《夏商周青铜器研究（西周篇）》，上海古籍出版社，2004年，第388页。

③ 镶嵌三角云纹敦，战国早期，上海博物馆青铜器研究组：《商周青铜器纹饰》，文物出版社，1984年，第330页。

的手法即浮雕方式来看，雕塑的起物线越来越低，器表装饰面的凹凸起伏日益平缓，基本是从高浮雕到浅浮雕到薄肉雕再到平面雕的发展过程。从纹饰的视觉效果来看，龙的躯体越来越细小，数量越来越多，交缠日趋繁复，最终细密到肉眼难以辨认。这种细密繁缛的蟠螭纹与蟠虺纹，在春秋战国之际极为盛行。

蟠螭纹在图案上采取非轴对称的形式，改变了商代以来青铜器纹饰轴对称布局的传统格式，在青铜器纹饰发展过程中是极为重要的变革，朱凤瀚先生认为这是春秋时期独特风格建立的标志[1]。此外，交龙纹以其蜿蜒游动之态，突破了以往纹饰构图静态化的格局，而予人以飞扬腾跃之感。这种从静态到动态的变化，也体现了鲜明的时代风格。如此时的流云纹等纹饰，其飞扬流动之态，令人一见即难以忘怀。从这一点来说，交龙纹在西周中晚期的出现，具有重要的标尺意义。

图5-31　交龙纹[2]　　　　　　图5-32　交龙纹[3]

图5-33　蟠螭纹[4]

---

[1] 朱凤瀚：《中国青铜器综论》，上海古籍出版社，2009年，第550页。

[2] 颂壶腹部，西周晚期，中国青铜器全集编辑委员会：《中国青铜器全集5》，文物出版社，1996年，图151。

[3] 陈侯簋腹部与方座，春秋早期，朱凤瀚：《中国青铜器综论》，上海古籍出版社，2009年，第584页。

[4] 交龙纹鼎腹部，战国早期，陈佩芬：《夏商周青铜器研究（东周篇）》，上海古籍出版社，2004年，第291页。

图5-34　蟠虺纹[①]

如果把西周中、晚期的交龙纹和同时期由动物纹变形而来的几何化纹饰相比较，它的形象仍然是比较具体的，龙的形态清晰可辨。但如果单以其自身的发展而论，从西周中期典型意义的交龙纹到最终细密之极的蟠虺纹，同样呈现出从具象到抽象的历程。因此，我们把交龙纹的出现和演化，也作为这一时期抽象与几何化风格开端的信号之一。

二、雕塑装饰手法的创新与困境

先秦时期，独立的雕塑作品数量不多。作为主流存在的，是大量附属在青铜器物上的装饰雕塑。究其原因，首先是由早期艺术的萌芽性质所决定，处在艺术的幼年时期，各种艺术形式尚未发展出各自独立的形态。而更为直接和重要的是，此时的青铜器首先是作为政治权力的象征存在，青铜器被贵族用作礼器，成为维护等级制度的工具，甚至被作为政权的象征，因此，青铜器的装饰必须首先满足其政治功能，即作为政权与神权的神圣象征。同时，此时的青铜器是以实用器的形式上升为礼器的，它的形态来源于现实生活中的实用器皿，因此，它的装饰也必须服从于它的外部形态。这样，青铜器的装饰雕塑不得不与它作为礼器与实用器的功能相结合，从而在造型方面，进一步强化了青铜器装饰雕塑的附属地位。

不过，以青铜器装饰雕塑在整个先秦时期的发展来看，一个明显的趋势是它的两极分化。器物主体雕塑对华丽效果的追求最终导致装饰纹样的极端细密与烦琐，这又促使制作者通过装饰题材的变化、材质的变化来实现更极致的装饰效果，结果催生出人物画像纹和镶嵌铜器的流行。器物附件雕塑则日益立体化、独立化，最终使雕塑尤

[①] 蛇纹卣，春秋，中国青铜器全集编辑委员会：《中国青铜器全集11》，文物出版社，1997年，图124。

其是圆雕发展成为新的独立艺术形式。而这变化的一切，归根到底，又导致了青铜器装饰雕塑走向它历史使命的终结。对自我的否定，这就是它最终的归宿，也是更新的艺术形式的萌生。

（一）雕塑装饰手法的发展方向

先秦青铜器的装饰手法中，雕塑是一种极其重要的形式。就其装饰的部位而言，可分为器物主体雕塑和附件雕塑。整个先秦时期，器物主体雕塑和附件雕塑分别展现出不同的发展趋势。在最初，二者皆以浮雕为主，但随着时代的发展，两种相反的趋势日渐明显。附件雕塑由浅浮雕而至高浮雕，最终几乎成为独立的圆雕作品。主体雕塑则日渐平面化、细密化，日渐弱化自身的纹饰内容，最终成为器物表面近似肌理的存在。两种趋势的结合，使器物整体造型轮廓更为强调和突出，更加凸显出器物的造型之美。

1. 主体浮雕的平面化、细密化倾向

青铜器主体上的雕塑以浮雕为主。根据物体体积压缩至的高度不同，可以分为高浮雕、浅浮雕、薄肉雕和平面雕四种。浮雕的手法在二里头时期就已经开始运用。而且，在此后的青铜器装饰中，浮雕手法占据了绝对优势地位。以浮雕的四种类型而言，商代中期直至西周中期之前，典型的青铜容器上的雕塑，是以浅浮雕和高浮雕为主的。而且，即使是凹凸较不明显的薄肉雕和平面雕，其刻镂的线条也十分鲜明粗犷，配合这一时期以想象动物纹特别是兽面纹构成的、占有器身绝大部分装饰面的主纹，产生了强烈的视觉效果。其明确而厚重的体量感，成为此时青铜器装饰风格的重要特征。

自西周中期开始，青铜器装饰开始倾向朴素和低调。浮雕化的纹饰仍然盛行。但一方面，纹饰在器身所占的面积比例有所下降；另一方面，浮雕的厚度或者说它的层次变化和凹凸感有所下降。简而言之，出现了一种平面化的趋势。青铜器主体浮雕的这种变化趋势，在西周中、晚期尚不明显，进入春秋以后，随着蟠螭纹和蟠虺纹的广泛流行，终于发展为极端的细密化与平面化，乃至于肉眼难以分辨纹饰的细部，使这种浮雕装饰已经失去了雕塑的本来含义，而更多地呈现为器表的一种肌理质感（图5-35）。

2. 附件雕塑的立体化、独立化倾向

附件，主要指器物的耳、足、鋬、流、盖纽等依附于器物主体的部分。因其相对独立的结构，能够产生更加立体的雕塑效果，使应用于此处的装饰雕塑有了更多变化的可能。整个先秦时期，青铜器附件雕塑逐渐由浅浮雕而至高浮雕，向着立体化、独立化的方向发展，最终几乎成为独立的圆雕作品（图5-36）。在浮雕装饰占据器物主要装饰面的情况下，圆雕在大多数青铜容器的附属部件上找到了发展的空间。

图5-35　主体浮雕的平面化、细密化[①]　　　　图5-36　附件圆雕[②]

　　同时，透雕的手法则进一步为附件装饰提供了更大的艺术想象和创作可能。透雕与圆雕不同，主要用于器表装饰，也间或用于附件装饰。不过从制作方式和视觉效果而言，相比浮雕它更接近于圆雕的表现手法，因此我们将它也放在此处讨论。商代瓠的圈足上已见有透雕云雷纹的装饰。不过，真正体现出透雕轻灵奇丽艺术效果的，还是在春秋战国之时。最典型的器物，莫过于淅川下寺楚墓的禁和曾侯乙墓的尊盘。这些器物在装饰方面的共同特点，即是圆雕与透雕的极致发展。特别是曾侯乙墓所出的尊盘，其口沿所饰的透雕蟠螭纹，其繁复程度几乎前所未见（图5-37）。透雕装饰手法的运用，"不仅使平面的装饰增加了三维的视觉效果，重要的是，三维的镂空透雕给新奇清秀的器形平添了从未有过的辉煌的色彩，给观者造成了恍若梦境的审美快感"，"细密连续的透孔使外形软化、模糊，造成型体在空间里移动的幻觉"[③]。

　　总的来说，两周时期的青铜艺术，往往是在同一件器物上巧妙地将浮雕与圆雕、透雕的手法相结合，夸张华丽的附件，辅以细密如同肌理的器物主体浮雕，所产生的视觉效果十分强烈，即凸显器物外部轮廓，线条简洁优美，充满张力。这种鲜明的对比，进一步强调了器物的造型之美，也使得两周青铜器的装饰风格由凝重、静态、写实的状态逐渐趋于轻盈灵动、宛转流畅的动态之美。这种变化反映了新的时代需要和审美趋向，意味着创作思想已逐渐摆脱鬼神观念和礼仪制度的约束，在艺术语言上也有了更多方面的探索，这就为以后独立的雕塑艺术作品的出现创造了条件。

---

① 蟠蛇纹瓠壶，春秋晚期，中国青铜器全集编辑委员会：《中国青铜器全集8》，文物出版社，1995年，图83。

② 兽足方盘，战国早期，中国青铜器全集编辑委员会：《中国青铜器全集8》，文物出版社，1995年，图145。

③ 邵学海：《王子午鼎的繁缛与铸客鼎的简约——论楚国青铜艺术风格的形成与嬗变》，《江汉考古》1995年第3期，第61、62页。

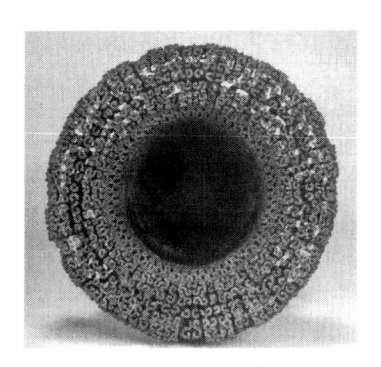

图5-37 透雕[①]

（二）造就两个发展方向的因素

先秦时期青铜器装饰雕塑的两个发展方向，到春秋战国时期已表现得极为鲜明。而造就这种变化的主要因素，来自多个方面，包括政治、文化、经济以及技术领域。

就政治因素而言，先秦时期，总体来说，神权的影响力逐渐减退，现实政治因素逐渐上升。特别是到了春秋战国时期，王权倾颓，地方诸侯的政治实力和经济实力日渐增长，所谓"礼崩乐坏"的时代趋势，反映在青铜器上，是它作为政治权力象征的意义下降，等级制度在青铜礼器上的诸多限制日益被僭越，诸侯通过青铜器来炫耀自身的实力和地位成为普遍现象，这使青铜器的数量和等级远远超越了以往的时代。

政治因素的这种变化反映在社会审美文化的变化上，商代的神秘粗犷、西周的典雅含蓄逐渐退出历史舞台，夸张、豪华、精致甚至繁缛的青铜制品不断被创造出来，所谓"以绚为美"，成为整个时代的主流。

同时，社会生产的发展推动了商品交换的发展，尤其在春秋战国之际，商品交换日益活跃，使青铜器具有了更多商品的特征。为了提高生产效率、缩短制作时间，有利于批量生产的技术方法如分铸法、分型制模工艺、模印法、单元纹饰范拼兑技术等不断得到发展，同时，利于铸造复杂结构的失蜡法也在此时出现，这些技术的改良与进步，反过来又进一步推动了青铜器向着更加适应现实社会需求的方向发展，一方面是大批量高效率的生产能力的实现，另一方面则是走精品路线，追求极致的精美奢华。这种看似矛盾的两面性，恰恰反映了这个时代享乐主义追求与实用主义理念的并行不悖。

春秋中期以后，分铸法技术的进步，不仅使铸铜工艺得到改进，提高了生产效率，而且更便于制造形制复杂的艺术作品。这一时期普遍流行的华丽夸张的附件，其技术原因即根源于此。从青铜器附件装饰的演变来看，它的影响主要在于大大扩展了附件雕塑在设计方面的想象空间，为这种想象的实现提供了技术支持，从而使附件雕

---

① 曾侯乙尊，战国早期，中国青铜器全集编辑委员会：《中国青铜器全集10》，文物出版社，1998年，图139。

塑日益复杂和独立，并不断演变为近乎独立的圆雕形式。

失蜡法在春秋中晚期出现后，进一步推动了附件雕塑向圆雕和透雕的发展。传统的陶范法在铸造器形复杂的铜器时，存在着先天的技术局限，失蜡法的出现则解决了这一难题。我国目前所见的失蜡法铸造的器物，最著名的是淅川下寺楚墓和曾侯乙墓的器物。这些器物在装饰方面的共同特点，即是圆雕与透雕的极致发展。这种复杂之极的构图设计能够实现，也是学界普遍认为这些器物是用失蜡法铸造的重要原因。铸造技术的进步，使青铜器的造型具有了更多的可能，装饰的效果也呈现出更加富有想象力的特征。可以说，追求极致的精美繁复的艺术效果，也是推动铸造技术发展的动力之一，反过来，技术的进步也为这种审美理想的实现提供了可能。

春秋中期以后普遍应用的模印法，则以批量制作的方式，促进了器物主体浮雕平面化、细密化的趋势。"春秋时代开始出现的细密严谨、雕镂工整的蟠虺纹和蟠螭纹，以网状细密的宽幅图案饰在器身上，采用的就是模印法。"[①]这种纹饰由极小的蟠曲形兽体组成，在一个器上，通常有几百个这种小的单位。"它们被以模印法制作为器物大面积装饰时，是一层匀细的薄浮雕，感觉十分细密，结构也不像早先的纹饰那样有明确的主次之分，而是构成一片如锦缎般的灰色调子，形成强烈的肌理效果。为了避免产生单调的感觉，在应用这种纹饰时，往往以绚络纹或三角纹等作为分区的界栏，将其分割为多层装饰带。"[②]为了使细腻的纹饰得到充分的表现，器物造型一般多趋于单纯，而在鋬、耳等部分则加强了装饰性的表现，以与器身纹饰取得整体上的和谐。

模印法和单元纹饰范拼兑技术等的普遍应用，与当时青铜器日益商品化有关，这种铸作方法，可以使复杂的制范阶段简化，加速青铜器的生产，以便为市场提供更多的商品。从技术进步的角度而言，以模印法制作器物纹饰，省时省工，且能保证风格样式的统一，大大提高了工作效率；但从另一方面来说，流水线化的工作方式，也减少了制作者艺术创新的冲动，使批量生产的青铜器浮雕装饰越来越具有"工业产品"的特征，而逐渐失去艺术的灵性，使这类精丽细密的浮雕纹饰发展到后期，走向了烦琐与靡弱的境地。在已经不可能再细密的情况下，如何在器表创造新的视觉冲击？制作者选择了新的途径，即从装饰题材和选用材质入手，强调器物装饰的绘画性与色彩感，结果促成了人物画像纹和镶嵌铜器的流行。

（三）两个发展方向的意义：归宿与新生

浮雕的平面化趋势和圆雕、透雕日益张扬华美的趋势看似两个相反的发展方向，

---

① 杜廼松：《中国青铜器发展史》，紫禁城出版社，1995年，第62页。
② 王朝闻总主编、李松主编：《中国美术史·夏商周卷》，齐鲁书社、明天出版社，2000年，第138页。

实际上却体现着同样的审美趣味和求新求变的冲动。极力追求精丽华美轻盈流动的视觉效果，反映出这个时代审美趣味的纤弱与享乐主义的特质。雄浑大气的风格已经成为历史。而在技术和艺术方面求新求变的冲动，也使雕塑手法越来越远离过去的传统。审美趣味的变化和技术进步的推动力，使浮雕和圆雕的艺术形式各自向极致发展。当装饰的元素繁缛复杂到极致时，进一步向这个方向发展的可能性也基本丧失了。

变中求生，作为艺术创新冲动的出口，下一个发展方向也在此时开始展露端倪。雕塑化的装饰手段虽然有悠久的传统，却缺乏色彩的变化。各种纹饰题材发展到后期，也越来越忽视题材内容的表现，成为一种简单的器物表面处理方式。因此，作为对色彩表现的追求，在技术方面，是传统的镶嵌技术与变革的新型纹饰结合之后所产生的繁华富丽的镶嵌铜器，并且，髹漆彩绘等手段也用于青铜器之上。作为对装饰题材内容的追求，在纹饰方面，是叙事画像纹的产生和流行，以及刻纹铜器的出现。这个全新的发展方向，造就了中国青铜艺术最后的辉煌，而其艺术构思的余韵，则一直影响到汉代艺术，在漆器、帛画以及画像石、画像砖上，谱写了新的辉煌篇章。

以此来说，作为青铜器装饰存在的雕塑，到先秦的最后时期已经画上句号。它的归宿是艺术的新生，它的意义在更新形式的艺术之中得到光大。就这个意义而言，归宿亦是涅槃，消亡即是新生。

三、对绘画性与色彩感的追求：从题材到形式的自我否定

春秋晚期有两类铜器值得注意。一类是镶嵌红铜、金、银及其他非金属材质的铜器，另一类是刻纹铜器。这两类器物的出现预示着青铜器装饰艺术突破性的发展。就刻纹铜器而言，其突出成就是錾刻画像纹的出现。就镶嵌铜器而言，一方面，镶嵌的画像纹与錾刻画像纹有异曲同工之妙，二者共同反映了此时青铜器纹饰从图案走向绘画的转变；另一方面，镶嵌铜器所用的多种材质，在质地和色彩上与青铜的底色构成丰富而绚丽的对比效果，使原本单一的青铜材质得以呈现出令人目眩神迷的视觉效果。

镶嵌铜器和刻纹铜器装饰风格的变化，体现出此时青铜装饰艺术新的发展方向，即对于绘画性和色彩感的追求。这种追求，可以说是雕塑艺术作为青铜器的传统装饰手法已经发展到极致，很难再有新的突破，为求创新迫使青铜艺术的创作者寻求其他的突破途径。而与此同时，漆木器彩绘和丝织品、壁画等其他艺术形式得到极大发展，这些艺术形式所呈现出的色彩表现力与内容的丰富性，是传统的青铜艺术所无法企及的。因此，我们可以推测，刻纹铜器与镶嵌铜器对色彩感和绘画性的追求，很可能是受到这些艺术形式的影响。从题材内容和纹饰的风格来看，它们彼此之间也存在着关联的因素。

(一)对色彩感的追求:镶嵌铜器的发展方向

春秋战国时代是一个色彩纷呈的时代。漆木器彩绘、绘绣结合的丝织品、帛画以及有可能广泛存在的壁画,都展现出视觉艺术在色彩表现方面更大的可能性。青铜器装饰极力在色彩方面追求更多的表现可能,应当也离不开整个时代艺术氛围的影响。

青铜器增强色彩表现力的途径,通常是通过在器表镶嵌异色金属、宝石、贝壳以及鎏金、髹漆等办法,在质地和色彩上与青铜的底色构成丰富而绚丽的对比效果,使原本单一的青铜材质获得更丰富的视觉表现力(图5-38)。

镶嵌工艺在原始社会末期就已被人们采用来作为装饰。当时是在骨器或石器上镶嵌异色的绿松石、骨珠,组成彩色的图案。商代和西周,镶嵌绿松石的小件骨器仍偶有发现。和骨器镶嵌相比,青铜器上的镶嵌出现得更晚一些。有学者认为,它的出现是受到骨器镶嵌的影响[1]。二里头文化已发现镶嵌绿松石的饕餮纹器。商代及西周,绿松石主要用于镶嵌兵器及小件饰物,罕见用于容器。直至春秋早、中期,镶嵌绿松石器仍不多见。春秋晚期至战国时期,此种工艺进一步发展,除绿松石外,用于镶嵌的矿物材质,还有玉、玛瑙、孔雀石与琉璃等。

图5-38 镶嵌绿松石[2]

镶嵌金属材质的青铜器,目前所见,大多出现在春秋中期以后,其所镶嵌的材质,包括金、银及红铜。春秋晚期至战国时期,镶嵌红铜的青铜工艺已广泛见于列国,且多精美之器。在青铜器上嵌以金、银,又称之为"金银错",目前所知在青铜器上施以金银错工艺约始于春秋中期,盛行于战国中晚期至西汉。这种工艺初起时,比较注重施于铭文,但在稍晚时,更多地用于纹饰表现。

战国和西汉时期,是镶嵌工艺的发达鼎盛时期,其数量与工艺水准都远超前代。

---

[1] 叶小燕:《我国古代青铜器上的装饰工艺》,《考古与文物》1983年第4期,第84页。

[2] 曾侯乙豆,战国早期,中国青铜器全集编辑委员会:《中国青铜器全集8》,文物出版社,1995年,图121。

从器类来说，已不限于小型器，较大型的容器也较为多见。从工艺来说，镶嵌绿松石、错红铜、错金、错金银、填漆及漆绘、鎏金、鎏银、鎏锡等装饰工艺往往配合使用，形成色彩艳丽的视觉效果。各种材质集于一身的镶嵌铜器，其丰富的材质对比与色彩对比，集中体现了战国时期豪华富丽的审美风尚。

就镶嵌铜器的纹饰题材内容而言，由变形动物纹发展而来的几何纹饰与新出现的人物画像纹各擅其胜。不过，从我们所能收集到的铜器来看，几何纹饰铜器的数量远超人物画像纹铜器的数量。从镶嵌纹饰题材选择的倾向性可以看到，青铜器器表装饰在镶嵌工艺上的发展，所选择的突破传统的方向，是增强题材形式的色彩表现力，而非增强题材内容的故事性与现实性。

在青铜器上填漆或髹漆，严格来说，前者尚属镶嵌工艺，后者已完全脱离了镶嵌的范畴。因其着重于青铜装饰的色彩表现力，因此我们仍然把它归入本节讨论。铜器表面髹漆，在商代已有使用。但商代至春秋时期，极为罕见。战国时期，铜器髹漆工艺已在较广阔地域流行。铜器髹漆的目的，既是为了美观，也有防锈的作用。不过，就我们所见的器物来看，髹漆的目的更多是增强作品的色彩表现力。这样，我们也就能够理解，为什么会发展出在素色铜器表面绘饰的做法。和运用多种材质的镶嵌物以实现色彩增强效果的方法相比，直接彩绘是一种更简单的方式。器物的表面犹如画布，以彩漆直接绘饰，从这一点来看，髹漆铜器的装饰方法和目的，与漆器已经趋于一致。

（二）对绘画性的追求：现实主义题材和全新构图方式的创新

春秋战国之际青铜器纹饰的一大变革，是描绘人的活动的图像即人物画像纹的出现。它的题材选择以及艺术表现手法，都突破了旧有的青铜装饰艺术传统，展现出鲜明的现实性和创造性。

人物画像纹发端于春秋晚期，盛行于战国早、中期，多装饰于盘、壶、鉴、匜、铘等器物的外壁或内壁。因其和以往青铜纹饰中出现的人物相比，具有明显的叙事性内容，也有人把它称为叙事画像纹[①]。

和以往的青铜纹饰相比较，人物画像纹具有相当鲜明的现实主义风格。它以描绘社会生活为主题，其内容涉及社会生活的方方面面，如宴乐、射礼、弋射、狩猎、战争、采桑等，这在纹饰题材上是一大突破，反映出对人间生活的深切关注。

人物画像纹对于叙事性内容的构图方式，也突破了旧有的青铜装饰艺术传统，展现出富有创造力的特点。人物画像纹的构图基本都服从于主题思想而进行布局，每一部分的图像内容都在构图上采用了不同事件连续展开和多层排列相结合的方法。如宴乐渔猎攻战纹壶（图5-39），在壶的外表以带状构图划分出几个平行的装饰区，在装

---

① 宋玲平：《东周青铜器叙事画像纹地域风格浅析》，《中原文物》2002年第2期，第46页。

饰区内，按照叙事的内容安排了若干组有独立性的但又互相连接的人物图案，既可以表现较为复杂的战斗和生活场面，同时又有很好的连续性的装饰效果。

除传统的带状构图外，又引入了格状构图和散点构图的形式，这两种构图方式和传统的带状构图方式相比较，更具有创新和自由的气质。它们摆脱了殷周时期庄严神秘的对称表现手法，表现手法自由、生动，这反映了人们思想上的解放，反映了人们对社会、对自然界艺术观察力的提高和艺术表现技能上的进步[1]。

图5-39 宴乐渔猎攻战纹壶[2]

根据迄今已发表的出土材料可知，青铜器人物画像纹的工艺可分为刻纹、铸纹和嵌错纹三类。铸纹画像纹，是指青铜器器表的画像纹与器形同期铸造而成，目前仅见于三晋及附近地区。嵌错画像纹，是指用红铜、金、银等金属或矿物镶嵌于青铜器器表而成的画像纹，迄今所见其地域基本集中在北方特别是中原地区。刻纹画像纹，是指在极薄的器壁上用锐器刻出的图像，迄今所见刻纹画像纹铜器的出土地点相对比较集中，主要出自吴楚地区，其次是三晋地区，此外，还散见于湖南、山东等地。

---

[1] 叶小燕：《我国古代青铜器上的装饰工艺》，《考古与文物》1983年第4期，第159页。
[2] 宴乐渔猎攻战纹壶，陈振裕：《中国古代青铜器造型纹饰》，湖北美术出版社，2001年，第311页。

从我们能收集到的画像纹青铜器来看，铸纹画像纹极少，嵌错画像纹也不多见，相对较多的是刻纹画像纹。从技术角度来看，铸纹和嵌错两种方式仍然属于传统的青铜铸造范畴，而刻纹方式更多具备了绘画的特点，可谓是以刻刀代笔在器壁上作画，因为跳过了铸造这一环节，其表现形式和内容更为多样、自由。

从分布地域来看，铸纹和嵌错画像纹铜器主要出在中原地区，南方特别是楚地比较罕见。南方嵌错铜器，其题材基本都是各类几何或变形纹饰，如云纹、龙纹等。不过，楚式漆器中，则有不少有绘画性的内容。此外，帛画和壁画也有较大的发展。因此，我们也可以设想，楚地的艺术发展已经有了一定的分工。青铜器保持了工艺美术品的特征，在传统的铸作技术和雕塑化的装饰手法上不断发展，精益求精，追求精美奇诡的装饰效果，而这一时期对色彩感和绘画性的追求，特别是表达具体写实的绘画内容的要求，则成为漆器以及帛画和壁画等其他艺术形式的任务。

人物画像纹的表现形式，马承源先生称其为"绘画的雕刻化的表现"，认为它应是大幅画像具体而微的缩影[①]。总体来看，以人物画像纹为器表装饰的青铜器，虽在数量众多的战国青铜器中占很小比重，但与以前的青铜礼器相比，在艺术取向方面发生了重大变化。这种变化发生的社会原因，是春秋末期传统生活方式与观念所发生的巨大变动，是艺术关注的重点从神到人的回归。同时，在艺术发展的层面，人物画像纹的出现也昭示着青铜艺术发展的一个全新方向，即青铜艺术的表现从装饰图案发展到了情节性的写实图画，从此开始了绘画发展的历史。它所开辟的发展方向，在汉代画像石、画像砖艺术和魏晋时期的佛教壁画艺术中得到了继承。它所反映的艺术创造力和表现力，对中国绘画的发展具有重要的启迪作用。

（三）它所追求的已不再是它自身：自我之否定

青铜艺术在战国时期出现的追求色彩感和绘画性的发展方向，既是一种创新，但同时也可以说是一种对自我的否定。因为就色彩表现力与写实性的内容来看，在青铜上要完成这种创造显然比其他材质更为困难。抛弃传统的雕塑形式，转而追求彩色绘画的效果，可谓是扬短避长。因此，青铜器的这一发展方向，延续时间并不太长。到两汉时期，它在绘画方面的表现形式，就已为汉画像砖和帛画、漆绘所延续；它在实用器方面的功能，则更多地被漆木器和早期瓷器所代替。因此，我们所能看到的汉代铜器，或者朴素无华，完全是一副实用生活器皿的面貌；或者嵌金错银，富丽华美，更多地体现出表明身份地位的豪华工艺品特征。在那个"如火烈烈"的时代，被寄予无比重要与神圣意义的青铜器，到此时，基本已褪尽神秘的光环，成为世俗的人间生活的附属品。从这种意义上来说，追求色彩变化与现实题材内容的战国青铜器，走上的是一条背离自我、否定自我的道路。

---

① 马承源：《漫谈战国青铜器上的画像》，《文物》1961年第10期，第27页。

参考书目

一、古 文 献

［1］ （战国）吕不韦：《吕氏春秋》，上海古籍出版社，1989年。
［2］ （西汉）刘向：《战国策》，上海古籍出版社，1985年。
［3］ （汉）司马迁：《史记》，中华书局，1994年。
［4］ 杨伯峻：《春秋左传注》，中华书局，2005年。

二、图 录

［1］ （宋）吕大临：《考古图》，中华书局，1987年。
［2］ （宋）王黼：《宣和博古图》，江苏广陵古籍刻印社，1991年。
［3］ 陕西省考古研究所、陕西省文物管理委员会、陕西省博物馆：《陕西出土商周青铜器》，文物出版社，1979～1984年。
［4］ 湖北省博物馆：《湖北随州擂鼓墩出土文物》，中国文物展览馆，1984年。
［5］ 上海博物馆青铜器研究组：《商周青铜器纹饰》，文物出版社，1984年。
［6］ 山东省博物馆：《山东省博物馆藏品选》，山东友谊书社，1991年。
［7］ 周泗阳、万山：《中国青铜器图案集》，上海书店出版社，1993年。
［8］ 中国青铜器全集编辑委员会：《中国青铜器全集》，文物出版社，1993～1998年。
［9］ 河南省文物考古研究所：《河南商周青铜器纹饰与艺术》，河南美术出版社，1995年。
［10］ 山西省博物馆：《山西省博物馆馆藏文物精华》，山西人民出版社，1999年。
［11］ 浙江省文物考古研究所：《浙江考古精华》，文物出版社，1999年。
［12］ 陈振裕：《中国古代青铜器造型纹饰》，湖北美术出版社，2001年。
［13］ 河南博物院，台北历史博物馆：《新郑郑公大墓青铜器》，大象出版社，2001年。
［14］ 张正明、邵学海：《长江流域古代美术》，湖北教育出版社，2002年。
［15］ 陕西省文物局、中华世纪坛艺术馆：《盛世吉金——陕西宝鸡眉县青铜器窖

藏》，北京出版社，2003年。
- [16] 曹玮：《周原出土青铜器》，巴蜀书社，2005年。
- [17] 甘肃省博物馆：《甘肃省博物馆文物精品图集》，三秦出版社，2006年。
- [18] 冀东山、梁彦民：《神韵与辉煌——陕西历史博物馆国宝鉴赏（青铜器卷）》，三秦出版社，2006年。
- [19] 安徽大学、安徽省文物考古研究所：《皖南商周青铜器》，文物出版社，2006年。
- [20] 洛阳师范学院、洛阳市文物局：《洛阳出土青铜器》，紫禁城出版社，2006年。
- [21] 湖北省文物考古研究所：《曾国青铜器》，文物出版社，2007年。
- [22] 陕西省考古研究院、宝鸡市考古研究所、眉县文化馆：《吉金铸华章——宝鸡眉县杨家村单氏青铜器窖藏》，文物出版社，2008年。
- [23] 山西博物院、湖北省博物馆：《荆楚长歌：九连墩楚墓出土文物精华》，山西人民出版社，2011年。
- [24] 宜城市博物馆：《楚风汉韵：宜城地区出土楚汉文物陈列》，文物出版社，2011年。
- [25] 齐国故城遗址博物馆：《齐国故城遗址博物馆馆藏青铜器精品》，文物出版社，2015年。

三、考古报告

- [1] 中国科学院考古研究所：《辉县发掘报告》，科学出版社，1956年。
- [2] 中国科学院考古研究所：《洛阳中州路（西工段）》，科学出版社，1959年。
- [3] 中国科学院考古研究所：《上村岭虢国墓地》，科学出版社，1959年。
- [4] 郭宝钧：《山彪镇与琉璃阁》，科学出版社，1959年。
- [5] 中国科学院考古研究所：《沣西发掘报告》，文物出版社，1963年。
- [6] 郭宝钧：《浚县辛村》，科学出版社，1964年。
- [7] 山东省文物考古研究所：《曲阜鲁国故城》，齐鲁书社，1982年。
- [8] 湖北省荆州地区博物馆：《江陵雨台山楚墓》，文物出版社，1984年。
- [9] 湖北省荆州地区博物馆：《江陵马山一号楚墓》，文物出版社，1985年。
- [10] 河南省文物研究所：《信阳楚墓》，文物出版社，1986年。
- [11] 卢连成、胡智生：《宝鸡㚟国墓地》，文物出版社，1988年。
- [12] 河南省文物研究所、河南省丹江库区考古发掘队、淅川县博物馆：《淅川下寺春秋楚墓》，文物出版社，1991年。
- [13] 山西省考古研究所：《侯马铸铜遗址（上）》，文物出版社，1993年。

[14] 中国社会科学院考古研究所：《陕县东周秦汉墓》，科学出版社，1994年。
[15] 山西省考古研究所：《上马墓地（1963—1987年）》，文物出版社，1994年。
[16] 陕西省考古研究所：《高家堡戈国墓》，三秦出版社，1994年。
[17] 北京文物研究所：《琉璃河西周燕国墓地（1973—1977）》，文物出版社，1995年。
[18] 湖北省文物考古研究所：《江陵望山沙冢楚墓》，文物出版社，1996年。
[19] 河北省文物研究所：《燕下都》，文物出版社，1996年。
[20] 山西省考古研究所、太原市文物管理委员会：《太原晋国赵卿墓》，文物出版社，1996年。
[21] 淄博市博物馆、齐故城博物馆：《临淄商王墓地》，齐鲁书社，1997年。
[22] 中国社会科学院考古研究所：《张家坡西周墓地》，中国大百科全书出版社，1999年。
[23] 河南省文物考古研究所、三门峡市文物工作队：《三门峡虢国墓》，文物出版社，1999年。
[24] 洛阳市文物工作队：《洛阳北窑西周墓》，文物出版社，1999年。
[25] 北京大学考古学系商周组、山西省考古研究所：《天马-曲村（1980—1989）》，科学出版社，2000年。
[26] 河南省文物考古研究所、周口市文化局：《鹿邑太清宫长子口墓》，中州古籍出版社，2000年。
[27] 中国社会科学院考古研究所、山西省考古研究所、运城市文物局等：《临猗程村墓地》，中国大百科全书出版社，2003年。
[28] 河南博物院、台北历史博物馆：《辉县琉璃阁甲乙二墓》，大象出版社，2003年。
[29] 礼县博物馆、礼县秦西垂文化研究会：《秦西垂陵区》，文物出版社，2004年。
[30] 湖北省文物考古研究所、襄樊市考古队、襄阳区文物管理处：《襄阳王坡东周秦汉墓》，科学出版社，2005年。
[31] 山东省文物考古研究所：《临淄齐墓（第一集）》，文物出版社，2007年。
[32] 陕西省考古研究院：《西安尤家庄秦墓》，陕西科学技术出版社，2008年。

四、考古简报

[1] 江苏省文物管理委员会：《江苏丹徒县烟墩山出土的古代青铜器》，《文物参考资料》1955年第5期。
[2] 山西省文物管理委员会：《山西长治市分水岭古墓的清理》，《考古学报》

1957年第1期。
[3] 安徽省文化局文物工作队：《安徽屯溪西周墓葬发掘报告》，《考古学报》1959年第4期。
[4] 甘肃省博物馆：《甘肃武威皇娘娘台遗址发掘报告》，《考古学报》1960年第2期。
[5] 甘肃省博物馆：《甘肃灵台白草坡西周墓》，《考古学报》1977年第2期。
[6] 喀左县文化馆、朝阳地区博物馆、辽宁省博物馆：《辽宁省喀左县山湾子出土殷周青铜器》，《文物》1977年第12期。
[7] 随县擂鼓墩一号墓考古发掘队：《湖北随县曾侯乙墓发掘简报》，《文物》1979年第7期。
[8] 河南省丹江库区文物发掘队：《河南省淅川县下寺春秋楚墓》，《文物》1980年第10期。
[9] 雍城考古工作队：《凤翔县高庄战国秦墓发掘简报》，《文物》1980年第9期。
[10] 刘得桢、朱建唐：《甘肃灵台县景家庄春秋墓》，《考古》1981年第4期。
[11] 魏怀珩：《甘肃平凉庙庄的两座战国墓》，《考古与文物》1982年第5期。
[12] 刘启益：《黄陂鲁台山M30与西周康王时期铜器墓》，《江汉考古》1984年第1期。
[13] 卢建国：《陕西铜川发现战国铜器》，《文物》1985年第5期。
[14] 陕西省雍城考古队：《陕西凤翔八旗屯西沟道秦墓发掘简报》，《文博》1986年第3期。
[15] 镇江博物馆：《江苏镇江谏壁王家山东周墓》，《文物》1987年第12期。
[16] 淮阴市博物馆：《淮阴高庄战国墓》，《考古学报》1988年第2期。
[17] 龙朝彬、郑祖梅：《湖南省常德市出土战国鎏金铜方壶》，《文物》1996年第4期。
[18] 戴春阳：《礼县大堡子山秦公墓地及有关问题》，《文物》2000年第5期。
[19] 甘肃省文物考古研究所、礼县博物馆：《礼县圆顶山春秋秦墓》，《文物》2002年第2期。
[20] 甘肃省文物考古研究所、礼县博物馆：《甘肃礼县圆顶山98LDM2、2000LDM4春秋秦墓》，《文物》2005年第2期。

五、研究著作

[1] 容庚：《商周彝器通考》，北平哈佛燕京学社，1941年。
[2] 郭沫若：《青铜时代》，科学出版社，1959年。

[3] 郭沫若：《两周金文辞大系图录考释》，科学出版社，1958年。
[4] 郭沫若：《殷周青铜器铭文研究》，科学出版社，1961年。
[5] 郭宝钧：《中国青铜器时代》，生活·读书·新知三联书店，1963年。
[6] 邹衡：《夏商周考古学论文集》，文物出版社，1980年。
[7] 杨宽：《战国史》，上海人民出版社，1980年。
[8] 郭宝钧：《商周铜器群综合研究》，文物出版社，1981年。
[9] 任继愈：《中国哲学发展史（先秦）》，人民出版社，1983年。
[10] 容庚、张维持：《殷周青铜器通论》，文物出版社，1984年。
[11] 李学勤：《东周与秦代文明》，文物出版社，1984年。
[12] 于民：《春秋前审美观念的发展》，中华书局，1984年。
[13] 中国社会科学院考古研究所：《新中国的考古发现与研究》，文物出版社，1984年。
[14] 田自秉：《中国工艺美术史》，东方出版中心，1985年。
[15] 凌业勤等：《中国古代传统铸造技术》，科学技术文献出版社，1987年。
[16] 楚文化研究会：《楚文化研究论集》，湖北教育出版社，1987～2005年。
[17] 马承源：《中国青铜器》，上海古籍出版社，1988年。
[18] 王子云：《中国雕塑艺术史》，人民美术出版社，1988年。
[19] 卞宗舜、周旭、史玉琢：《中国工艺美术史》，中国轻工业出版社，1993年。
[20] 陕西历史博物馆：《周文化论集》，三秦出版社，1993年。
[21] 秦始皇兵马俑博物馆《论丛》编委会：《秦文化论丛》，三秦出版社、西北大学出版社，1993～2006年。
[22] 王学理、尚志儒、呼林贵等：《秦物质文化史》，三秦出版社，1994年。
[23] 王家树：《中国工艺美术史》，文化艺术出版社，1994年。
[24] 宋镇豪：《夏商社会生活史》，中国社会科学出版社，1994年。
[25] 皮道坚：《楚艺术史》，湖北教育出版社，1995年。
[26] 杜廼松：《中国青铜器发展史》，紫禁城出版社，1995年。
[27] 朱凤瀚：《古代中国青铜器》，南开大学出版社，1995年。
[28] 苏荣誉、华觉明、李克敏等：《中国上古金属技术》，山东科学技术出版社，1995年。
[29] 刘彬徽：《楚系青铜器研究》，湖北教育出版社，1995年。
[30] 后德俊：《楚国的矿冶髹漆和玻璃制造》，湖北教育出版社，1995年。
[31] 刘诗中：《中国青铜时代采冶铸工艺》，江西科学技术出版社，1997年。
[32] 谢崇安：《商周艺术》，巴蜀书社，1997年。
[33] 齐文心、王贵民：《商西周文化志》，上海人民出版社，1998年。
[34] 邹衡：《夏商周考古学论文集（续集）》，科学出版社，1998年。

［35］ 李伯谦：《中国青铜文化结构体系研究》，科学出版社，1998年。
［36］ 杨宽：《西周史》，上海人民出版社，1999年。
［37］ 李泽厚：《美学三书》，安徽文艺出版社，1999年。
［38］ 〔美〕张光直：《美术、神话与祭祀》，辽宁教育出版社，1998年。
［39］ 〔美〕张光直：《中国青铜时代》，生活·读书·新知三联书店，1999年。
［40］ 王世民、陈公柔、张长寿：《西周青铜器分期断代研究》，文物出版社，1999年。
［41］ 高至喜：《商周青铜器与楚文化研究》，岳麓书社，1999年。
［42］ 杨权喜：《楚文化》，文物出版社，2000年。
［43］ 王朝闻总主编、李松主编：《中国美术史·夏商周卷》，齐鲁书社、明天出版社，2000年。
［44］ 王斌等：《虢国墓地的发现与研究》，社会科学文献出版社，2000年。
［45］ 谭维四：《曾侯乙墓》，文物出版社，2001年。
［46］ 李先登：《夏商周青铜文明探研》，科学出版社，2001年。
［47］ 杭间等：《装饰的艺术》，江西美术出版社，2001年。
［48］ 丛文俊：《中国书法史·先秦·秦代卷》，江苏教育出版社，2002年。
［49］ 叶刘天增：《中国装饰艺术史》，南天书局有限公司，2002年。
［50］ 刘凤君：《美术考古学导论》，山东大学出版社，2002年。
［51］ 李松、贺西林：《中国古代青铜器艺术》，陕西人民美术出版社，2002年。
［52］ 张懋镕：《古文字与青铜器论集（第一辑）》，科学出版社，2002年。
［53］ 张懋镕：《古文字与青铜器论集（第二辑）》，科学出版社，2006年。
［54］ 张懋镕：《古文字与青铜器论集（第三辑）》，科学出版社，2010年。
［55］ 张懋镕：《古文字与青铜器论集（第四辑）》，科学出版社，2014年。
［56］ 张懋镕：《古文字与青铜器论集（第五辑）》，科学出版社，2016年。
［57］ 马承源：《中国青铜器研究》，上海古籍出版社，2002年。
［58］ 段勇：《商周青铜器上的幻想动物纹研究》，北京大学博士学位论文，2001年。
［59］ 邱文山：《齐文化与先秦地域文化》，齐鲁书社，2003年。
［60］ 彭裕商：《西周青铜器年代综合研究》，巴蜀书社，2003年。
［61］ 陈梦家：《西周铜器断代》，中华书局，2004年。
［62］ 陈佩芬：《夏商周青铜器研究》，上海古籍出版社，2004年。
［63］ 肖梦龙、刘伟：《吴国青铜器综合研究》，科学出版社，2004年。
［64］ 曹玮：《周原遗址与西周铜器研究》，科学出版社，2004年。
［65］ 中国社会科学院考古研究所：《中国考古学·两周卷》，中国社会科学出版社，2004年。
［66］ 赵丛苍、郭妍利：《两周考古》，文物出版社，2004年。

[67] 王琥：《中国传统器具设计研究（首卷）》，江苏美术出版社，2004年。
[68] 〔德〕雷德侯著，张总等译：《万物：中国艺术中的模件化和规模化生产》，生活·读书·新知三联书店，2005年。
[69] 赵瑞民、韩炳华：《晋系青铜器研究：类型学与文化因素分析》，山西人民出版社，2005年。
[70] 杨式昭：《春秋楚系青铜器转型风格之研究》，台北历史博物馆，2005年。
[71] 毛颖、张敏：《长江下游的徐舒与吴越》，湖北教育出版社，2005年。
[72] 李济：《李济文集》，上海人民出版社，2006年。
[73] 陈平：《燕文化》，文物出版社，2006年。
[74] 童书业：《春秋史》，中华书局，2006年。
[75] 翁剑青：《形式与意蕴——中国传统装饰艺术八讲》，北京大学出版社，2006年。
[76] 李夏廷、李劭轩：《晋国青铜艺术图鉴》，文物出版社，2009年。
[77] 张广志：《西周史和西周文明》，上海科学技术文献出版社，2007年。
[78] 廖群：《中国审美文化史（先秦卷）》，山东画报出版社，2007年。
[79] 徐飚：《成器之道：先秦工艺选物思想研究》，江苏美术出版社，2008年。
[80] 〔美〕杨晓能著，唐际根、孙亚冰译：《另一种古史：青铜器纹饰、图形文字与图像铭文的解读》，生活·读书·新知三联书店，2008年。
[81] 朱凤瀚：《中国青铜器综论》，上海古籍出版社，2009年。
[82] 杭春晓：《商周青铜器之饕餮纹研究》，文化艺术出版社，2009年。
[83] 熊建华：《湖南商周青铜器研究》，岳麓书社，2013年。
[84] 张耀：《商周青铜器与青铜器雕塑艺术》，中国书籍出版社，2013年。
[85] 吴山：《中国历代器皿造型》，江苏凤凰美术出版社，2015年。
[86] 杨远：《透物见人：夏商周青铜器的装饰艺术研究》，科学出版社，2015年。
[87] 张闻捷：《楚国青铜礼器制度研究》，厦门大学出版社，2015年。
[88] 张翀：《中国古代青铜器整理与研究·青铜豆卷》，科学出版社，2015年。
[89] 吴伟：《中国古代青铜器整理与研究·青铜斝卷》，科学出版社，2015年。
[90] 裴书研：《中国古代青铜器整理与研究·青铜壶卷》，科学出版社，2015年。
[91] 马军霞：《中国古代青铜器整理与研究·青铜卣卷》，科学出版社，2015年。
[92] 张婷、刘斌：《中国古代青铜器整理与研究·青铜盘卷》，科学出版社，2015年。
[93] 任雪莉：《中国古代青铜器整理与研究·戴家湾卷》，科学出版社，2015年。
[94] 〔日〕林巳奈夫著，常耀华、王平、刘晓燕等译：《神与兽的纹样学：中国古代诸神》，生活·读书·新知三联书店，2016年。
[95] 雷圭元：《雷圭元图案艺术论》，上海文化出版社，2016年。

[96] 任雪莉：《中国古代青铜器整理与研究·青铜簠卷》，科学出版社，2016年。
[97] 卢昉：《中国古代青铜器整理与研究·人兽母题纹饰卷》，科学出版社，2016年。
[98] 刘树满：《中国古代青铜器整理与研究·晋南地区卷》，科学出版社，2016年。
[99] 谷朝旭：《中国古代青铜器整理与研究·青铜敦卷》，科学出版社，2017年。
[100] 王宏：《中国古代青铜器整理与研究·青铜罍卷》，科学出版社，2016年。
[101] 黄薇：《中国古代青铜器整理与研究·特殊鼎类卷》，科学出版社，2016年。
[102] 李嘉：《抚壶论道：造物史视野中的先秦青铜"壶"形器》，中国社会科学出版社，2016年。
[103] 〔日〕林巳奈夫著，广濑薰雄、近藤晴香译：《殷周青铜器综览（第一卷）》，上海古籍出版社，2017年。
[104] 〔日〕林巳奈夫著，广濑薰雄、近藤晴香译：《殷周青铜器综览（第二卷）——殷周时代青铜器纹饰之研究》，上海古籍出版社，2019年。
[105] 张正明：《楚文化史》，湖北教育出版社，2018年。
[106] 齐耐心、孙战伟：《中国古代青铜器整理与研究·青铜卮卷》，科学出版社，2018年。
[107] 胡嘉麟：《中国古代青铜器整理与研究·青铜簋卷》，科学出版社，2018年。
[108] 孙妙华：《中国古代青铜器整理与研究·青铜瓿卷》，科学出版社，2019年。
[109] 李树浪：《中国古代青铜器整理与研究·应国青铜器卷》，科学出版社，2019年。
[110] 毕经纬：《问道于器：海岱地区商周青铜器研究》，上海古籍出版社，2019年。
[111] 欧阳怡婷、刘树满：《中国古代青铜器整理与研究·曾国青铜器卷》，科学出版社，2020年。

六、研究论文

[1] 张子高：《从镀锡铜器谈到鋈字本义》，《考古学报》1958年第3期。
[2] 龙宗鑫：《古代铜器上的纹饰结构》，《文物》1958年第11期。
[3] 马承源：《漫谈战国青铜器上的画像》，《文物》1961年第10期。
[4] 容庚：《鸟书考》，《中山大学学报（哲学社会科学版）》，1964年第1期。
[5] 史树青：《我国古代的金错工艺》，《文物》1973年第6期。
[6] 谭旦冏：《春秋铜器的新编年与龙纹的演变》，《故宫季刊》1973年第4期。
[7] 俞伟超、高明：《周代用鼎制度研究》，《北京大学学报（哲学社会科学版）》1978年第2期。

［8］ 李学勤：《西周中期青铜器的重要标尺——周原庄白、强家两处青铜器窖藏的综合研究》，《中国历史博物馆馆刊》1979年第1期。

［9］ 巫鸿：《谈几件中山国器物的造型与装饰》，《文物》1979年第5期。

［10］ 华觉明、郭德维：《曾侯乙墓青铜器群的铸焊技术和失蜡法》，《文物》1979年第7期。

［11］ 贾云福、胡才彬、华觉明：《曾侯乙红铜纹铸镶法的研究》，《江汉考古》1981年第S1期。

［12］ 高明：《中原地区东周时代青铜礼器研究·上、中、下》，《考古与文物》1981年第1、3、4期。

［13］ 汤文兴：《淅川下寺一号墓青铜器的铸造技术》，《考古》1981年第2期。

［14］ 宋建：《关于西周时期的用鼎问题》，《考古与文物》1983年第1期。

［15］ 高崇文：《东周楚式鼎形态分析》，《江汉考古》1983年第1期，第2~7页。

［16］ 张广立：《东周青铜器刻纹》，《考古与文物》1983年第1期。

［17］ 叶小燕：《东周刻纹铜器》，《考古》1983年第2期。

［18］ 叶小燕：《我国古代青铜器上的装饰工艺》，《考古与文物》1983年第4期。

［19］ 吴镇烽：《商周青铜器装饰艺术》，《考古与文物》1983年第5期。

［20］ 詹子庆：《周公——我国古代第一位大政治家、大思想家》，《东北师大学报（哲学社会科学版）》1984年第1期。

［21］ 陈平：《试论关中秦墓青铜容器的分期问题》，《考古与文物》1984年第3、4期。

［22］ 肖梦龙：《母子墩墓青铜器及有关问题探索》，《文物》1984年第5期。

［23］ 李学勤：《西周时期的诸侯国青铜器》，《中国社会科学院研究生院学报》1985年第6期。

［24］ 谭德睿：《中国古代失蜡铸造刍议》，《文物》1985年第12期。

［25］ 贾峨：《关于东周错金镶嵌铜器的几个问题的探讨》，《江汉考古》1986年第4期。

［26］ 高丰、吴山：《论商周青铜器皿造型》，《南京艺术学院学报（美术与设计版）》，1986年第4期。

［27］ 杜廼松：《谈江苏地区商周青铜器的风格和特征》，《考古》1987年第2期。

［28］ 曹淑琴：《商代中期有铭铜器初探》，《考古》1988年第3期。

［29］ 李丰：《黄河流域西周墓葬出土青铜礼器的分期与年代》，《考古学报》1988年第4期。

［30］ 岳钰：《论商周青铜器造型设计艺术》，《西北美术》1989年第1期。

［31］ 肖梦龙：《吴国青铜器分期、类型与特点探析》《考古与文物》1990年第3期。

［32］ 张国茂：《安徽铜陵地区先秦青铜文化简论》，《东南文化》1991年第2期。

[33] 李夏廷：《浑源彝器研究》，《文物》1992年第10期。
[34] 赵化成：《东周燕代青铜容器的初步分析》，《考古与文物》1993年第2期。
[35] 朱凤瀚：《商周时期的天神崇拜》，《中国社会科学》1993年第4期。
[36] 高西省：《扶风出土的西周巨型青铜爬龙及研究》，《文博》1993年第6期。
[37] 陈文领博：《铜鍪研究》，《考古与文物》1994年第1期。
[38] 商国君：《略论周公对历史的贡献》，《松辽学刊（社会科学版）》1994年第2期。
[39] 杜廼松：《论东周燕国青铜器》，《文物春秋》1994年第2期。
[40] 杜廼松：《东周齐鲁青铜器探索》，《南方文物》1995年第2期。
[41] 邵学海：《王子午鼎的繁缛与铸客鼎的简约——论楚国青铜艺术风格的形成与嬗变》，《江汉考古》1995年第3期。
[42] 黄留珠：《秦文化二源说》，《西北大学学报（哲学社会科学版）》1995年第3期。
[43] 刘观民：《中国青铜时代早期彩绘纹饰试析》，《考古》1996年第8期。
[44] 辛爱罡：《商周青铜器上的蝉纹》，《考古求知集》，中国社会科学出版社，1997年。
[45] 陶正刚：《晋国青铜器铸造工艺中的两个问题》，《文物》1998年第11期。
[46] 梁彦民：《商人服象与商周青铜器中的象装饰》，《文博》2001年第4期。
[47] 梁彦民：《浅析商周青铜器上的直棱纹》，《文博》2002年第2期。
[48] 宋玲平：《东周青铜器叙事画像纹地域风格浅析》，《中原文物》2002年第2期。
[49] 岳洪彬：《殷墟青铜器纹饰的方向性研究》，《考古》2002年第4期。
[50] 陈春会：《商代神权概论》，《周秦社会与文化研究——纪念中国先秦史学会成立20周年学术研讨会论文集》，陕西师范大学出版社，2003年。
[51] 汤淑君：《河南商周青铜器蝉纹及其相关问题》，《中原文物》2004年第6期。
[52] 郑小炉：《吴越和百越地区周代青铜器研究》，吉林大学博士学位论文，2004年。
[53] 谭维四：《试论曾侯乙墓文物的辉煌艺术成就》，《东南文化》2005年第3期。
[54] 杨晓能：《商周青铜器纹饰和图形文字的含义及功能》，《文物》2005年第6期。
[55] 伍立峰、曹舒秀：《战国中山国工艺美术风格形成的背景》，《社会科学论坛》2006年第3期。
[56] 岳洪彬：《殷墟青铜器纹饰研究》，《三代考古（二）》，科学出版社，

2006年。
- [57] 梁彦民：《殷周青铜器双身龙纹及相关问题》，《考古与文物》2006年第6期。
- [58] 董亚巍、周卫荣、马俊才等：《商周铜器纹饰技术的三个发展历程》，《中国历史文物》2007年第1期。
- [59] 张俊成：《商周青铜器纹饰研究史述要》，《内江师范学院学报》2007年第3期。
- [60] 曹迎春：《从青铜器看中山国的北方民族特色》，《晋中学院学报》2008年第5期。
- [61] 武红丽：《东周画像铜器研究》，中央美术学院硕士学位论文，2008年。
- [62] 毛颖：《吴国青铜器之南方特征》，《南方文物》2009年第2期。
- [63] 方辉：《试论周代的铜匜》，《收藏家》2009年第6期。
- [64] 高广仁：《莒国在东周夷夏融合大势中的地位和作用》，《考古学集刊（第18辑）》，科学出版社，2010年。
- [65] 张德良：《西周青铜器窃曲纹研究》，清华大学博士学位论文，2010年。
- [66] 苏辉：《中原地区商西周青铜器夔纹研究》，清华大学博士学位论文，2010年。
- [67] 倪玉湛：《夏商周青铜器艺术的发展源流》，苏州大学博士学位论文，2011年。
- [68] 任雪莉：《从宝鸡新出亚共尊看西周特殊的具銎铜器》，《文物世界》2013年第2期。
- [69] 岳连建：《商末与周初青铜器的比较研究》，《宝鸡文理学院学报（社会科学版）》，2017年第5期。
- [70] 杨欢：《从侯马鼎模看东周青铜器分型制模工艺》，《中原文物》2017年第2期。
- [71] 朱军献：《东周青铜器造型与人物画像纹饰》，《中原文物》2017年第4期。
- [72] 张亮、滕铭予：《中原地区东周铜器墓中的仿古器物》，《文物》2017年第7期。
- [73] 蔡靖泉：《曾国考古发现与曾随历史问题》，《湖北社会科学》2018年第9期。
- [74] 耿庆刚：《东周青铜器动物纹样研究》，西北大学博士学位论文，2019年。

七、研究索引

- [75] 孙稚雏：《青铜器论文索引》，中华书局，1986年。
- [76] 张懋镕、张仲立：《青铜器论文索引（1983—2001）》，香港明石文化国际出版有限公司，2005年。
- [77] 张懋镕：《青铜器论文索引（2002—2006）》，线装书局，2008年。